首饰评估实用教程

SHOUSHI PINGGU SHIYONG JIAOCHENG

（第二版）

主　编　唐元骏
副主编　张书韵　陈逸敏　张　丽

图书在版编目(CIP)数据

首饰评估实用教程/唐元骏主编.—2版.—武汉:中国地质大学出版社,2022.4
ISBN 978-7-5625-5227-7

Ⅰ.①首…
Ⅱ.①唐…
Ⅲ.①首饰-评估-高等职业教育-教材
Ⅳ.①F768.7

中国版本图书馆 CIP 数据核字(2022)第 047093 号

首饰评估实用教程(第二版)		唐元骏 主 编
		张书韵 陈逸敏 张 丽 副主编

责任编辑:彭 琳	选题策划:张 琰 彭 琳	责任校对:何澍语
出版发行:中国地质大学出版社(武汉市洪山区鲁磨路388号)		邮政编码:430074
电 话:(027)67883511	传 真:(027)67883580	E-mail:cbb@cug.edu.cn
经 销:全国新华书店		http://cugp.cug.edu.cn
开本:787毫米×1092毫米 1/16	字数:448千字	印张:17.5
版次:2022年4月第2版	印次:2022年4月第1次印刷	
印刷:武汉中远印务有限公司	印数:1—2000册	
ISBN 978-7-5625-5227-7		定价:78.00元

如有印装质量问题请与印刷厂联系调换

《首饰评估实用教程(第二版)》

编委会

主　编: 唐元骏

副主编: 张书韵　陈逸敏　张　丽

参编人员: (以姓氏笔画为序)

　　王建国　王继青　李倩颖　张瑜晨

再版前言

党的十八大以来中国特色社会主义进入新时代。党的十九大进一步提出"决胜全面建成小康社会，开启全面建设社会主义现代化国家新征程"。在这一重要思想指导下，我国经济建设已由高速增长阶段转向高质量发展阶段，人民生活水平不断得到提高，生活消费水平也逐步提高，从而带动珠宝市场重现勃勃生机。在珠宝市场日益回暖的过程中，关于首饰评估的研究再度进入人们的视野。

《首饰评估实用教程（第二版）》引用了现行的标准和办法，补充了黄金市场行情的内容，增加了有机宝石琥珀饰品评估内容，充实了评估基础理论知识，插入了精美的珠宝首饰图片，列出了现行有关珠宝评估的国家与行业标准的名称、编号等。

《首饰评估实用教程（第二版）》依然由三个板块组成，笔者遵循客观公正的原则，由浅入深地引导读者，从理论基础出发，经实务训练，进入到应用领域。

上篇——首饰评估基础，共分为五章，分别介绍了首饰评估的概念、基本理论、方法、程序及报告。中篇——首饰评估实务，共分为四章，分别介绍了首饰评估实务基础、钻石饰品评估、宝石（含琥珀）饰品评估及玉器评估。下篇——首饰评估应用，共分为三章，分别介绍了首饰拍卖、首饰典当和首饰保险评估。

《首饰评估实用教程（第二版）》编委会由从事首饰制作、经销、典当和拍卖工作的专业人员及学校教员组成。本书内容由编委会成员共同审定。

第一章由唐元骏、张书韵执笔，第二章至第五章、第九章由唐元骏执笔，第六章由张书韵执笔，第七章由唐元骏、王继青执笔，第八章由唐元骏、张瑜晨执笔，第十章由陈逸敏执笔，第十一章由王建国、陈逸敏执笔，第十二章由张丽执笔。全书由唐元骏统编、修改、定稿，李倩颖在此过程中也做了大量的文字梳理和图件制作工作。

笔者在本书的编写过程中得到了上海工商职业学院、上海机械专科学校、上海中宝宝玉石鉴测中心、上海中宝技师创新工作室、上海老凤祥有限公司、上海老凤祥典当有限公司、上海华联典当行、天成国际拍卖有限公司、上海联合拍卖有限公司、上海宝玉石行业协会等单位的指导及帮助，在此表示衷心的感谢。钱振锋、王鹏、翁亮提供了宝贵的资料，杨旭东承担了摄影、编辑工作，在此深表谢意。

《首饰评估实用教程(第二版)》作为"首饰评估"这一课程的配套教材,本身就会随着首饰评估行业的发展而不断得到完善。书中难免存在不足之处,诚请读者不吝赐教。

编 者
2022 年 1 月 1 日

前　言

随着人民生活水平的不断提高，人们的审美需求也不断提升。如今，在公众场合放眼望去，不难看到这样的画面：女士们颈上戴着项链、耳垂上荡着耳坠、手指上的钻石戒指熠熠生辉。首饰作为一种佩饰品，早已成为人们生活中的必需品。佩戴首饰已成为一种时尚。

首饰作为一种特殊商品，包含着丰富的内涵：材质的取舍、设计者的构思、制作者的技艺。它是天然材质、人类智慧及制作技巧的有机组合体。首饰是一种商品，在商品流通过程中人们最关心的必然是它的估价。

在珠宝交易市场中，经营者根据首饰的原料、设计、制作、经营成本及利润率制定首饰的售价。由于不同的经营者在交易过程中投入的成本和目标利润不同，因而，类似的首饰会挂出不同的销售牌价。那么哪一个价格最合理呢？这个问题对经营者和消费者来说同样重要。"首饰评估"课程能从理论上、方法上帮助消费者解决"哪一个价格最合理"这一问题。

珠宝首饰评估，是指评估者站在公正的立场上，遵循公正的法规和标准，按照一定的评估程序，对首饰进行真伪识别、品质分级及价值特征分析，继而经过市场调研、对比分析、价格调整，最终对首饰进行价值评定，得出科学的、合理的价值估计数额。国际上，珠宝首饰评估是一个相对成熟的产业。在我国，珠宝首饰评估行业还处于初级发展阶段，首饰评估是一个新兴的职业领域，只有少数专业工作者从事这项工作。但纵观我国珠宝市场各个岗位，采购、销售、设计、制作、典当、拍卖、海关、钻交所管理等，都与首饰评估工作相关联。因此，在珠宝市场中做出科学的、合理的价值评估是促进珠宝市场健康发展的重要环节。

笔者结合高职学生的培养目标、教学需求，搭建内容框架，确定编写思路。本书中既有基础理论知识，又融合了具体的实操方法，能更好地指导学生学以致用。

本书由三个部分组成。

（1）上篇——首饰评估的基本原理，共分为五章，分别介绍了首饰评估的概念、基本理论、方法、程序及报告。

（2）中篇——首饰评估实务，共分为四章，分别介绍了首饰评估实务基础、钻石饰品评估、宝石饰品评估及玉器评估。

（3）下篇——首饰评估应用，共分为三章，分别介绍了首饰拍卖、首饰典当、首饰保险评估。

笔者在每章最后都设计了思考题，可帮助学生复习时重新梳理章节重难点，应对考核。

为了使本书编写内容更贴近市场需求、岗位需求，笔者邀请了从事首饰制作、首饰经营、首饰典当和拍卖工作的专业人员组成编委会，全程参与教程编写工作。他们对编写工作的总体思路给予指导。

笔者在本书的编写过程中得到了上海新侨职业技术学院、上海中宝宝玉石鉴测中心、上海老凤祥有限公司、上海华联典当行、上海老凤祥典当有限公司、天成国际拍卖有限公司等单位的指导及帮助,在此表示衷心的感谢。

钱振峰、张义耀提供了宝贵的资料,杨旭东承担了摄影、编辑工作,在此深表谢意。

首饰评估在我国是个新的工作领域,编写过程中难免有谬误之处,诚请读者不吝赐教。

编委会
2013 年 10 月

目 录

上 篇 首饰评估基础

第一章 首饰评估概述 ……………………………………………………………（3）

 第一节 首饰概述 ……………………………………………………………（3）
 第二节 首饰评估概念 ………………………………………………………（6）
 第三节 首饰评估主体和客体 ………………………………………………（6）
 第四节 对首饰评估的深层次思考 …………………………………………（7）

第二章 首饰评估的基本理论 ……………………………………………………（12）

 第一节 评估目的 ……………………………………………………………（12）
 第二节 评估价值类型 ………………………………………………………（15）
 第三节 评估价值原则 ………………………………………………………（17）
 第四节 首饰评估市场级别 …………………………………………………（23）
 第五节 评估中的经济学术语 ………………………………………………（28）

第三章 首饰评估方法 ……………………………………………………………（32）

 第一节 成本法 ………………………………………………………………（32）
 第二节 市场法 ………………………………………………………………（35）

第四章 首饰评估程序 ……………………………………………………………（41）

第五章 首饰评估报告 ……………………………………………………………（48）

 第一节 评估报告编写要求 …………………………………………………（48）
 第二节 评估报告的结构 ……………………………………………………（49）
 第三节 评估报告的类型 ……………………………………………………（50）

V

中 篇 首饰评估实务

第六章 首饰评估实务基础 ……………………………………………………………… (57)
    第一节 首饰分类 ……………………………………………………………………… (57)
    第二节 首饰材质 ……………………………………………………………………… (59)
    第三节 首饰制作工艺 ………………………………………………………………… (64)
    第四节 首饰镶嵌方法 ………………………………………………………………… (69)
    第五节 首饰品质评价 ………………………………………………………………… (71)
    第六节 首饰的价值评估 ……………………………………………………………… (76)

第七章 钻石饰品评估 …………………………………………………………………… (86)
    第一节 钻石的琢型 …………………………………………………………………… (86)
    第二节 现代琢型钻石品质评估 ……………………………………………………… (91)
    第三节 钻石报价 …………………………………………………………………… (115)
    第四节 钻石饰品价值评估 ………………………………………………………… (118)

第八章 宝石饰品评估 ………………………………………………………………… (121)
    第一节 宝石饰品评估流程 ………………………………………………………… (122)
    第二节 宝石饰品价值评估 ………………………………………………………… (130)
    第三节 红宝石饰品评估实例 ……………………………………………………… (132)
    第四节 琥珀饰品评估 ……………………………………………………………… (144)

第九章 玉器评估 ……………………………………………………………………… (160)
    第一节 概述 ………………………………………………………………………… (160)
    第二节 现代白玉玉器评估 ………………………………………………………… (162)
    第三节 翡翠玉器评估 ……………………………………………………………… (185)

下 篇 首饰评估应用

第十章 首饰拍卖 ……………………………………………………………………… (197)
    第一节 拍卖与首饰拍卖 …………………………………………………………… (197)
    第二节 拍卖流程及实施细则 ……………………………………………………… (201)

第三节　相关法律文件 …………………………………………………（207）
　　第四节　首饰拍卖的对象 …………………………………………………（208）

第十一章　首饰典当 ……………………………………………………………（215）
　　第一节　典当概述 …………………………………………………………（215）
　　第二节　首饰典当概述 ……………………………………………………（219）
　　第三节　首饰典当流程 ……………………………………………………（221）
　　第四节　首饰典当估价 ……………………………………………………（223）
　　第五节　首饰典当实例 ……………………………………………………（227）

第十二章　首饰保险评估 ………………………………………………………（230）
　　第一节　首饰保险评估概况 ………………………………………………（230）
　　第二节　首饰保险评估的重要性 …………………………………………（231）
　　第三节　首饰保险评估的概念和类型 ……………………………………（232）
　　第四节　首饰保险评估术语 ………………………………………………（233）
　　第五节　首饰保险评估流程 ………………………………………………（234）
　　第六节　对首饰保险评估师的要求 ………………………………………（235）
　　第七节　首饰保险评估案例 ………………………………………………（236）

主要参考文献 ……………………………………………………………………（239）

附录一 ……………………………………………………………………………（242）
附录二 ……………………………………………………………………………（246）
附录三 ……………………………………………………………………………（251）
附录四 ……………………………………………………………………………（254）
附录五 ……………………………………………………………………………（264）

上编

首饰评估基础

第一章　首饰评估概述

日常生活中的估价,严格来讲并不是评估。评估是指在一定标准指导下,经过规范的程序,对物品做出价值评估。这一评估以事实为依据,评估者对量化计算的结果承担一定的责任。

随着珠宝首饰市场日益繁荣,首饰评估逐渐成为热门话题。究竟什么样的首饰需要评估呢?先让我们来直观感受一下吧(图1-1)!

图1-1　18K金红宝石镶钻石挂件

第一节　首饰概述

一、有关首饰标准

关于首饰名称的命名规则尚未有国家标准出台,目前公布的只有行业标准和地方标准。

1. 中华人民共和国轻工行业标准

《中华人民共和国轻工行业标准　贵金属饰品术语》(QB/T 1689—2006)由中华人民共和国国家发展和改革委员会于2006年8月19日发布,2006年12月1日实施。它对贵金属饰品、贵金属首饰、贵金属摆件给予了定义:①贵金属饰品为贵金属材料制成的首饰和摆件;

②贵金属首饰为贵金属材料制成的供人佩戴的饰物；③贵金属摆件为贵金属材料制成的日用、工业摆设品。此标准目前仍在使用中。

2. 福建省级地方标准

《贵金属镶嵌饰品术语》(DB35/T 1337—2013)由福建省质量技术监督局于2013年8月1日发布,2013年11月1日实施。归口单位为福建省经济贸易委员会。它对贵金属镶嵌饰品给予了定义:贵金属镶嵌饰品是由贵金属材料和宝玉石镶嵌而成的首饰和摆件。此标准目前仍在使用中。

二、狭义的首饰概念

首饰,按字面意思是指戴在人头部的装饰物,后逐渐延伸为用以装饰美化人体,并与服装相配套的饰品。从狭义的首饰概念来看,首饰是指佩戴在人身上的材质多为金和银或镶有名贵珠宝且配有精巧工艺的装饰物(图1-2)。品种有金首饰、银首饰、镶嵌珠宝金首饰及镶嵌珠宝银首饰等。由于使用了金、银及名贵珠宝,此类首饰被视作财富、社会地位、艺术品位的象征。

图1-2 玉蜻蜓挂件

(该挂件由翡翠、白色18K金、钻石组成,杨旭东设计)

此类首饰在社会上得到公认,可用于抵押、典当或折算成货币。

三、广义的首饰概念

广义的首饰概念,从材质上、品种上拓宽了狭义概念的范围,使首饰内涵更丰富,涉及的范围更广泛。

广义的首饰是指用各种金属材料、宝玉石材料、有机材料以及仿制品制成的用以装饰人体及其相关环境的饰品。这一概念包含以下几个维度。

1. 材质

(1)金属材质。贵金属材质,如金、银、铂、钯等；一般金属材质,如铬、铁、铜等。

(2)宝玉石材质。如宝石、玉石的各个品种。

(3)有机材质。如珍珠、珊瑚等各类品种。

(4)仿制品。如用玻璃、塑料等仿制的宝石。

2. 品种

（1）人们所佩戴的各种首饰，如头饰、耳饰、颈饰、腕饰、指饰（图1-3）、足饰及衣饰、胸饰。

（2）首饰摆件。首饰摆件是指由贵金属、名贵宝玉石制作的用于观赏的艺术品。

首饰摆件概念的引入，延伸了首饰的内涵。首饰摆件是在首饰向珠宝工艺品转化过程中产生的过渡作品，有学者直接将其称作首饰工艺品。也有不少工艺师认为应将首饰摆件，如玉器摆件视作工艺品、艺术品。可见，人们对首饰的概念和首饰摆件概念的界定还存在模糊性，不甚明朗。

图1-3　蓝宝石（9ct）镶钻石戒指

四、首饰的功能

1. 佩戴功能

首饰最主要的功能是佩戴功能。得体地佩戴首饰是一种行为艺术。因肤色、服饰、体态不同，佩戴的首饰也不相同。首饰佩戴得当，令人神采飞扬，彰显个人的迷人魅力；首饰佩戴不当，会给人气场不和的感受，使佩戴者陷入尴尬境地。

2. 社交功能

在社交场合，人们需要尊重他人，也需受人尊重。得体的首饰搭配相应的服装，能提升人们在社交活动中的自信心，彰显个性，甚至展示其社会地位。

莫泊桑短篇小说《项链》讲述了一个值得回味的故事。一个县城小官吏，受邀参加上级官员组织的社交舞会。其夫人佩戴了一条借来的"钻石"项链出席活动。"钻石"项链光彩夺目，璀璨耀人，配上优美的舞姿，她成为了当天社交舞会上的风云人物，引得女士赞美、男士注目。小官吏和夫人受到了上级官员的赞许。这一部分小说情节形象地展现了首饰的社交功能。

在人们对首饰概念停留在狭义的认知范畴中时，首饰的消费人群局限于官宦人家、乡绅富豪们，平常百姓戴不起首饰。《白毛女》舞剧中，喜儿只能用"一根红头绳"来迎接春节。今天，广义概念的首饰，不单单指那些用贵金属或名贵宝玉石制作的饰品，还包括用其他非金属材质制作的饰品。不同价位、不同质地、不同款式的首饰进入了寻常百姓之家，极大地拓宽了首饰的使用范围。

3. 理财功能

狭义的首饰概念认为首饰即财富，材质多为金、银、宝玉石。许多历史传说和戏曲故事中都描述过这样的情节：女子用首饰换得盘缠，送给丈夫，帮助丈夫顺利进京赶考。

第二节 首饰评估概念

首饰评估是指根据指定的目的，遵循公正的法则、标准，按照合适的评估程序对首饰进行鉴定、品质分级和价值特征分析，继而对其价值进行评定和估算的行为。

首饰评估概念的内涵如下。

(1) 有指定的目的。
(2) 依据法则、标准，有规范的程序。
(3) 有专业性强的真伪鉴定、原义描述。
(4) 有专业性强的品质分级评价。
(5) 有价值特征分析。
(6) 有价值的评定。

首饰评估是一个系统工程，由多个子工程组成，每个子工程都有独立完整的内容。各个子工程有机组合的过程即首饰评估的全过程。

第三节 首饰评估主体和客体

一、首饰评估主体

首饰评估主体是指进行首饰评估的专业人员。

由于首饰评估是一个系统工程，因此需要对首饰评估的人员进行专业培训，使他们掌握专业评估技术。归纳起来有三个方面的培训内容。

1. 了解评估职业道德准则

首饰评估工作归属于资产评估职业范畴，应该遵守《资产评估职业道德准则》(附录三)。评估人员应实事求是、不带个人偏见地开展评估活动。忠实于事实是评估工作的最高原则。

2. 掌握首饰材质鉴定技能

1) 首饰材质鉴定技能内容

(1) 通过经验性的判断及确定性的物理参数判读，对首饰材质的天然属性进行确认，使它能区别于其他材质，并且这种区别是明显的，是被任何有理性思维的人所理解和认同的。

(2) 通过对照国家标准、行业标准，从鉴赏角度对首饰材质及整体首饰做出品质等级的判别及价值特征的分析。

2)对鉴定技能能力的进一步说明

(1)经验性的判断不是独立进行的,需要结合物理参数综合考虑。

(2)确定性物理参数有三层含义:能够熟练运用常规设备鉴定材质;能够对大型仪器测试的结果进行分析,如能分析材质的红外图谱;当不能用常规设备鉴定待估首饰时,能提出进一步的分析方法,包括选用大型仪器分析。

3. 掌握整件首饰评估技能

1)整件首饰评估技能内容

通过分析评估目的、评估价值类型,运用评估价值原则,选择合适的评估市场收集资料,使用合适的评估方法对待评估的整件首饰进行价值评估,提出估计数额。

2)对评估技能能力的进一步说明

(1)按照评估流程完成评估工作。

(2)仔细检查评估流程中的每一环节,认真完成文件记录。

(3)在评估过程中始终做到实事求是。

(4)提出评估数额(是一个价格范围)。

二、首饰评估客体

首饰评估客体是指首饰评估的对象,即委托方提供的首饰。

第四节 对首饰评估的深层次思考

在现代首饰市场上,首饰多以宝玉石、金、银为主要材质,品种繁多。因此,人们谈起首饰,就习惯性想到珠宝首饰。

一、珠宝的价值在于天然属性

《现代汉语词典》对"珠宝"一词的定义为:珍珠宝石一类的饰物。行业上认为珠宝是"有价值宝石的总称""不镶有任何金属或其他材料的宝石"。

珠宝是自然界赐予人类的礼物。珠宝原石是粗糙的、不起眼的,甚至表面覆盖有自然保护外壳。只有通过切割、雕琢,珠宝原石才能显现出璀璨的光辉。

珠宝的天然属性是客观的,在形成之日已具有,是在自然环境中通过去粗存精而形成的。因而,珠宝的价值更多地体现在其天然属性中。

图1-4展示的是一件和田玉籽料,呈砾石形,色白,质地细腻,表皮有黄褐色氧化痕迹。

图 1-4 和田玉籽料

（图片由王鹏提供）

二、首饰的价值在于设计、制作和文化属性

首饰是指由具备一定文化素养的工艺师对首饰材质进行精心地设计、加工而制成的装饰品。

从这个意义上讲，首饰的价值在于设计、制作和文化属性。首饰的价值评估有以下三种情况。

（1）珠宝材质价值高于首饰设计、制作价值。当前珠宝市场上，大量的首饰由单粒宝石与金属附件组成，设计及制作价格较低，宝石的价值远远高于设计、制作价值。人们缺乏对首饰设计、制作价值的认识，认为首饰价值就是珠宝材质价值。如有的消费者在网上购买珠宝原石，镶嵌在成品戒托上，制成首饰。

如图 1-5 所示的铂金钻石戒指，钻石的价值大大高于铂金戒托及制作的价值。

图 1-5 铂金钻石戒指

（图片由中宝技师创新工作室提供）

(2)珠宝材质价值与首饰设计、制作价值相近。在我国,玉和玉器传承已有7000多年历史,和田玉温润而泽,一直深受赏玉、用玉人的喜爱。造型美、工艺美和材料美是人们评估白玉玉器的标准。它涵盖了艺术设计精美、工艺制作精巧和白玉材质洁白润美这三个层面的要求。

近年来,上海宝玉石行业协会在上海举行了"玉龙奖"珠宝玉器评选活动。优质的玉石经过工艺师们出神入化地创意设计、雕琢打造,可以制成一件件凝聚浓厚艺术韵味与文化内涵的玉器精品。从获奖作品可以看出,珠宝材质价值的贡献率与首饰设计、加工制作、文化属性价值的贡献率相近。

(3)珠宝材质价值低于首饰设计、制作价值。在珠宝市场中,有时玉器作品的原材料价值低于设计、制作价值。如国内大件玉雕作品《万水千山》是用整块青玉雕刻而成的,高2.6m,宽1.4m,重7.3t。作品突出雪山、草地、冰川、泸定桥、延安宝塔、遵义会议等主题环境,20多名红军战士形象栩栩如生。雕刻师集中采用深浮雕、立体雕等雕刻方法,使作品看上去场景众多、过渡自然、前呼后应、气势庞大,形成了强大的视觉冲击力。

《万水千山》山子雕的评估价值远远高于青玉的价值(图1-6)。

图1-7中的18K金琥珀镶钻石戒指,饰品的设计、制作价值高于琥珀材质价值。

图1-6 《万水千山》山子雕

图1-7 18K金琥珀镶钻石戒指
(图片由中宝技师创新工作室提供)

三、重视首饰设计的价值

我们通常从两个方面考量首饰评估:一方面是评估组成首饰的宝玉石品质、贵金属品质及其质量大小;另一方面是评估首饰设计理念、制作工艺、文化内涵乃至无形价值。

在我国,有很长一段时期,人们在首饰评估中仅认可材质价值、制作价值,未认可设计价值和文化价值。

在珠宝市场发展初期,由于首饰作品制作方法简单,款式品种单一,设计上缺乏原创性,因此商场柜台上尽管首饰商标不同,但款式却大同小异,这种经营模式被人们戏称为"大卖场"式的经营。随着首饰款式呈现个性化、高端化发展趋势,越来越多的消费者认同款式的个性化,首饰设计的价值也随之递增。

从深层次考虑,首饰设计是指一定历史条件下首饰工艺师的艺术创造,即将珠宝首饰的颜色美、质地美、工艺美融于一体的再创造,这种艺术创造提升了珠宝首饰美学鉴赏价值。

近年来,世界黄金协会通过对亚洲地区尤其是中国进行市场调查后发现,首饰设计及其工艺是吸引消费者购买足金首饰的主要原因。这体现了艺术创造在整件黄金首饰上的价值贡献率。在我国内地珠宝市场,很多商家在销售纯金首饰时,除了按金的成色和每克黄金的价格来计算黄金首饰的价格外,还根据工艺、手工质量等确定其工艺等级及费用。对于K金首饰(图1-8),在多数情况下人们并不是按照每克黄金的价格来计算,而是根据质量(g)、款式和工艺等按件计价。

图1-8 18K金耳饰

(图片由中宝技师创新工作室提供)

在香港,各个金店也根据首饰的款式、工艺来制定价格。首饰风格、工艺不同,其价格相差明显。这些都是首饰艺术创造价值的体现。

尽管这些价值贡献率不大,但还是有一定的影响力。在现今珠宝市场上,款式设计和制造工艺以及首饰工艺师的个人魅力成为影响成品珠宝首饰价值的重要因素。一些著名珠宝公司开设了首饰设计师工作室,为个体量身定制首饰。可见首饰设计的价值贡献率在整件首饰价值评估总贡献率中的比值逐渐提高,形成了一个良性发展的循环。

思考题

1. 简述首饰的狭义概念和广义概念。
2. 简述首饰评估的概念和含义。
3. 请阐述对"首饰的价值在于设计、制作和文化属性"的理解。
4. 请简要说明首饰评估人员应掌握的技能。
5. 请说明一件首饰中珠宝材质的价值与首饰的整体价值之间的关系。

第二章　首饰评估的基本理论

首饰评估既是一种行为,又是一个活动过程,其最终成果是评估结论。评估活动全过程都由评估基本理论予以全程指导。

本章介绍的基本理论包括评估目的、评估价值类型、评估价值原则、评估市场级别及关联的经济学术语等。

第一节　评估目的

一、概述

当对一件首饰饰品进行评估时,你一定会问:为什么评估？评估价值是什么？这些问题看似寻常,实际上隐含着一个重要的评估前提,即评估目的和宗旨,有些学者称之为评估的期望用途或评估功能。

评估目的,就是委托评估的人(或单位)主观上欲达到的目标。评估目的是首饰评估的基础和出发点,评估活动在此基础上展开,是评估全过程的第一个环节。

评估目的制约着评估过程中的评估价值类型、评估方法及评估市场级别的选择,同一评估对象因不同的评估目的会获得不同的评估结果。因此,每一个评估人员都十分重视评估目的的认定工作。

评估目的由委托评估的人(或单位)提出,评估人员需要对它予以正确理解。

二、评估目的分类

现阶段,针对我国首饰评估目的,不同的学者有不同的分类。本书将评估目的归纳为以下十个方面。

1. 因财产分割而评估

合伙人合作合同解除、婚姻关系解除、遗留财产分割等都涉及共有财产的分割问题。

首饰是一种特殊财产,不能如数分割,而是需要对首饰进行价值评估,再折合成货币数额予以分割。对于如图 2-1 所示的蓝宝石镶钻石项链,只能将整件首饰进行价值评估后,折合成货币再进行划分。

2. 因贷款抵押而评估

发达的商品经济贸易活动中会经常出现贷款行为。贷款人常将首饰作为抵押品,向银行或融资机构申请贷款。银行或融资机构需了解抵押首饰的价值,要求申请贷款人将首饰委托评估机构给予价值评估,再依据评估的价值发放相应的贷款额度。

3. 因法院判案需要而评估

法院在办理刑事案件、经济案件时,经常需要对涉案的首饰进行价值认定。涉案首饰的价值高低常作为量刑的参考依据。因此,法院会委托评估机构对涉案首饰进行价值评估。

4. 因拍卖需要而评估

当前,在不同级别的拍卖市场中都能看到首饰拍品。

图 2-1 蓝宝石镶钻石项链
(含 8 粒蓝宝石,总质量 8.15ct)

首饰作为拍品进入拍卖市场前,需要确定首饰拍品的底价。但是,委托拍卖人与拍卖行对首饰的价值评估可能持有不同的观点,因此须委托第三方评估机构进行首饰拍品的价值评估,从而确定拍品的底价。

图 2-2 展示的拍品是白色 18K 金海蓝宝石镶钻石戒指。图 2-3 展示的拍品是白色 18K 金尖晶石镶钻石戒指。

5. 因典资确定而评估

现阶段,典当行作为融资的辅助渠道,发挥着越来越灵活的作用。委托人若一时资金短缺,则可将首饰典当融资。为了降低典当中的风险责任,典当行需要对首饰价值进行评估。这项评估工作常常由典当行内首饰评估人员来完成。典当行一般会根据评估价值确定首饰当品的典资。

6. 因确定交易价而评估

在市场交易中,人们一般使用一定的计算公式计算首饰尤其是珠宝首饰的销售挂牌价。在经济活动中,有很多不熟悉珠宝首饰行情的单位或个人,受到珠宝首饰利润的驱使而进入珠宝行业。他们常请第三方评估机构对首饰商品进行价值评估,以确定购入或售出的交易价。

7. 因企业清算而评估

生产或经营珠宝首饰的企业及涉猎珠宝首饰业务的其他行业企业,在企业资产重组或

注：引自《上海联合2019秋季艺术品拍卖行萃珍》。

图2-2 白色18K金海蓝宝石镶钻石戒指（主石：0.61ct；配钻：0.41ct；裸石尺寸：6.8mm×5.0mm×2.1mm）

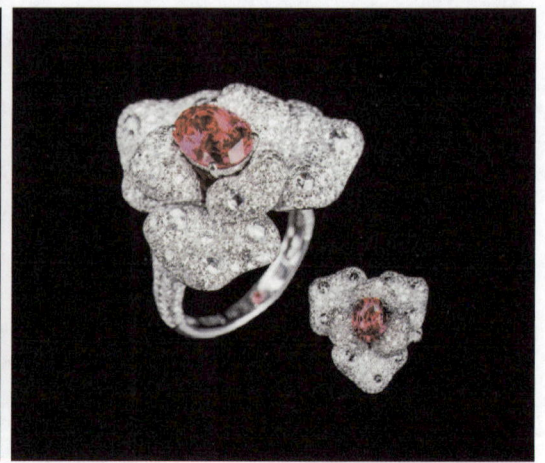

注：引自《上海联合2019秋季艺术品拍卖行萃珍》。

图2-3 白色18K金尖晶石镶钻石戒指（主石：2.56ct；配钻：7.85ct；总质量：17.12g；裸石尺寸：10.08mm×7.67mm×4.43mm；估价：7.7万～10万元人民币）

破产清算时，常开展以确定清算价值为目的的资产评估。

8. 因纳税需要而评估

纳税是经营活动中单位或个人的社会责任。纳税金额同首饰的价值相关联，纳税人委托评估机构对首饰进行价值评估，以确定纳税金额。

9. 因确定捐赠品价值而评估

现代社会生活中，捐赠活动开展得比较频繁。首饰尤其是珠宝首饰常常是捐赠活动中的赠品。

这些赠品有时以拍卖形式变现，尤其是慈善捐赠，不少名人或企业常通过公开拍卖的形式捐赠首饰，并用变现所得现金资助慈善团体、建设希望小学等。

10. 因保险需要而评估

首饰保险业务在国外已发展得十分成熟，而我国尚未真正发展这一业务。2012年国外保险公司在我国举办的珠宝展览会上，针对首饰商品运输过程开办保险业务。针对首饰开办保险业务的关键是价值认定、风险评估。首饰价值认定由评估机构来完成。

第二节 评估价值类型

首饰评估价值类型是指评估结果的价值属性及其表现形式。学者刘玉平认为:价值类型说明评估价值的含义,是对评估价值的质的规定。对价值类型的评估贯穿评估全过程并指导评估全过程。在选择价值类型时需要充分考虑评估目的、市场条件及评估客体的自身条件等因素。

在整个评估过程中,评估人对价值类型必须明确定义,并且进行详细描述。不同属性的价值类型所指导的首饰评估价值不仅在性质上是不同的,在数量上也有较大的差异。

中国资产评估协会为规范资产评估执业行为,提出保护资产评估当事人合法权益和公共利益,对《资产评估价值类型指导意见》〔2008〕进行了修订,公布了《资产评估价值类型指导意见》(中评协〔2017〕47号),要求2017年10月1日起执行。2017年版的《资产评估价值类型指导意见》指出,资产评估价值类型包括市场价值和市场价值以外的价值类型。

市场价值以外的价值类型包括投资价值、在用价值、清算价值、残余价值以及某些特定评估业务评估结论的价值类型(如以抵(质)押为目的的评估业务、以税收为目的的评估业务、以保险为目的的评估业务及以财务报告为目的的评估业务等)。

此外,在采用《资产评估价值类型指导意见》(中评协〔2017〕47号)规定之外的价值类型时,应当明确该价值类型符合《资产评估价值类型指导意见》的基本要求,并在评估报告中予以说明。

当前,在进行首饰评估领域中的价值类型分类时,不仅要考虑特定评估目的,还要兼顾市场条件和使用状态。具体划分为以下几种价值类型。

一、市场价值

市场价值是一个经济概念,指自愿买方和自愿卖方在各自理性行事且未受任何强迫的情况下,评估客体在评估基准日进行正常公平交易的价值估计数额。

进一步理解市场价值概念需要注意以下几点。

(1)买方和卖方都有明显的目的。

(2)双方对资产都有足够的认识,双方的行为都以自身利益最大化为前提。

(3)资产在开放市场中面市已有一段时间。

(4)支付方式为货币等通用金融方式。

(5)价值估计数额为资产在正常情况下的交易价,不受其他因素影响。

(6)价值估计时间节点是评估基准日。

二、重置价值

1. 重置价值的概念及分类

重置价值是一种广为使用的价值类型,按照市场中出现的不同资产重置的情况,可进一步分为以下四种类型。

(1)可比资产重置价值。在合理的期限内,对某一合适的相关市场内一件与被估资产具有相似年代、品质、出处、外观的资产进行重置所花费的现金数额,可称为可比资产重置价值。该价值考虑了无形资产价值,尤其适用于对以保险为目的的年代物品或收藏品的评估。

(2)新置资产重置价值。从市场上购置或自行制作一个与被评估资产等值或可替代,在材料、技术、标准上完全满足被替代资产的功能要求的全新资产所花费的现金数额称为新置资产重置价值。

(3)再生产重置价值。再生产是指以某一资产为原形,再生产一件复制品,而且复制品在设计、材料上必须与原资产相同,再生产过程使用现代工具和制造方法,设计与制作人同原资产设计与制作人具相同资质。再生产复制品所花费的现金数额为再生产重置价值。

(4)复制重置价值。以某一资产为原形,用原形生产所使用的原始工具和原始制造方法复制出一件产品(某种意义上称复原)所花费的现金数额称为复制重置价值。

2. 注意事项

进一步理解重置价值概念需要注意以下几点。

(1)重置价值是指重新制作一件资产所花费的现金数额。四种价值类型都可用于以保险为目的的物品评估。

(2)可比资产重置价值强调在合适的相关市场寻找可比资产。

(3)新置资产重置价值强调现时的重置价值。

(4)再生产重置价值强调了现时,由与被评估品制作人具相同资质的工艺师采用现代工具和技术完成。

(5)复制重置价值强调了重置的原汁原味,这种重置复制了原资产。

(6)不同重置价值类型反映了重置时花费现金数额的不同。

三、实际现金价值

实际现金价值是指在一个合理的期限内,在某个合适的相关市场内,将一件与被估资产具有相似年代、品质、出处、外观、尺寸的物品替代待估物品进行重置时所付的现金数额。实际现金价值是个保险术语,常在保险赔偿时使用。

四、适销现金价值

适销现金价值是指资产正常销售所得的销售额减去所有的销售成本后所得的预期净收益。

(1)正常销售是指在某一适当时间,某一相关市场内买卖双方自愿交易,不受任何限制。

(2)销售成本包括经纪人费用、促销费用(含广告费)及管理费用(运输费、保险费等)。

五、清算价值

清算价值是指在被迫出售、快速变现等非正常市场条件下的价值估计数额。清算价值可分为以下两类。

(1)有序清算价值。资产在必要和限制条件下,以一种有序的方式转手时最可能实现的现金价格。这种出售方式,一般通过广告宣传,要求在合理时间限度内,在适当的相关交易市场将资产出售给熟知产品的购买者。

(2)强制清算价值。将资产立即销售时最可能实现的现金价格。该销售是在无视相关销售市场情况下进行的。

六、残余价值

残余价值是指有形资产拆零变现时的价值估计数额或一件资产报废后,其中部分部件不需要改变时仍可使用的价值。如项链断了,残留下来的钩扣的使用价值就是残余价值。

七、报废价值

报废价值是指一件资产报废后,其材料改变形态(如熔化)后可回收的材料价值。如贵金属黄金戒指熔化后回收的金的价值。

八、投资价值

投资价值是指评估对象对于具有明确投资目标的特定投资者或某一类投资者所具有的价值估计数额。投资者根据个人需求和未来收入来确定评估对象的价值。对某项投资价值的估计,必须同时考虑时间的影响和投资的收益。

第三节 评估价值原则

价值原则是一种经济规律,它影响着资产价值的认定。价值原则的作用是潜在的、本质的,仿若一种无形的力量制约着资产价值的增减。

不同类型的价值原则对首饰价值会产生不同的影响。同时,每个原则又具其特有的性质,与评估活动相呼应。价值原则按其功能特点可归为三类。

一、与市场相关的价值原则

本类别共有七个价值原则,影响着市场运作中的价值评估活动。

1. 进退原则

进退原则是指如果一资产与比它自身价值相对较高(或较低)的资产组合在一起,则其自身价值将相应提高(或降低)。如一枚镶钻石的翡翠戒指(图 2-4),被配送至高档品牌专卖店销售,其挂牌价因专卖店内商品价格较高而相应提高;被配送至一般商场专卖柜内销售,其挂牌价因一般商场专卖柜内商品价格较低而相应降低。进退原则,又称"邻居效应",对首饰市场设柜、布置商品有战略指导作用。

图 2-4 白色 18K 金镶钻石翡翠戒指
(翡翠戒面四周镶有多粒钉镶小钻)

2. 边际效用原则

边际效用原则是指满意度随着消费量提高而降低。

满意度是指人们满足愿望的程度。下面我们用一个通俗例子理解边际效用原则。当一个人口渴且十分需要喝水时会出现如下现象:喝下第一杯水时会感到十分畅快,但随着口渴程度降低,对下一杯水的欲望不断减少,当完全不渴时,即到达水需求的边际。如此时继续喝水则会感到身体不适,产生负效用。

消费者购买物品是为了从这些物品中得到效用。初始,消费者购买了物品,有新鲜感,效用最大;购买了一定数量物品后,满意度逐渐降低,效用增量降低;效用继续累积到一个边际位置后,再购买物品,则会出现负效用。

市场经济中,商家尤其重视边际位置的界定,这影响着市场商品的结构及配置。

3. 替代原则

替代原则是指重置资产的价值受与其具有同等效用的替代资产的价值影响。当一件商品容易被另一件具有同等效用的商品取代时,其商品价值会受到替代品价值的影响。

当具有同等效用替代品的价格低于原商品时,消费者会倾向于购买具有同等效用的替代品。

如通信领域,微信这一联络方式替代了电报和书信邮寄的方式。

4. 供需原则

供需原则是指市场寻求一种供应(卖方愿意以某一价格出卖的资产数量)与需求(买方愿意并有能力购买的资产数量)之间的平衡。

供应和需求是市场交易中的两个方面,既相互关联,又相互制约。商品供应量随着商品价格升高而增加,市场需求量随着商品价格升高而降低。当市场上商品的供应量与需求量达到一致时,商品价格才处于相对稳定状态。供应和需求制约着商品的市场价格。

5. 适合原则

适合原则是指只有资产的特征与市场需求相符合时,价值才被创造出来并被维持。

当资产的特性能较大限度地满足市场需求时,资产的价值可得到充分的体现。如对纯金属时尚首饰来说,镶有色宝石或镶钻的饰品在中档珠宝市场受到消费者青睐,说明这类首饰能满足相应市场的需求,其价值也得到了充分的肯定。

6. 竞争原则

竞争原则是指市场经济活动主体为了自己的最大利益而以其他竞争者为对手以便争取交易机会和市场。

竞争原则有三个基本特征。

(1)竞争必须发生在两个或两个以上的企业之间。

(2)竞争必须发生在同行业企业的生产经营活动中。

(3)竞争必须发生在同一个特定的商品市场或劳务市场中。

概括地说,有需求就有利润,有利润就会有竞争,有竞争便会降低利润。竞争原则制约了商品的市场价格。

7. 变化原则

变化原则是指生产者、估价者、金融从业者和消费者的选择行为将不断地影响并改变市场。

市场在变化,商品价格在浮动,变化原则解释了市场发展、稳定、衰退、复兴的变化周期。

二、与生产力相关的价值原则

本类别共有五个原则,影响着生产过程中的价值评估活动。

1. 期望原则

期望原则是指资产价值由预测所有者利益而产生。资产价值与期望用途及所有权带来的利益有关。

这些利益包括两个方面:有形收益和无形收益。有形收益是指资产实物的收益。无形收益是指资产的所有权收益,如商誉、品牌、专利权及知识产权等。

通常一般首饰仅具有有形收益,而名贵珠宝首饰、首饰艺术品、首饰收藏品不仅具有有形收益,还具有无形收益。

图 2-5 为白色 18K 金托帕石镶钻石饰品(两件套),由耳饰、豪华型项链组成。该饰品由知名设计师设计制作,不仅具有有形收益,还具有无形收益。

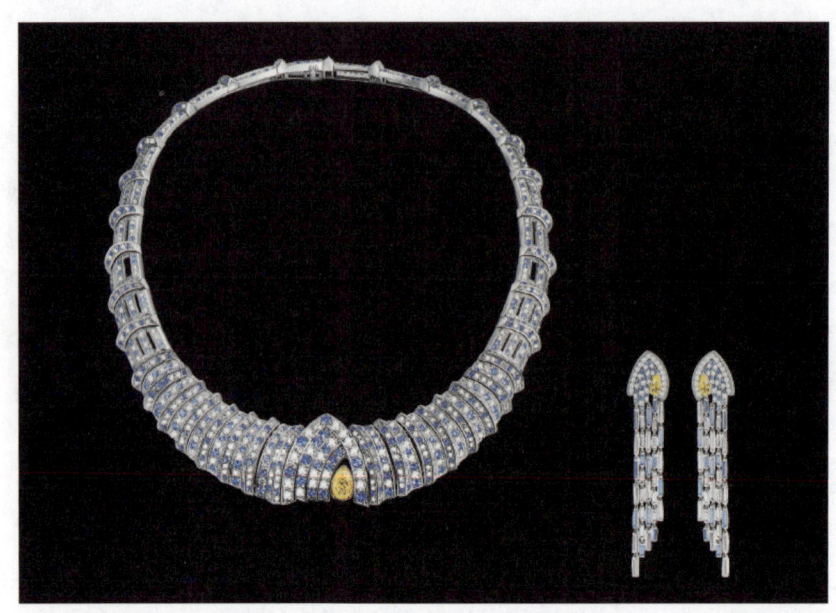

注:引自《上海联合2019秋季艺术品拍卖行萃珍》。

图2-5 白色18K金托帕石镶钻石饰品

(1. 钻石项链。主石:1.66ct;配钻:17.5ct;托帕石:15.39ct;估价:18.5万~30万元人民币。

2. 钻石耳坠。主石:10.4ct;配钻:1.295ct;托帕石:0.26ct;估价:3.8万~5万元人民币。)

2. 生产过剩原则

生产过剩原则是指社会商品生产量超过有支付能力的需求量时需要降低商品价格以刺激需求。

通俗地说,生产过剩现象是指一个工厂生产产品太多,不能全部售出,有一部分堆积在仓库里形成产能过剩。

生产过剩造成的后果是市场中一旦供应需求达到平衡后,过多的生产不会再产生价值,即额外的投入不会再增加价值。

3. 最高和最佳使用原则

最高和最佳使用原则是指资产的合理、合法、可能及可行的使用能够体现资产的最高价值。

一般来说,发生在合适市场上的资产买卖行为,可能会体现资产的最高价值。根据这个原则可知,在资产评估时需要寻找最适合该资产买卖的市场,从而得到该资产的最高价值。

如图2-6所示的这件蓝宝石手镯,只有在最适合它的市场上销售,才可能体现其最高价值,即以最高价格被售出。

图 2-6 蓝宝石手镯

4. 增减回报原则

增减回报原则是指在开始进行额外生产、消费或投资时,收益递增,随后收益不断递减,在这个过程中存在一个平衡点,超过此平衡点,额外的生产或投入将不会增加价值。

在某一资产上投入额外成本时会存在三种情况:价值增加、价值维持、价值减少。如在古代胸针上加上现代装饰物会导致它的价值降低。

5. 生产要素原则

生产要素原则是指所有生产都是生产四要素平衡的结果。生产四要素具体指以下几点:①土地;②劳动力(除上层管理人员之外所有领工资的人);③资金(包括设备成本、原材料成本及贷款);④管理或协作(包括企业家酬金及佣金等)。

生产四要素中任何一个要素出现问题,都会导致生产效率降低。这条价值原则是成本法评估的基础。

三、与资产特性相关的价值原则

本类别共有三个价值原则,影响着鉴定、综合分析过程中的价值评估活动。

1. 鉴定原则

鉴定原则是指一件真实物品必然有某种可鉴定的特性、特征或标志。当待估资产的鉴定特征与真实物品所应具有的鉴定特征一致时,待估资产可被认定为真品。

鉴定原则是首饰评估的基础原则。在描述资产的鉴定特征、特性或标志时,需把握以下两个概念。

(1) 原义描述(又称实质性描述)。实际的、不加任何夸张和想象的描述,即对事实的叙述。对于这种描述,任何具有理性思维的人都能认同、接受且不会争辩。

在对首饰尤其是珠宝首饰进行描述时,尺寸大小、形状、质量、制造商商标、印记等都可归入原义描述。对于这种描述,具有理性思维的人都能认同且不会产生异议。

(2) 解释性描述。在原义描述的基础上,通过进一步的物理属性测定、价值特征分析等得出的对资产的进一步描述,也可以说是对一种观点的叙述,带有描述人的主观意识。

在对首饰尤其是珠宝首饰进行描述时,物理参数、年代、款式、制作方法、价值要素构成、出处、成因等可归入解释性描述。这些描述为大多数有理性思维的、熟知珠宝首饰知识的人们所认同。

2. 贡献原则

贡献原则是指珠宝首饰各部分价值的贡献率会对整体价值产生影响。

首饰,尤其是珠宝首饰的整体价值由各部分价值组成。正确理解和掌握首饰整体价值和各部分价值的关系是首饰评估的基础性工作。

如一件18K金红宝石镶钻石项链(图2-7),其价值贡献者有钻石、红宝石、金属类别和纯度、状况(新旧程度)、款式、制作工艺、制造商、生产年代等。

注:引自《上海联合2019秋季艺术品拍卖行萃珍》。

图2-7 18K金红宝石镶钻石项链

(主石:9ct;配钻:3.98ct;总质量:23.46g;估价:19万~30万元人民币)

只有掌握每一部分价值对总价值的贡献率,才能正确评估首饰的价值特征。贡献原则还是对不完全相同的资产进行比较的基础。对于不同的资产来说,如果它们的构成要素或可估属性相同,则具有可比性。可比资产不一定完全相同,但是其价值特征必须可作有效对比。

3. 品质分级原则

品质分级原则是指被评估资产的品质特征或价值特征是通过对某些特征属性与被指定为对比标准的其他资产的相应属性进行对比而得到的。

我们通常用肉眼观察的方式进行品质分级,没有精确的量化标准,一般定性地将资产品质按序列分成"很好、好、中、一般"四个级别或"很好、好、中、一般、差"五个级别。

资产品质分级包含两项内容,即主观的品质分级和客观的价值排序。

(1)主观的品质分级。主观的品质分级以鉴定特征为基础。它是一个主观过程,受分级师的审美能力和鉴赏水平制约。品质分级通常按一个定性标准建立序列。如钻石净度分级为 IF—VVS—VS—SI—P。

(2)客观的价值排序。客观的价值排序是指按照资产中各部分价值特征对首饰总价值贡献率进行排序。价值排序是指根据可观察到的事实进行客观评定。

价值排序可以通过分析实际交易情况及市场对该交易的反应而被客观衡量,有时同品质分级相一致,有时完全不同于品质分级序次。价值排序既可以是资产本身固有的,也可以是非资产本身所固有的。影响价值排序的因素有品质特征、实用性、稀缺性、尺寸、款式、出处、名人所有权、时尚性、档案价值、历史贡献等。

第四节 首饰评估市场级别

首饰评估的基础资料来自市场,正确选择合适的市场级别是首饰评估的重要任务。

一、市场的概念

市场是人们在固定时段或地点进行交易的场所。

在城市发展过程中,买卖双方需要交易的场所,卖方提供货物并寻找客户,买方提出需求并寻找货物。因而,市场联结着商品经济社会中的生产、供应、销售的各个环节,以实现商品生产者、经营者和消费者各自的经济利益。

市场是指买卖双方因交易聚集在一起,并且以货币或服务为媒介进行货物交换的场所。传统的市场是实体市场。随着社会交往网络虚拟化,出现了虚拟市场。电子商务网络就是用于货物交易的虚拟市场。2003年5月10日建立的淘宝网,仅是一个网络零售商圈,2008年交易额却已达999.6亿元人民币,可见虚拟市场经营潜力巨大。市场的构成要素如下。

(1) 交易主体:卖方和买方。
(2) 交易对象:交易的货物,如首饰、宝石。
(3) 交易场所:实体,如摊位、专柜、商场等;虚拟,如网站。
(4) 交易媒介:货币、管理、中介服务等。

市场的核心是合适的交易价格。以上四个要素制约着市场的核心——交易价格的定位。

二、首饰评估的主要市场级别

首饰评估的主要市场级别有五类:拍卖市场、批发市场、零售市场(针对新品)、二手货零售市场及预期现金清算市场。

1. 拍卖市场

拍卖是指以公开竞价的方式,将特定的物品或财产权利转让给最高应价者的买卖方式。

在拍卖市场中,商品以拍卖会中的拍卖成交价格售出。买卖双方需要向拍卖行交付一定比例的佣金。拍卖行根据品牌、行内知名度、一次拍卖总额、拍卖规模,可划分为国际级、国家级、省市级、地县级等各个级别。

在国际级首饰及艺术品拍卖活动中,佳士得拍卖行及苏富比拍卖行享有盛名。

1) 佳士得拍卖行

图2-8为佳士得拍卖行2020年12月秋季拍卖会拍品蓝宝石钻石项链,拍卖成交价为62 500美元。

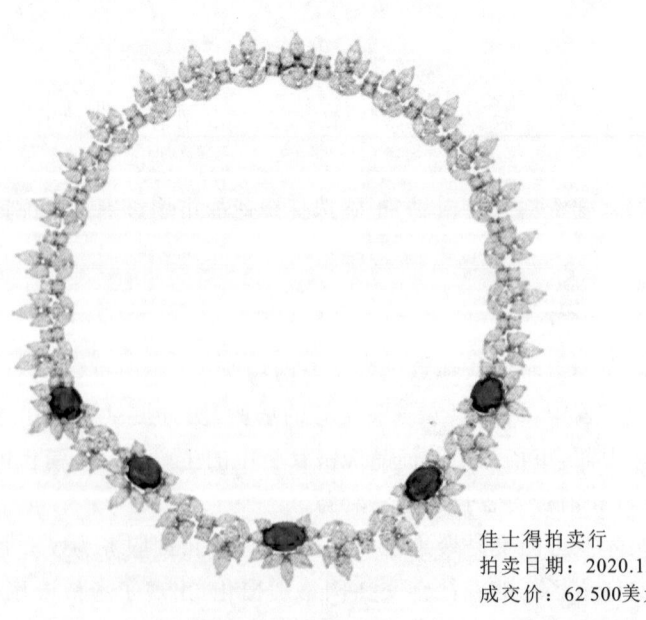

佳士得拍卖行
拍卖日期:2020.12
成交价:62 500美元

注:引自佳士得官网。

图2-8 蓝宝石钻石项链

图2-9为佳士得拍卖行2020年12月秋季拍卖会拍品祖母绿钻石耳饰,拍卖成交价为75 000美元。

佳士得拍卖行
拍卖日期:2020.12
成交价:75 000美元

注:引自佳士得官网。

图2-9 祖母绿钻石耳饰

知识小链接

佳士得拍卖行于1766年由詹姆士·佳士得(James Christie)在伦敦创立,1766年12月5日首次举行拍卖会。

佳士得拍卖行致力于为顾客提供优质精良的服务。詹姆士·佳士得本人行事稳健、能言善道、极富幽默感。他将拍卖演变为一项精致的艺术,引起了社会公众的注意。两个多世纪以来,佳士得拍卖行先后举办多场举足轻重的拍卖会,是珍罕独特艺术品的汇集之地。佳士得拍卖行每年举行450多场拍卖会,涵盖80个以上拍卖类别,包括装饰艺术品、珠宝、摄影作品、收藏精品、名酒等,成交价格从200美元至1亿美元。

1986年,佳士得拍卖行在中国香港开设拍卖中心,首次拍卖以19世纪和20世纪绘画及翡翠珠宝为主。2013年4月9日佳士得拍卖行宣布:已经成为首家在中国上海获得拍卖执照且能独立开展拍卖业务的国际艺术品拍卖公司。佳士得拍卖行于2013年秋季在上海举行拍卖会。

目前,佳士得拍卖行在全球设有90个办事处及多个拍卖中心,涵盖伦敦、纽约、巴黎、日内瓦、米兰、阿姆斯特丹、迪拜、苏黎世以及中国香港、上海等地。

佳士得拍卖行在中国开展拍卖业务,凭借其全球网络和专业知识的优势,为中国大陆收藏家提供直接和高质量的服务。这是佳士得拍卖行247年历史上的一个重要里程碑。

2)苏富比拍卖行

图2-10为苏富比拍卖行2020年香港春季拍卖会拍品5.32ct椭圆形钻石,拍卖成交价

为2 375 000港币。

图2-11为苏富比拍卖行2020年香港春季拍卖会拍品10.64ct艳彩紫粉红色钻石戒指,拍卖成交价为155 831 000港币。

苏富比拍卖行
拍卖日期：2020.05
成交价：2 375 000港元

注：引自苏富比官网。

图2-10　椭圆形钻石(5.32ct)

苏富比拍卖行
拍卖日期：2020.05
成交价：155 831 000港元

注：引自苏富比官网。

图2-11　艳彩紫粉红色钻石戒指(10.64ct)

知识小链接

苏富比拍卖行于1744年3月由山米尔·贝克(Samuel Baker)在英国伦敦创办,最初拍卖的是书籍。苏富比拍卖行还是世界上最古老的拍卖行。在随后200多年历史中,一直以印刷品和手稿拍卖为世人所称道。1984年它拍卖了世界历史上第一本活版印刷的《圣经》。第二次世界大战后,国际艺术品市场逐渐形成,苏富比拍卖行朝全球化方向发展。20世纪60年代,苏富比拍卖行在美国开了第一家国际拍卖行。20世纪70年代,苏富比拍卖行在中国香港、蒙特卡罗、瑞士日内瓦等地建立办事处,搜集各国艺术品拍品,逐渐形成国际艺术品拍卖格局和拍卖规范。

目前,苏富比拍卖行总部设在美国纽约,在全球40个国家建立了办事处,每年定期在世界9个主要艺术中心举行拍卖活动,涵盖70个以上拍卖类别。

2. 批发市场

批发是商品流转过程中连接上游生产厂家,下游经销商、零售商的重要环节。批发环节可以将社会产品从生产领域送入流通领域,起到组织和调动地区之间商品流通的作用。从经济学看,批发业的发展对于节约生产成本、降低交易成本、提高流通效率、促进经济增长具有重要意义。

批发市场是指批发企业(批发商)将商品出售给经销商或零售商的市场。在批发市场中,批发业务由批发企业经营,有三个特点:①购进、售出的商品形式保持不变;②商品必须批量买卖;③商品价格低于零售市场价格。其批零差价由零售企业所耗费的流通费用、税金和利润构成。

3. 零售市场

零售是向最终消费者个人或社会集团出售商品及服务,以供其最终消费之用的全部活动。进一步理解零售概念,有以下几点注意事项。

(1)零售是指将商品及相关服务提供给消费者以供最终消费之用的活动。

(2)零售不仅提供商品,同时也提供服务。在多数情况下,消费者买到商品时,也得到某些服务。

(3)零售市场中的消费者不限于个人,也可将社会集团视作最终消费者。

(4)零售活动多数在零售店铺中进行,也可以用其他方式或在其他地点开展。如上门推销、邮购、自动售货机售卖、网络销售等。

零售市场是指零售企业(零售商)将商品出售给最终消费者的市场。

在零售市场中,零售商经营零售业务时有以下三个特点:①购入、售出的商品形式保持不变;②商品通常以单件销售形式售卖;③商品价格高于批发市场价格。在零售市场中人们经常推出新商品上市活动。

4. 二手商品零售市场

二手货是民间对使用过的商品的通俗说法。它是指曾被人使用过或拥有过的商品。

使用过的商品成新率明显下降;拥有过的商品成新率有可能达到十成,因为该商品有可能未被使用过,而仅仅是商品所有权被人占有过。

二手商品零售市场是二手商品零售企业(零售商)将二手商品出售给最终消费者的市场。

在二手商品零售市场中,零售商经营零售业务时有以下三个特点:①二手商品有不同程度的成新率,多数为七成至九成;②二手商品基本上以单件销售的形式售卖;③商品价格大幅度低于新品零售市场的价格,通常按成新率计价。

海关罚没物资容易流入二手商品零售市场。目前,跳蚤市场是一个典型的二手商品零售市场。

5. 预期现金清算市场

预期现金清算市场是指在一个非常有限的时间内,将商品有规律地出售给有意购买的客户的市场。

在市场内,出售方为了迅速将商品变现,会低价抛售,以商品残余价值、报废价值进行交易。购买方常常是珠宝零售商、拍卖行、二手货经销商、经纪人及竞拍人等。买卖进行中允许双方议价。预期现金清算市场中成交的销售价是各种级别市场中最低的销售价格。

第五节 评估中的经济学术语

首饰评估过程中涉及许多经济学中的概念,把握其正确含义对开展评估工作是十分有益的。

一、资产及类型

1. 资产

法律意义上的资产有如下含义:①资产实体本身;②对资产实体享有权利;③对资产实体的合法利用;④资产实体带来的利益。

2. 资产的类型

资产可分为以下两类。

(1)有形资产。具有实物形态的资产,可进一步划分为不动产和动产。不动产是指不可移动或如果移动就会改变性质、损害其价值的有形资产,包括土地及其定着物、物质实体及相关权益。我国法律规定的不动产类型有土地、建筑物、构筑物以及添附于土地和建(构)筑物上的物。动产是指能够移动而不损害其价值或用途的有形资产。首饰、珠宝属动产类。

(2)无形资产。不具实物形态,但能带来经济利益的资产。无形资产通常包含所有权和使用权。无形资产包括商业执照、专利权、版权、商誉、管理质量、附加于有形资产的资产增值等。

二、交易的类型

按交易时价格的动、静状态划分交易类型,可分为以下三类。

(1)固定价格交易。无议价、不二价的交易。

(2)议价交易。有议价空间,可以讨价、还价的交易。

(3)拍卖交易。达成共识,出售给最高价格竞拍者的公开交易。

三、物品的所有者权益

所有者权益是指具有排他性的占有、使用、支配资产的合法权益。物品的价值源于所有者权益带来的权利集束。

如一个人拥有一件首饰,他的权利集束则表现为赠送权、使用权、出售权、持有权、享有权以及搁置权等方面。

四、使用价值和交换价值

价值是一个抽象的概念,具体有两种价值类型。

1. 使用价值

使用价值是指商品能够满足人们某种需要的自然属性,也就是商品的有用性。使用价值对不同的使用者有不同的价值表现,可从以下三点进一步理解使用价值。

(1)特定的人有特定的使用价值。

(2)满足特定人的需求。

(3)使用价值可表现为货币形式或非货币形式。

2. 交换价值

交换价值是指当一种商品在进行交换时,能换取其他商品的价值。交换价值是指一种使用价值同另一种使用价值相交换的量的比例或关系,可从以下三点进一步理解交换价值。

(1)只有在商品交换时才有意义。

(2)能用货币来度量。

(3)通常低于新购置时的价格。

五、成本、价值、价格

成本、价值、价格是密切关联的三个经济学名词。

1. 成本

成本定义:创造、生产或获得某一资产所支付的资金总额。成本是商品经济的价值范畴,是商品价值的组成部分。人类要进行生产经营活动或达到一定目的,必须耗费一定的资源,其所费资源对应的货币量就是成本。

成本包括直接成本和间接成本。

(1)直接成本。生产费用发生时,能直接计入某一成本计算对象的费用,如劳动力成本、原材料成本。

(2)间接成本。生产费用发生时,不能或不便于直接计入某一成本计算对象的费用,如运输费、管理费、修理费、办公费等。

成本由卖方估定。对购买者而言,购进商品所支付的货币量是购买成本。对生产者而言,生产商品过程中所支付的货币量是生产成本。

2. 价格

价格定义:为获取某一资产所提供或支付的金额。价格是一个历史数据或事实,是特定交易行为中,特定买方和卖方对商品或服务实际支付或收到的金额。

3. 价值

价值定义：价值是一种社会协定，是对资产的合理定价感兴趣的人们所形成的一种共识。按字面理解，商品价值为一件商品所蕴含的价值。《资本论》中指出商品价值是指凝结在商品中无差别的人类劳动，以社会必要劳动时间来衡量。

商品价值还可理解为在最普通和最合适市场中的买方为获得某一商品付给卖方的金额数。首饰评估就是评估评估对象的商品价值。

4. 价格和价值的关系

商品价格是一种从属于价值并由价值决定的货币价值形式。价值的变动是价格变动的内在的、支配的因素，也是价格形成的基础。同时，商品价格既受商品价值制约，又受货币价值影响。

在商品经济条件下，商品价格随市场供求关系发生变动，直接围绕商品价值上下波动，因而商品价格可大于、等于或小于商品价值。等于商品价值的价格是最合理的商品价格。

六、支撑价值的因素

支撑价值的四个因素如下所示。

1. 稀缺性

稀缺性是指与市场需求相对应的市场供应的有限性。资产越稀缺，资产价值相应越高。

2. 流通性

流通性是指改变资产所有权的能力属性。在市场中，资产的流通性越高，资产价值就越高。如果资产在市场中无流通性，则说明资产没有市场价值。

3. 实用性

实用性是指市场中的客户对资产的满意程度。若没有人愿意拥有这种资产，说明该资产不能满足人们的愿望和要求，无实用性；若很多人愿意拥有这种资产，说明该资产有实用性，其市场价值会升高。

4. 需求性

需求性表现为市场中的客户对资产的占有程度和占有能力。市场对资产需求性越高，相应的资产价值越高。

支撑价值的四个因素共同发挥作用，可以稳定地提升资产价值。若其中任何一个因素作用发挥不当，则会显著降低资产价值。

1. 现阶段首饰评估目的有哪些?
2. 什么是评估的价值类型?
3. 请简述鉴定原则与珠宝鉴定的异同点。
4. 请简述贡献原则在首饰评估中的作用。
5. 请简述支撑价值的因素。

第三章　首饰评估方法

评估方法是一种分析工具,首饰评估通过评估方法运作,获得被评估对象最合适的评估价值。评估方法并不是单纯的数学运算方法,即在每个数学计算公式、步骤中进行简单的数字堆砌,而是将评估计算融汇在整个评估过程中。

最基本的首饰评估方法有成本法、市场法和收益法。其中,成本法和市场法得到广泛使用。

在使用首饰评估的三种方法过程中,我们都遵循了与市场相关的价值原则中的替代原则。在按照替代原则进行评估时会出现以下购买规律:当替代品与被评估对象具有相同特性并在相似的级别内时,理智的购买者绝不会为购买被评估对象而支付比替代品成本更高的价格。

各种评估方法都是以"比较"这一哲学思想为基础的。我们可以将被评估对象与那些已售出的资产或正在产生收益的资产以及已生成的资产进行比较,从比较中确定被评估对象最合适的价值。

本章重点介绍两种评估方法:成本法和市场法。

第一节　成　本　法

一、概念

成本法是一种研究在现时条件下制作一件全新被评估对象的各类成本之和减去各类损耗价值,从而获得被评估对象价值的评估方法。

1. 概念延伸信息

延伸其概念可获得如下信息。

(1)成本法研究现时条件下的价值评估。

(2)成本法估计待估资产的成本总和。包括资产的确切重置成本,用现代工具和方法对资产进行复制的生产成本,一种新的、具同等效用的替代品的生产成本。

(3)成本法的本质是估计重置成本。估计的成本由所有生产要素的成本累加求得,属买方成本。一件首饰的各部分生产要素可概括为:①原材料,包括首饰贵金属材质,被镶嵌的宝石、玉石;②劳动力,包括首饰设计工费、首饰制作工费;③资金成本,指银行贷款利息;④管理,指管理费用、利润;⑤损耗费用,指旧品或过时品的损耗费用。

2. 被评估新品计算公式

针对被评估新品,在计算生产成本时,通常计算原材料和劳动力两项费用。我国首饰加工行业常用计算"料、工、宝"费用来表征这一环节的花费。计算销售成本时,则要加上管理费用和利润。为了计算方便,常把管理费用隐含在利润这一类目之中。使用成本法计算被评估新品价值时,需要考虑三项因素:原材料成本,设计、制作工费,利润。

因此,被评估新品成本的计算公式为:

$$新品成本=(原材料成本+设计、制作工费)\times(1+利润率)$$

式中,利润率由各企业根据生产费用及市场需求程度最后确定,没有统一标准。

例如,用成本法对戒指(图3-1)、胸针(图3-2)进行评估,需要考虑的因素有红宝石、钻石、铂金成本,首饰设计费、加工工费及管理费用(含利润)。

图3-1 红宝石(4.15ct)镶钻石戒指

图3-2 红宝石镶钻石胸针

(含34颗红宝石,总质量17.2ct)

3. 被评估旧品计算公式

用成本法计算的旧品价值实质上反映了新置物品与被评估旧品之间的价值差率。

在进行旧品价值评估时常考虑贬值因素。贬值是指现时资产价值的损失。导致贬值的主要因素可归纳为三类。

(1)物理贬值。又称实体性贬值、有形磨损贬值,是指被评估对象与全新状态的被评估对象相比较,发生磨损或自然损耗造成的贬值。

(2)功能贬值。由于技术进步引起资产功能相对落后而造成的资产价值损失。

(3)经济贬值。由于外部经济条件的变化,如政治事件、汇率变更、收益下降造成的资产价值损失。最终,使用成本法计算被评估旧品价值时需要考虑四项因素:①原材料成本;②设计制作工费;③利润;④损耗贬值(损耗贬值＝物理贬值＋功能贬值＋经济贬值)。

因此,被评估旧品成本的计算公式为:

$$旧品成本＝新品成本－损耗贬值$$

由于计算损耗贬值时有一定难度,因此在实际使用过程中常用成新率来计算。

其计算公式为:

$$成新率＝1－综合损耗率$$

于是,由成新率可得旧品成本:

$$旧品成本＝新品成本×成新率$$

二、评估基本步骤

(1)检查饰品外观(完好、破损;全新、陈旧等)。

(2)清洁、测量饰品(规格大小、整体质量(g))。

(3)宝石鉴定、品质分级、质量估计(ct)。

(4)测定金属成分及成色。

(5)分析制作方法(手工、铸模、冲压)。

(6)分析设计水平及制作工艺品质。

(7)计算新品生产成本:

新品生产成本＝贵金属成本＋宝石成本＋设计、制作成本。

(8)计算新品销售成本:

新品销售成本＝新品生产成本×(1＋利润率)

利润率由各企业根据生产费用及市场需要确定,没有统一的标准。

(9)旧品销售成本。它有如下两种表现方式:①旧品销售成本＝新品销售成本－损耗贬值;②旧品销售成本＝新品销售成本×成新率。成新率视实物状况而定。

三、使用说明

1. 成本法使用的前提条件

(1)被评估对象可以被复制或再生产。

(2)在现实市场中能找到在年代、材质、来源和状态等方面与被评估对象相似的替代品。

在上述条件下使用成本法分析时,能在现实市场中收集到与被评估对象相关的资料,从而估计评估对象价值。

2. 成本法受到地理、时间的制约

市场是在不断变化的,在根据变化原则使用成本法分析时,必须注意地理、时间等因素的制约。

(1)地理因素。在某地评估时,只能按当地的各类因素的成本费用计算,不能以异地资料为参考标准。如在计算上海地区加工制作费时,不能以深圳的加工制作费为评估标准。

(2)时间因素。由于黄金、铂金、钻石、玉石原料的价格受世界市场波动影响,因而评估时需要考虑时间因素。评估时不能使用半年前甚至一年前的资料作为参考标准,而只能使用当前资料作为参考标准。

3. 成本法受到评估对象的限制

由于有些珠宝首饰不具备使用成本法的前提条件,因此不能使用成本法进行价值评估。如古董珠宝、名人拥有过的珠宝、稀有珠宝、已故工匠设计制作的珠宝、与特殊事件有关的珠宝等。

第二节 市场法

一、概念

市场法是一种通过大量的市场调查、筛选,以现实市场上与被评估对象相同或相似的替代品的价格为基础,经过对比、调整,从而获得被评估对象价值的评估方法。延伸其概念可获得如下信息。

(1)在合适的市场,选取的可比对象与被评估对象的共同点越多,得出的评估价值越准确。

(2)采集资料时,已交易的价格记录比商场中的报价更为可靠。

(3)对采集的资料进行对比和价值调整,可获得被评估对象的价值。

二、评估的基本步骤

(1)识别、鉴定评估对象:①检查外观;②清洁、测量;③宝石鉴定、品质分级、质量估计;④测定金属成分、成色;⑤分析制作方法;⑥分析设计水平及制作工艺品质。

(2)寻找并确定可比物品的市场。例如,在用市场法对图3-3所示项链、图3-4所示胸针进行首饰评估时,须在合适的市场寻找可比物品。

(3)收集可比物品的销售资料。

(4)比较被评估对象与可比物品,进行价值调整。

(5)得出被评估对象的评估价值。

图3-3 蓝宝石(15.7ct)镶钻石项链　　　　图3-4 胸针(该胸针由翡翠、18K金、红宝石组成)

（图片由老凤祥提供）　　　　　　　　　　（图片由老凤祥提供　杨旭东设计）

三、使用说明

1. 市场法使用的前提条件

（1）存在繁荣的珠宝首饰交易市场(图3-5)。

（2）从市场中可得到与被评估对象相同或相似的可比物品。

（3）能够对可比物品价值特征进行量化并进行调整。

图3-5　某珠宝首饰交易商场

2. 市场法使用的条件

(1) 寻找合适的市场。不同级别市场表现出不同的价值特征。在使用市场法评估时，首先要确定与被评估对象可对比的可比物品存在的合适的市场，再从合适的市场中寻找可比物品。可比物品是评估的基础。合适的市场是指能够体现被评估对象最高价值的交易市场，在该市场内最佳使用原则贯穿始终。

(2) 选择可比物品。原则上，可比物品要尽量与被评估对象相同或相似，实际上，有时很难做到。因此，选择可比物品的要求是：可比物品与被评估对象有着共同的价值要求，即有着可比性的要素或品质。

在可比物品与被评估对象对比时，要找出主要的价值特征（对整体价值贡献率大的部分），忽略在市场上没有显示出差别的因素，不要过于关注那些具有非主要价值特征的细节。

如评估维多利亚时代花边项链的价值时，饰物上的镶嵌物并不是主要的评估要素。项链形态、制作工艺、历史意义是主要的价值特征，宝石的成分差异仅是次要的价值特征，是可以忽略的特征。

3. 市场法的分析技巧

1) 中心趋势衡量法

市场法评估中常用到的数学计算方法称为中心趋势衡量法。这种计算方法常用于评价某一样本是否能有效地代表整个样本空间。中心趋势衡量法包括四个参数：①众数，即一组数据中，出现频数最高的观察值；②变动范围，即一组数据中，最大观察值与最小观察值之间的差值；③中值，即一组数据，按由小到大或由大到小顺序排列，中间位置的观察值即中值，若中间位置有两个观察值，取此两个观察值的算术平均值为中值；④平均值，即一组数据的算术平均值。

示例：一件 Pt900 红宝石镶钻石戒指，在合适的市场内获得一组价格数据（人民币元）：30 000、33 500、28 000、32 500、31 500、30 500、31 500，现在用市场法分析该组数据，分析过程如下。

(1) 列序。

28 000、30 000、30 500、31 500、31 500、32 500、33 500。

(2) 四个参数值。

众数 = 31 500

变动范围 = 33 500 − 28 000 = 5500

中值 = 31 500

平均值 = (28 000 + 30 000 + 30 500 + 31 500 + 31 500 + 32 500 + 33 500)/7
　　　　 = 217 500/7
　　　　 ≈ 31 071

(3) 评价。其众数与中值相同(31 500)，平均值接近中值(31 071 与 31 500)，变动范围小(5500)，表明平均值和中值能很好地代表样本空间。

2)市场建模

市场建模是指从整个样本空间中提取一个模式进行描述,是一种抽样分析的方法。抽出的模式被称为市场模式。实质上,市场建模是一个比较工具,它是用于提取市场中的一个样本并以此描述整个市场的模式。评估时可将被评估对象与市场模式进行对比,无须考虑交易市场中的每个资产。

市场模式可以用一张叙述性的表格,或者是一张统计图或曲线图来展现。

(1)建立市场模式的步骤如下:①剖析市场,分析个体销售记录;②从市场中选取的具代表性的样本,能够代表所评估的对象;③这些具代表性的样本组合构成了市场模式。

(2)市场模式必备的条件如下:①样本必须能代表被评估对象,如图3-6所示的和田玉籽料可作为市场建模的样本;②需要考虑价值的时间效应并进行价值调整;③必须研究所有样本的相同价值特征;④所有比对物品必须属于同一类别;⑤所有采集的样本都来源于同一级别市场。

(3)价值调整。价值调整是指调整被评估对象与可比物品的价值差异,或指调整不同级别市场的价值差异或不同时间段的价值差异。

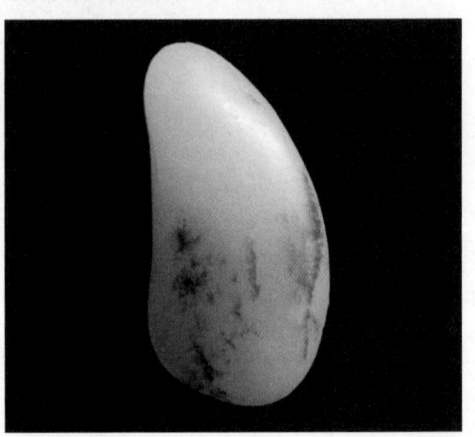

图3-6 和田玉籽料

(图片由王鹏提供)

由于被评估对象与可比物品的价值差异反映在诸多方面,因而调整方式多种多样。如调整质量、调整宝石净度、调整市场级别及调整金属材质等。尽管调整方式众多,但其价值调整的原则均是以针对被评估对象与可比物品之间的差异为基础,必要的调整越少,利用市场法所估计的价值可信度就越高。

A. 货币价值调整

货币价值调整是指调整货币在不同时间的价格差异。由于货币的购买能力会随着时间的流逝而变化,因而需要对它进行调整。影响货币价格差异的主要因素是通货膨胀。

由于存在通货膨胀,因而评估时首先要作货币价值调整,即调整评估日的货币价格与物品交易成交日的货币价格的差异,调整时需要查询通货膨胀率。

《财经大辞典(上卷)》(何盛明等,1990)将通货膨胀定义为:"在纸币流通条件下,流通中货币量超过实际需要所引起的货币贬值、物价上涨的经济现象。"西方经济学家认为,通货膨胀的具体表现形式是"太多的货币追逐太少的货物"。综合中西方经济学界的观点,我们认为通货膨胀是指由于货币发行量超过了经济发展的实际需要量而导致货币贬值、物价水平上升的一种经济现象。

通货膨胀率是指货币超发部分与实际需要的货币量之比,用以反映通货膨胀、货币贬值的程度。在经济学中,通货膨胀率反映物价平均水平的上升速度。实际上,我们不能直接计算通货膨胀率,只能通过价格指数的增长率来间接计算。

消费者价格是指商品经过流通各环节形成的最终价格。它全面反映了商品流通对货币的需求量。因此,消费者价格指数是最能充分、全面反映通货膨胀率的价格指数。

世界各国基本上均用消费者价格指数(我国称居民消费价格指数,consumer price index,简称 CPI)来反映通货膨胀的程度。

居民消费价格指数是指反映一定时期内居民所消费商品及服务项目的价格水平变动趋势和变动程度的相对数。

我国居民消费价格指数涵盖了八大类 262 个基本分类的商品与服务价格。我国的 CPI 每 5 年进行一次基期轮换,每次轮换都会调整商品服务范围、调查网点和代表规格品以及权重构成。最近一次基期为 2020 年。一般而言:CPI＞3％为通货膨胀,CPI＞5％为严重通货膨胀。

具体计算公式为:

$$CPI = \frac{现期价格指数 - 基期价格指数}{基期价格指数} \times 100\%$$

在解读 CPI 时,要区分同比和环比两种不同变化率。

第一种:CPI(月度环比变化)以上个月为基期,比较价格变化情况。

$$CPI(月度环比变化) = \frac{CPI(本月) - CPI(上月)}{CPI(上月)} \times 100\%$$

第二种:CPI(月度同比变化)以去年同期为基期,比较价格变化情况。

$$CPI(月度同比变化) = \frac{CPI(本月) - CPI(去年同月)}{CPI(去年同月)} \times 100\%$$

在我国,CPI 数据可从国家统计局网站查阅。2020 年我国居民消费价格指数构成及权重见表 3-1。

2020 年我国居民消费价格月度涨跌幅度见表 3-2。

表 3-1 2020 年 CPI 构成及权重

序号	构成	权重/%
1	食品烟酒	30.2
2	衣着	5.8
3	居住	24.6
4	生活用品及服务	5.9
5	交通和通信	13.0
6	教育文化和娱乐	9.6
7	医疗保健	8.7
8	其他用品和服务	2.2

表 3-2 2020 年居民消费价格月度涨跌幅度

月份	同比/%	环比/%	月份	同比/%	环比/%
1	5.4	1.4	8	2.4	0.4
2	5.2	0.8	9	1.7	0.2
3	4.3	-1.2	10	0.5	-0.3
4	1.3	-0.9	11	-0.5	0.6
5	2.4	-0.8	12	0.7	0.2
6	2.5	-0.1	全年	2.5	
7	2.7	0.6			

B. 市场级别调整

在选择可比物品时,原则上选择与被评估对象处于同一市场级别的可比物品。由于受种种因素限制,被选择的可比物品会处于不同级别的市场,因此需要进行市场级别的调整。通常零售市场价格比批发市场价格高出一倍。

C. 整体价值差异调整

在完成了货币价值调整(时间上)、市场级别调整(空间上)后,接下来的工作是调整被评估对象自身价值特征。

1. 简述评估方法的哲学思想。
2. 简述成本法评估的基本步骤。
3. 简述成本法使用的前提条件。
4. 什么是市场法?
5. 简述市场建模中价值调整的内容。

第四章　首饰评估程序

首饰评估工作是一个系统工程,有一定的渐进工作程序。按照程序开展工作,能使评估工作有条不紊地、科学地、严格地进行。中国资产评估协会为规范珠宝首饰评估行为,明确和完善珠宝首饰评估程序,于2017年颁布了《资产评估执业准则　珠宝首饰》,并在2020年颁布了《珠宝首饰评估程序指导意见》(以下简称《指导意见》)。

《指导意见》将渐进工作程序归纳为八个工作步骤,详见图4-1。每一个工作步骤层层相扣,环环相连,充分展现了评估工作严密的逻辑性和严谨的科学性。

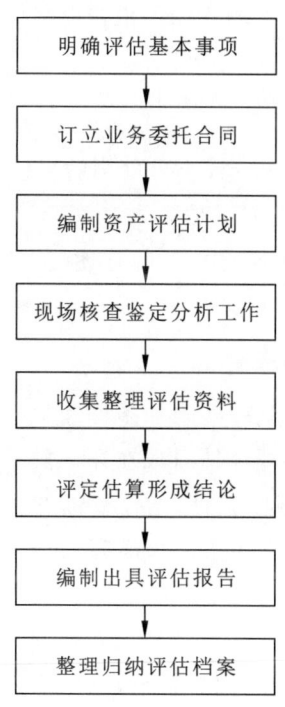

图4-1　评估渐进工作程序

一、明确评估基本事项

明确评估基本事项是评估渐进工作程序中的第一个步骤。本步骤涉及七个方面的内容。

1. 确认评估对象,了解评估目的

由于评估目的不同,评估对象的价值类型、市场级别都会发生相应变化,因而最终评估价值也会有所不同。评估工作开始时,首先要确认评估对象、评估目的。

2. 初步选择评估价值类型

明确了评估目的后,就可选择相应的评估价值类型。通常,一定的评估目的同一定的价值类型相对应。价值类型必须被定义并记录在评估报告中。评估人应选定评估价值类型并与委托人达成共识。

3. 初步选择评估市场级别

根据价值类型,评估人可初步选定评估市场级别。

4. 确定评估基准日和报告提交日

评估基准日是指评估价值所适用的日期,由委托方提出。报告提交日由委托方和评估人双方协商确定。任何一次评估都是在某个时间节点上进行的,在一定时间段内有效。如某次评估,评估基准日定在2020年8月10日,报告提交日商定在2020年11月10日。评估报告在1年内有效。

5. 描述资产的所有者权益

通常,首饰的所有者权益被视作一种不可分割的整体资产利益,往往由委托方明示,评估人仅描述资产所有者权益。评估方不是法律单位,不能对委托人进行法律调查,只能根据委托方的陈述,给予描述。这个"描述"无实质性法律意义。

6. 列明附加条件和一般限制条件

在首饰评估过程中,经常会遇到一些附加条件和限制条件,影响最终评估价值。在委托评估时或在评估操作过程中,一旦发现附加条件和限制条件,均需要通知委托方并在得到委托方认可后将这些条件最终写入评估报告中。

图4-2展示的是一件蓝宝石镶钻石挂件。委托方要求在镶嵌条件下对蓝宝石、钻石品质进行分级。由于在镶嵌条件和裸石条件下蓝宝石、钻石品质分级结果不同,因而评估价值相异。因此,"在镶嵌条件下对蓝宝石、钻石品质进行分级"可被列为一般限制条件。

7. 明确评估委托的收费标准

首饰评估单位作为第三方评估机构,需要明确收费

图4-2 蓝宝石(9.2ct)镶钻石挂件
(价格:876 000元人民币)

标准,并声明收费标准同评估价值无关联性。通常情况是,收费标准按工作时间、工作量以及评估工作所承担的风险和责任来量化计算,而不是按最终评估价值收取费用。一般行业上认为,一旦评估费用同评估客体的评估价值相关联,会产生有争议的评估结果,这种情况违背了资产评估职业道德准则。

二、订立业务委托合同

在评估方与委托方分别明确评估问题的同时,双方必须签订业务委托合同,以确保评估工作正常有序地进行。

合同文本上必须明示如下几点。

(1)委托方和评估方的姓名(个人)或名称(单位)(含地点及联系方式,必须注明单位营业执照编号)。

(2)评估客体(即评估对象)。

(3)评估目的。

(4)评估基准日及报告提交日。

(5)评估报告使用范围。

(6)评估费用(含支付时间和方式)。

(7)评估方声明,按评估标准、法规开展评估工作并明确评估工作责任、业务风险。

(8)委托方声明,保证评估客体出处正当和所有者权益合法。

(9)明确违约责任及关于争议的解决方法。

(10)签约时间、地点。

双方负责人或代理人应在合同上签名并加盖单位公章,以保障合同的法律效力。合同文本一式两份,同等有效。

三、编制资产评估计划

编制资产评估计划是评估渐进程序中的第三个步骤。评估计划内容有评估业务实施的主要过程、拟采用的评估方法、时间进度安排及评估专业人员的工作安排等。

(1)实施的主要过程。实施的主要过程:核查评估对象的实物、收集和整理资料、评定和估算数据以及编制和出具报告。

(2)拟采用的评估方法。根据实物的状况、搜集的数据,选用合适的评估方法。

(3)时间进度安排。根据评估目的、评估对象的实际情况、工作量大小,结合商定的报告提交时间,制定各个进程的工作时间表(注意:工作安排上要预留一定时间,以便有充分的回旋余地)。

(4)评估专业人员的工作安排。根据评估工作难易程度、工作量大小,安排专业人员的工作内容及工作时间(注意:要求评估专业人员与评估对象无任何利益上的关联)。

在编制过程中,可根据实施进程中遇到的新情况,适当调整评估计划。

四、现场核查鉴定分析工作

现场核查鉴定分析工作是评估渐进程序中的第四个步骤,是首饰评估的基础。一旦核查、鉴定分析工作有误,会产生完全偏离的评估结论。多数情况下,首饰核查、常规鉴定分析等工作都是由评估专业人员自行操作完成,如涉及大型仪器测试,则可委托专业实验室测试人员完成。

本步骤工作包含对评估对象的实物核查、鉴定和鉴定复核、品质和价值特征分析以及描述记录等程序。

1. 对评估对象的实物核查

对评估对象的实物核查是指检查实物状态,完成委托对象的确认和交接工作。

2. 鉴定和鉴定复核

(1)采用现行国家标准对评估对象进行无损鉴定。常用的现行国家标准、行业标准如下。

确定珠宝玉石种属类别的标准有:《珠宝玉石 名称》(GB/T 16552—2017)、《珠宝玉石 鉴定》(GB/T 16553—2017)、《钻石分级》(GB/T 16554—2017)、《琥珀 鉴定与分类》(GB/T 37460—2019)、《石英质玉 分类与定名》(GB/T 34098—2017)、《绿松石 鉴定》(GB/T 36168—2018)、《彩色钻石颜色分级》(QB/T 4113—2010)。

确定贵金属种类和含量的标准有:《首饰 贵金属纯度的规定及命名方法》(GB 11887—2012)、《贵金属饰品术语》(GB/T 1689—2006)。

(2)对评估对象已完成的鉴定证书进行鉴定复核。

(3)在对某些评估对象进行有损鉴定(如大件玉雕作品,需进行局部区域粉末取样,送大型仪器测试点完成测试)时,需征得委托人的书面许可(图4-3)。

图4-3 和田玉原石(红色区系采样点)

(图片由上海中宝技师创新工作室提供)

(4) 在与委托人沟通后,可将疑难样品送共同认可的第三方机构进行样品鉴定。

3. 品质和价值特征分析

(1) 采用现行的国家标准以及行业标准,对评估对象进行品质分级和评价。现行有关珠宝玉石品质分级标准有:《黄色钻石分级》(GB/T 34098—2017)、《红宝石分级》(GB/T 32863—2016)、《蓝宝石分级》(GB/T 32862—2016)、《祖母绿分级》(GB/T 34545—2017)、《翡翠分级》(GB/T 23885—2009)、《珍珠分级》(GB/T 18781—2008)、《绿松石分级》(GB/T 36169—2018)。如果没有相应的国家标准以及行业标准,可以参照国内外市场通用的分级体系。

(2) 在对首饰中宝玉石进行品质分级时,需要表明是否在镶嵌状态下或在未镶嵌状态和独立的状态下进行评价。

4. 描述记录

(1) 根据评估对象的种类,对评估对象的实物外观特征、物品状况(折旧情况)、鉴定品质分级的过程和结论、价值特征分析等进行详尽的描述,包含原义描述和解释性描述。描述记录贯穿在现场核查鉴定分析全过程中。描述方式有文字、表格、图示和照片等。

(2) 如果评估对象存在实物缺失、残损等情形,应当根据法律、法规要求,依据有效历史信息资料,由评估人员确定是否执行假设条件下的评估工作。若执行评估工作,应当在评估报告中予以说明。

特别指出,在对批量首饰进行评估时,应在单体首饰鉴定品质分级工作的基础上,对价值同质化的首饰组合或批次进行合理的系统性评估。

五、收集整理评估资料

收集整理评估资料是评估渐进程序中的第五个步骤。

首饰价值评估并不是一种猜测,而是一种以大量事实为依据的研究成果。因此,评估人员需要开展市场调查,收集资料,以确定评估对象在市场上的价值特征。此类资料来源于市场调研记录、相关查询记录、行业资讯、专业报告、专家访谈、专业书籍等。

在市场上有可能找不到与评估对象完全相同的首饰,即使找到了可比首饰,两者的价值特征因素也可能存在一定的差异,因此,需要对其价值特征因素进行调整(图4-4、图4-5)。

需要说明,资料不是越多越好,而是要根据评估任务,采集书写评估报告所必需的数据量和特定的类目。

六、评定并估算形成结论

评定并估算形成结论是评估渐进程序中的第六个步骤。

经过前面五个步骤后,评估人员已经对收集的所有资料进行了归纳分析,包括进行数据统计分析、选择恰当的评估方法、正确无误地计算及得出初步的评估结论。此时,评估人员

图4-4 蓝宝石镶钻石挂件
（含20颗共7.4ct的蓝宝石）

图4-5 红宝石手镯

应进一步多方位核实，对各个环节反复推敲，结合评估目的、合适市场行情、权属情况，合理确定评估参数范围，得出最终的评估结论。

七、编制并出具评估报告

编制并出具评估报告是评估渐进程序中的第七个步骤。编制并出具评估报告的具体流程如下。

(1)根据法律、法规，委托人的要求，评估对象的特点，以及评估工作复杂程度，确定评估报告的形式、内容和详略程度。

(2)在评定并估算形成结论后编制初步资产评估报告。

(3)对初步评估报告进行内部审核并通过。

(4)在出具评估报告之前，在不影响对评估结论进行独立判断的前提下，可以与委托人就有关内容进行沟通，并决定是否对评估报告进行相关调整。

(5)应由承办业务的至少两名资产评估师在评估报告上签名，并加盖资产评估机构印章。

(6)依据合同约定的完成日期提交评估报告。

特别提示：在提交评估报告前，评估人员一定要全面校核报告。除了检查文字是否通顺，评估概念语义表达是否确切之外，也要重视一些小的细节，如文件装订、版式设计。不要因小的失误而影响评估报告整体质量。

八、整理归纳评估档案

整理归纳评估档案是评估渐进程序中的最后一个步骤。

在此阶段,应将资料归档以备复查或便于评估人员查阅。

(1)根据《资产评估执业准则——资产评估档案》的要求,形成首饰评估档案。

(2)通常评估报告提交后,应将评估档案保存5年。

(3)归档首饰评估资料的内容如下。①工作底稿。即评估过程的全部文字记录、工作表格、图示及照片等。如评估过程说明和总结,评估对象鉴定和品质分级的原始记录、评估依据、各类报价表、询价记录,调整方案及计算稿,评估工作簿,评估内部复核记录,评估项目负责人及评估师的个人情况,评估委托人对评估报告满意程度信息的反馈记录等。②评估报告。即首饰评估报告(正稿留存本)及评估委托合同。

1. 简述评估渐进工作程序。
2. 评估工作开始后的第一个步骤是什么工作?
3. 简述现场核查鉴定分步骤所覆盖的工作内容。
4. 请详细解读"采集的评估资料并不是越多越好"这句话的内涵。
5. 简述评估工作计划的内容。

第五章　首饰评估报告

首饰评估报告是评估工作的最终环节,是评估人向委托人提交的工作文件。评估报告向委托人展示了评估过程和结果,包括评估目的、价值类型及其定义、评估方法、特殊和一般的限制条件、被估资产、相关调研以及所获得的价值结论。评估报告是评估人以尊重事实的态度,结合有关程序和原则,对与评估问题或争议相关的事实所作的一种逻辑性、客观性分析的结论。评估报告充分反映了资产最高和最佳使用的价值原则。

第一节　评估报告编写要求

为了能正确、全面地展示评估工作的成果,评估人做了大量事实分析、研究工作。评估报告的编写应遵守一定的原则。

一、报告编写,实事求是

在评估报告编写过程中,涉及对大量相关资料的解读,因此必须做到以下几点:①举证的数据必须真实有效;②客观公正地表述和介绍,不带感情色彩,不带浮华修饰;③正确区分假设和猜想的内容,不允许加入带有主观臆想的内容;④罗列充分的证据以支撑合理的假设。

二、综合分析,逻辑严密

评估报告撰写过程并不是资料的堆砌过程,也不是数据的累积过程,而是评估人运用智慧和评估专业技能,对大量资料去伪存真、去繁从简、综合归纳的过程。其评估思路逻辑严谨,评估结论科学客观。

一份好的评估报告,需要按评估程序循序渐进地描述,引导读者了解评估的全过程,心服口服地接受评估的科学结论。

三、遵循标准,结构完整

评估报告的编写过程应遵循有关标准和规定。在评估报告中要注明引用资料的出处,同时定义评估术语。而且,在编写报告时应注重结构完整,正文前、后章节及附件资料应相互一致,避免矛盾。尤其要指出的是,报告中的引文内容要完整,以防止委托人在阅读时断章取义。

四、语言简明,语义正确

评估报告属于说明文体裁,要求语言文字简明扼要,少用修饰性的形容词描述,语义表达正确无歧义,可用图、表来表示繁琐数字。同时,应用科学术语阐明含义,尽量避免使用不确切语义、不确定名词。

第二节 评估报告的结构

一份完整的评估报告,由多个章节组成,其结构必须完整。

一、封面

封面上涵盖的内容有评估报告名称、报告编号、评估机构名称及商标、报告提交日期。

二、扉页

扉页上涵盖内容有评估报告名称、报告编号、评估机构名称及商标、地址、邮编、评估日期、有效日期、评估目的、评估价值类型、委托人或委托单位全称。

三、目录

目录包括每章标题及页码。

四、摘要

摘要即用简短的文字介绍评估报告的主要内容。

五、正文

(1)评估目的。
(2)评估目的对应的价值类型。
(3)评估的基准日、有效日期。
(4)珠宝首饰的描述和鉴定。
(5)评估方法。
(6)信息、资料来源(可比销售资料、得出评估结论的数据)。
(7)评估的价值结论。
(8)宝石鉴定设备。
(9)品质分级标准。

(10)有限条款。
(11)评估人资质。
(12)评估人签名(评估报告提交日期)。
(13)评估人关于与本项评估无利益关系的声明。
(14)附件。包括评估对象照片,如图 5-1、图 5-2 所展示的首饰。

图 5-1 蓝宝石镶钻石项链

图 5-2 18K 金红宝石镶钻石挂件

(宋菁设计)

第三节 评估报告的类型

评估报告按其描述的详细程度分为三个类型。

一、完整的评估报告

完整的评估报告的描述内容最为详细,涵盖了所有参考资料、研究方法和结论,包括评估人员工作笔记中所记载的支持性资料。

完整的评估报告至少包含如下内容。

(1)客户姓名。
(2)评估目的。
(3)评估客体的鉴别信息(包括物理的和经济的特征)。
(4)评估客体的所有者权益。
(5)价值类型及其定义。

(6)评估基准日和报告日。
(7)评估工作范围,所描述信息足以使客户对评估过程有所了解。
(8)得出结论的推理过程。
(9)具特殊要求的条款说明和解释。

二、简明的评估报告

简明的评估报告的结构与完整的评估报告一致,只是简化了具体的资料提供环节。

它与完整的评估报告有一定区别。如在鉴别评估客体内容方面,完整的评估报告中的信息更详细;在结论的推理过程方面,完整的评估报告提供了充足的信息。

三、限制的评估报告

限制的评估报告是一种咨询报告,一般会在客户对资产类型和评估程序完全熟悉的情况下使用。报告的结构与完整的评估报告一致,只是对具体的内容予以简化和限定。

四、评估报告中的有限条款

评估报告中的有限条款是对评估报告的一个限定,表明评估报告是在有限条件下所得出的评估结论,一旦有限条件撤除,则评估结论无效。

在首饰评估实际操作中,经常发生这样的情况。如评估一枚钻戒时,由于已经镶嵌钻石(委托人不同意将钻石从戒托上摘下),因而只能粗略评估其颜色、净度等级,并根据卡尺测量的数值估算质量。一旦钻石从戒托上取下,对其颜色、净度及质量的评估结果会有所不同。

因而,在评估钻戒时,评估人员需加上有限条款。如"钻石已经镶嵌,其颜色、净度是估计判读的,其质量(ct)根据行业标准计算公式估算。"阅读报告后,委托人就会明白,其颜色、净度及质量是在镶嵌条件下完成的。

评估报告中还会使用的其他有限条款如下。

(1)本评估报告是完整的,并只有在完整状态下才有效(意指摘取片段使用,评估结论无效)。

(2)本评估报告仅在评估目的范围之内使用(意指评估目的发生改变,评估结论无效)。

(3)本报告中钻石颜色的认定,是在普通照明灯下进行的(意指在比色灯下鉴定,评估结论无效)。

在评估报告中加入有限条款是一种负责任的处理方法,既帮助委托人解决需要评估的问题,又使评估人规避不必要的责任风险,使评估的结论建立在实事求是的基础上。

五、首饰评估工作单

首饰评估工作单是指首饰评估过程中形成的工作记录(表5-1),它以书面记录形式反映评估工作的进程。它是形成评估结论的直接依据,同时也是控制评估工作流程的有效手段。首饰评估工作单由以下九个部分组成。

(1)评估基础信息。评估基础信息包括评估目的、评估价值类型、评估市场级别及评估方法。填写清单时要用简要的文字记录上述四个基础信息。

(2)评估客体规格和质量(g)。

(3)评估使用的仪器。在列出的仪器名称前,用"钩"(√)表示。

(4)整体描述。内容为评估客体外观特征、制作方法、镶嵌方法、印记及综合评价。

(5)所镶宝石描述。内容为宝石名称、颗粒数、规格、质量(ct)及鉴定特征(至少三个独立的具鉴定意义的特征)。

(6)所用金属描述。写明实测客体的贵金属种类及成色、实测方法。

(7)所用资料来源:①评估引用的价格资料;②采用的技术标准。

(8)估价过程。即价格计算过程中要列出详细的计算步骤。

(9)评估结果:①评估价;②评估人签名;③评估日期。

表 5-1 评估工作单　　　　　　　　编号:_____

评估客体:_____ 尺寸: 长:_____ 宽:_____ 高:_____ 整体质量:_____g	使用仪器(打"钩") 宝石显微镜　数显卡尺　红外光谱仪 偏光镜　钻石灯 折射仪热导仪 二色镜莫桑仪 分光镜电子天平 紫外荧光灯钻石切工比例分析仪 其他
整体描述 所镶宝石 所用金属	所用资料 计算和估价 估　　价: 评估人签字: 评估日期:

1. 简述评估报告的编写要求。
2. 简述评估报告的类型。
3. 简述评估报告结构。
4. 简述评估报告中有限条款所起的作用。
5. 简述评估工作单的内容。

中编

首饰评估实务

第六章　首饰评估实务基础

第一节　首饰分类

本节主要介绍两种首饰分类方式：一是按首饰材质分类，分为贵金属首饰及贵金属镶嵌珠宝首饰；二是按首饰用途分类，分为单件首饰、套件首饰及摆件首饰。

一、按首饰材质分类

1. 贵金属首饰

中华人民共和国轻工行业标准《贵金属饰品术语》（QB/T 1689—2006）中，定义"贵金属首饰"为"贵金属材料制成的供人佩戴的饰物"。

目前珠宝市场上，销售量最大的是黄金首饰，其次是银、铂金首饰。钯金首饰销售额度所占份额不大。

贵金属首饰大多采用冲压成型、浇铸成型、电铸成型或机械制链等方法制造，具有数量多、制造工艺较为简单的特点，产品技术含量不高。

2. 贵金属镶嵌珠宝首饰

《贵金属饰品　镶嵌术语》（DB35/T 1337—2013）由福建省质量技术监督局于2013年8月1日发布，2013年11月1日实施。标准中定义"贵金属镶嵌饰品"为"用贵金属材料和宝玉石镶嵌而成的首饰和摆件"。

多年以来，绚丽多姿的珠宝深受人们的喜爱，绝大多数的珠宝被镶嵌在贵金属材料上。贵金属镶嵌珠宝首饰（简称珠宝镶嵌首饰）充分体现了首饰设计师的创意设计，是集价值、艺术、工艺于一体的完美综合体。

贵金属镶嵌珠宝首饰已成为首饰评估中的重要评估客体。

二、按首饰用途分类

在首饰评估中,经常可以看到各种各样的饰品,按首饰用途大致可分为以下三类。

1. 单件首饰

常见的单件首饰有戒指、项链、手链、挂坠(图6-1)、耳饰、手镯、胸花、领带夹、袖扣等,可按不同场合的实际需要分别或同时组合佩戴。

2. 套件首饰

套件首饰常用同一种贵金属、同一种宝石或若干种色彩对比强烈的宝石设计方案制作而成(图6-2),常见的有三件套、四件套、五件套等。一般来说,套件首饰的制作要求有:①同一设计风格;②款式趋向一致;③采用相同的制作工艺、镶嵌方法;④对宝石的品质、配色、形状、大小进行严格筛选。套件首饰适用于宴会、舞会、婚礼等大型社交场合。通常套件首饰的艺术价值、市场价值远高于单件首饰。

图6-1 祖母绿镶钻石挂件

注:图片引自天成国际珠宝及翡翠拍卖会展品图。

图6-2 铂金缅甸蓝宝石镶钻石耳环戒指套件
(耳环:蓝宝石(12.80ct);戒指:蓝宝石(11.90ct);
估价:20万~24万美元)

3. 摆件首饰

摆件首饰是指用较多贵金属原料或各种珠宝玉石镶嵌而制成的手工工艺摆设品(图6-3)。摆件首饰是一门集造型、镶嵌、抬压、凿刻等技术于一体的综合艺术作品,除了本身固有的珠宝、贵金属价值外,也凝聚着首饰设计师、制作工艺师的集体智慧,具有很高的艺术附加值,绝非电铸成型制作的贵金属摆件所能相提并论的。

图6-3 美人鱼摆件(摆件由足金、玛瑙、珊瑚、珍珠、木化石组成,翟建国设计)

第二节 首饰材质

一、黄金

金的化学元素符号为Au,熔点为1 064.43℃,相对密度为19.31(20℃)。质软而重,导电、导热性能良好。延展性极强,其机械加工性能在所有金属中为最好,1g黄金可拉成3000m以上的细丝,可碾薄至厚0.000 01mm的金箔。黄金的物理性质和化学性质在空气中和水中极稳定,不溶于酸和碱,但溶于王水及氯化钠或氯化钾溶液中。金能与大多数金属形成合金,能增强其硬度,如金与银、铜制成的合金材料K金常作为镶嵌制品材料使用(图6-4)。金易溶于汞,形成的汞齐可用于鎏金工艺。目前饰品用金量及货币用金量约占世界金生产总量的3/4。除上述用途外,金还可用于航空航天工业、电子工业、IT产业等领域。

世界上主要产金国为南非、美国、澳大利亚、加拿大、俄罗斯等。从2008年起在世界主要产金国中,中国异军突起,当年全国黄金生产量为282t,雄

图6-4 足金镶翡翠挂件

踞世界黄金产量之首。2012年我国黄金产量达到403t，2014年为451t，2017年为426t，2019年为380t，全国黄金产量连续13年保持世界第一排名。我国黄金年产量呈现出一片光明前景。我国黄金的主要产地在山东、黑龙江、河南、湖南等地。

目前全球黄金查明储量约10万t。其中，南非有3万t，俄罗斯有7000t，而中国已达6300多吨，居世界第三位。

我国现行国家标准《首饰 贵金属纯度的规定及命名方法》(GB/T 11887—2012)规定足金的纯度范围见表6-1。

表6-1 足金纯度范围

纯度千分数最小值/‰	纯度的其他表示方法
990	足金
(999)	（千足金）

二、K金

K金是由一定纯度的黄金配以钯、银、铜等金属组成的合金。较之足金，K金质地硬，抛光性能好，适用于制作镶嵌首饰和轻盈、光亮的素金首饰。国内的镶嵌首饰大多用18K金制作。北美人较青睐14K金，欧洲人则喜欢18K金，东南亚人和阿拉伯人则更喜欢22K金。K金可以根据合金组分的变化，拼制成白色K金、本色金和彩色金。

我国现行国家标准《首饰 贵金属纯度的规定及命名方法》(GB/T 11887—2012)规定的K金纯度范围见表6-2。

表6-2 K金纯度范围

纯度千分数最小值/‰	纯度的其他表示方法	纯度千分数最小值/‰	纯度的其他表示方法
375	9K	585	14K
750	18K	916	22K

三、铂

铂又称"白金"，是铂族元素之一，化学元素符号为Pt，为银白色金属。熔点为1722℃，相对密度为21.35(20℃时)。质软而富延展性，易加工，能轧成厚0.002 5mm的白金箔或拉成极细的白金丝。

铂常与钯、铱组成合金材料,以增强硬度,改善光亮度,现已成为重要的首饰制作材料。铂的化学性质稳定,但溶于王水和熔融碱。由于具有耐高温、耐腐蚀、耐氧化、强度大(高温)及延展性好等特点,铂被广泛用于航空航天工业、仪表电子工业、化学核能工业和汽车制造工业等重要领域。因此,铂及铂族金属一直被视作战略物资,世界上各主要发达国家均有大量储备。

世界上最主要的产铂大国为南非、俄罗斯、津巴布韦等,而南非的产量约占世界年产量的2/3。由于铂资源稀缺且用途广泛,通常铂的价格高于黄金的价格。其行情跌宕起伏,价格波动的空间有时甚至大于黄金。由于2008年下半年国际金融危机爆发,一年中铂的价格竟从历史最高每盎司2252美元下跌到每盎司774美元,犹如过山车。随着本轮金融危机的热点转移,铂的工业用途和首饰需求均出现了不同程度的恢复。2019年,全球铂需求主要集中在汽车尾气催化剂生产和首饰制作领域。

四、铂合金

铂合金是指铂与其他金属(如钯、铑、银、铜等)组成的合金材料(图6-5)。为了增加铂金饰品的硬度和光亮度,在制作铂金饰品时需要视具体情况加少量的其他金属材料。如为了保证镶嵌宝石的牢固度,需要加入一些钯,以提高材料硬度;而在制作纯铂金饰品时,一般只加入一些银、铜即可起到增加硬度和光亮度的作用,而且原料成本更低一些。

目前国内铂饰品的含铂量达900‰和950‰,印记分别为Pt900或Pt950。欧美国家的铂金饰品大多为Pt950或含铂量更高的饰品,而日本推行的四种铂金饰品分别为Pt1000、Pt950、Pt900、Pt850。

图6-5 铂金钻石戒指

五、钯合金

钯是铂族元素之一,化学元素符号为Pd,属于银白色金属。钯的熔点为1554℃,延展性强,质地比铂稍硬,化学性质不活泼,可溶于硝酸和王水,主要用于制作印刷电路板、电触点等。此外,还可用于制作特种合金,是金、银、铂合金首饰的组成部分。目前市场上常见的白色K金首饰、铂金首饰大多含有钯。

由于钯比铂便宜,也有首饰企业把钯作为主要原材料单独使用。相继推出了钯饰品系列,一般是以钯(95%)、电解铜(2.5%)、青铜(2.5%)拼制成钯合金,或是以钯(95%)、电解铜(4.65%)、钴(0.35%)拼制成钯合金,以达到硬度适中的效果,达成便于抛光打磨、提高光亮性的目的。图6-6为钯合金戒指。

图6-6 钯合金戒指

六、银

银是一种金属元素,化学元素符号为Ag,属于银白色金属,又称白银。熔点为962℃,相对密度为10.4(20℃时),导热导电性能良好。白银具有良好的延展性,仅次于黄金。

1g白银可拉成1800～2000m的细丝,可轧成厚度为1/10 000mm的银箔。白银不仅能与黄金组成合金,还能与铂族金属组成合金。白银的化学性质比较稳定,但遇硫化氢、硫、臭氧变黑(图6-7)。白银主要用于制作首饰、银币、感光材料、仪电材料及医疗器械等。

进入21世纪以来,随着新技术、新工艺、新材料的不断涌现,白银的工业属性正被不断替代。白银已从供不应求转为供大于求,20世纪末的国际银价仅为每盎司4～5美元。由于白银单价较低,

图6-7 银碗

因而也更容易受到游资炒家的追捧。目前白银的金融衍生品ETF的持仓量已从2008年的6000t左右,增至12 000t。2011年底,白银价格已升到约每盎司30美元。至今,白银价格在每盎司25美元左右浮动。

世界上主要白银生产国为墨西哥、加拿大、美国、俄罗斯、秘鲁等。我国的白银资源较为馈乏,产量排名靠后。

七、贵金属黏土

贵金属黏土是一种由日本三菱集团于 1989 年发明的首饰新材料,目前主要为纯金黏土、纯银黏土。贵金属黏土的成分是由有延展性的金属粉末和稳定油脂黏合剂组成,其中金属粉末的直径仅为 20 μm。在制作贵金属黏土首饰时,首先需要准备一台专用烘烤炉和专用模具,把贵金属黏土充填到所需的模具里,经过挤压拉抻,制成各具神态的首饰;然后放入电炉中烘烤 2h,银黏土炉温为 900℃,金黏土炉温为 1000℃;当经过烘烤后只剩下黏土中的贵金属成分时,一件光亮、时尚、耐用的饰品即告完成。图 6-8 为贵金属黏土饰品。

图 6-8 贵金属黏土饰品

经过近 10 年的不断摸索,贵金属黏土技术已不再局限于将黏土制成纯金属饰品,而是在饰品中镶嵌宝石,或在饰品上添加彩色釉料。这项技术于 1996 年传入美国,我国一些大城市也已出现贵金属黏土首饰 DIY(自己动手制作)时尚小店,目前金泥的价格为黄金的 2 倍,银泥的价格为白银的 3~4 倍。以银泥为例,市场零售价约 120 元/包,内含 10g 纯银黏土,能制作 2~3 件首饰。

八、镀金

镀金是指利用电解法原理,将金镀在银或其他金属材料上的一种工艺。此种工艺制品镀层均匀,外观平滑光亮,颜色呈金黄色,基本能达到金饰品的视觉效果,但有表面镀层薄、易磨损和保存期短的缺点。我国的国家行业标准规定:镀金覆盖层的含金量不得低于 585‰,厚度不得小于 0.5 μm。镀金饰品通常在纯度后面标有 GP 字样,即英文 Gold Plated 的缩写形成。

九、包金

包金是指在银胎或铜胎制品外包上金箔的工艺,属于手工操作工艺。包金制品是利用高温和压力将金箔熔结在胚胎上制成的。一般在首饰易磨损处的包金层较厚,不易磨损的地方包金层较薄。有的地方把它称为"锻压金"。包金技术大多用于饰品制作,常见的制品有锁片、戒指、耳环、头簪、手镯等。商家通常在包金饰品上刻有包金数量、成色、制造商印记等。

中华人民共和国成立后,采用此项工艺做成的产品已基本绝迹。在美国,人们把包金称为填金(Gold Filled),标记为 GF。

第三节 首饰制作工艺

首饰是一种用于装饰人体、美化生活、表现社会地位和显示财富的物品,迄今已有数千年的发展历史。古巴比伦时代(约公元前 2000 年至约公元前 1600 年)就出现了用黄金铸造工艺和錾花工艺制作的金饰品。古希腊时期出现了镶嵌宝石的别针和胸饰。随着人们对宝石开发和利用水平的不断提高,金首饰及其镶嵌首饰的加工技艺日臻完善成熟。到了 19 世纪,法国、意大利已成为欧洲最著名的设计制作中心。

中国首饰在世界上也占有重要的地位,商周时期就出现了用黄金压出花纹的金叶,到了春秋战国时期已出现了镶嵌饰品。明清时期首饰制作工艺有了进一步的发展,饰品风格趋向于富贵、华丽、浓艳。其做工更为精细,如定陵出土的金冠和故宫收藏的金饰品就是这一时期的代表作,充分体现出题材丰富、制作技艺精湛的特点。19 世纪末至 20 世纪初,上海、广州、北京等地出现了民间首饰作坊和银楼,逐步形成北京花丝镶嵌,上海、广州金银珠宝钻石镶嵌两大南、北艺术流派。我国除了有传统的手工制作方法外,还出现了机器冲压、失蜡铸造等方法。随着新的镶嵌制作方法不断涌现,经过几千年的发展,首饰制作工艺不断地得到创新,迄今已有几十种制作方法。

一、手工制作

1. 概况

手工制作是最传统的首饰制作工艺,迄今已有数千年的发展历史。即便在已产生了广为应用的失蜡浇铸、冲压成型、电铸成型等较为先进的生产方法的今天,手工制作仍然是首饰制造业最基本、最重要的一项工艺。

2. 内涵

手工制作的内涵主要体现在两个方面:一是包括锤、锯、锉、钳、钻、焊、錾、折、剪、镶和修饰等各项工序;二是能充分展示制作者对设计理念的表现力和把握立体造型的能力。因此,手工制作首饰因制作精良、造型美观且各具特性,能充分体现制作者的个人气质和艺术风格。尽管费时费力,手工费用昂贵,手工制作首饰依然受到众多消费者的青睐和追捧。图 6-9 为手工制作的 18K 金翡翠挂件。

图 6-9 18K 金翡翠挂件

一些国家和地区对手工制作首饰有着严格的界定,即整件首饰必须全部是用手工方法和手工工具完成的,而不能有任何一个部件是采用浇铸件或冲压件完成的。

3. 金银细工

在传统的首饰手工制作中,还有很重要的一大分支即金银细工(俗称摆件)制作技艺。

金银细工制作技艺最早出现于商周时期,历经汉代、唐代、宋代,至元代、明代、清代达到一个新的发展高峰。元朝的文人兼工艺美术家朱碧山用手工制作的银槎为当时的扛鼎之作,现仅有四件流传于世。金银细工摆件制作工艺属我国传统金属手工技艺,它是以金、银、铂等贵金属为主要原材料,根据创意设计所需,配以各种名贵宝玉石精心打造贵金属珠宝手工艺品。此类工艺品可供室内陈设观赏并兼具实用功能。

在金银细工摆件制作中,所用的贵金属、宝玉石大多价格昂贵,结合贵金属材料特有的优异延展性,其产品可薄如蝉翼、细如毫发。工艺师在金银细工制作过程中综合运用了抬压、錾金、钣金、拗丝、镶嵌和雕琢等各种传统手工技法。其技艺繁复,制作的产品精美绝伦。

金银细工制作技艺包括以下几个重要过程:①弹压(图6-10);②脱胶(图6-11);③零件组装(图6-12、图6-13)。

图6-10 弹压(金银细工制作过程)

图6-11 脱胶(金银细工制作过程)

图6-12 零件组装一(金银细工制作过程)

图6-13 零件组装二(金银细工制作过程)

金银细工摆件题材广泛、形式多样，涉及各种人物、景观、动物、器皿等。此项传统技艺于2008年成功入选第二批国家级非物质文化遗产名录。

4. 手工制作首饰的识别

(1) 一般都是单独设计制作，产品外形有较强的个性化特征。

(2) 产品的整体外观表现了首饰工匠的制作水平和技艺风格。

(3) 饰品表面处理比浇铸首饰更光洁明亮，纹饰等细部处理更为细腻。

(4) 在饰品内部等不易发现处，能依稀看到锤痕、锯痕和焊接痕等加工痕迹。

二、失蜡浇铸法

1. 概况

浇铸首饰是一项古老的传统工艺。我国是最早使用失蜡浇铸法的国家。最早出现的失蜡铸件，是河南淅川出土的春秋晚期铜盏部件和湖北随县出土的战国初期曾侯乙尊盘。欧洲直到16世纪初，才由意大利的著名工匠切利尼详细记述了失蜡浇铸的工艺过程和所用的原料。

20世纪70年代中期，上海、北京等地的首饰技术人员开始尝试将此种传统工艺应用到首饰制造行业，并一直沿用至今。失蜡浇铸法已成为首饰制作中用得最多的一项工艺。

2. 失蜡浇铸法的步骤

(1) 制作金属试样，也称起版。

(2) 依据金属试样制作硅橡胶模具。

(3) 用注蜡机向橡胶模腔内注蜡，使之成型。

(4) 用单件首饰蜡模在蜡棒上种蜡树。

(5) 翻制石膏模，熔烧失蜡形成石膏模。

(6) 靠离心力将熔融的金属注入石膏模浇铸。

(7) 将石膏模放入冷水，使之破裂，取出金属铸件并转入制模工序。

3. 失蜡浇铸法的优点

(1) 能有效提高首饰生产效率，降低制作成本。

(2) 适用于大、小批量生产。浇铸用的橡胶模具制作成本比冲压成型的钢模要小得多。

(3) 能满足空间结构复杂的立体造型需要，更能显示出形状复杂的产品的适用性。

4. 失蜡浇铸法的缺点

(1) 铸造产品致密性较差，较之手工制作和冲压成型，其内在质量和耐用性较差。

(2) 难以避免地出现沙眼、金属泡、金属吻合线（哈夫线），给后面工序中的修整、修饰带来较大的工作量，容易造成金属损耗偏高的问题。

三、冲压成型

1. 概况

首饰的冲压成型,就是在机械化生产中,把金属材料置于特制的钢模之间,然后靠机械冲压使金属材料形成预期的形状。从形态上讲,上模称为动模,下模称为定模。从功能上讲,常见的首饰模具有三种:一是花模(挤压模),上模为冲头,下模为不穿孔的凹模,通过机械冲压力在金属材料表面或正反两面压上所需的花纹图案;二是落料模,上模为凸模,下模为穿孔模,通过冲压形成的剪切力,将金属材料按预定的外形冲出所需的外形轮廓;三是拉伸模,可将金属材料按要求一次或多次冲压拉伸成管状部件,在冲压拉伸过程中,为便于加工,常对材料作"退火"处理。一个零部件或产品的制作,往往需要通过多种模具和多次冲压才能完成。

用于冲压成型的机械设备一般有两种:一种是大吨位的机械冲床,可通过猛烈冲击成型;另一种是机械液压机或机械摩擦压力机,可逐渐加压成型。

2. 冲压成型的优点

(1)产品结构致密,质地坚硬,耐久性好。
(2)表面光洁度优良,可达到镜面效果。
(3)产品的材料厚度、质量便于控制,外观精致,具有轻薄、匀称的特点。
(4)钢模经久耐用,可以大批量投产,单件产品的制作成本较低廉。

3. 冲压成型的缺点

(1)钢模制作要求很高,前期准备较为复杂,机械设备较为昂贵,不适用于少量生产。
(2)产品成型的选择余地受模具、冲压设备限制,款式变化较小。
(3)产品品质受制于模具品质,花纹、图案、造型给人千篇一律的感觉,缺少手工制作饰品的神韵。

4. 机械制链

机械制链是一个高度机械化和自动化的过程:利用能制成各种不同款式链子的制链机,通过机械手制成链子单圈,在圈与圈之间不断循环往复,形成单圈组合;与之同步,运用配套的激光技术或等离子技术对链子的圈口进行精准地焊接,通过周而复始地组合、焊接,生产出大量的机制制链。

与手工制链相比,机械制链具有产量高、成色足、品质稳定的优点。但也有链子款式规格受制链工作母机限制,难以适应市场不断更新变化的需求,而且初期机械制链有生产线投资额度大、设备保养消耗大等缺点。

我国最早使用机械制链机制作贵金属链始于20世纪60年代。最初是从联邦德国进口了制作"马鞭链"的制链机。为了满足日益增长的市场需求，我国从20世纪80年代起向首饰制链强国意大利大规模引进了机械制链机生产流水线。与此同时，对进口制链机实施了技术改造，先后研发了激光焊接机等配套设备，使生产的链子款式得以丰富，品质和产量得以大幅度提高。我国首饰行业和科研单位联合研发的机械制链激光焊接机曾于20世纪90年代获得国家科技进步二等奖。

四、电铸成型

1. 概况

电铸成型是指利用金属的电解沉积原理精确复制造型复杂、形态逼真、精度要求高的金摆件和金首饰。电铸成型的主要工艺过程为：芯模制造及芯模的表面处理→电镀至规定厚度→脱模和修饰→成品。

电铸成型技术最早是由俄国科学家雅可比于1837年发明。该技术最初被用于复制印刷，19世纪末开始用于制造唱片压模和复制博物馆文物摆件。随着电铸液稳定性不断提高，尤其是各类添加剂的广泛应用，电铸成型技术的应用范围逐步扩大，如用于制造模具及金属箔与金属网、雷达、激光器、火箭发动机等高科技产品的重要部件。

20世纪70年代，日本和意大利对电铸成型工艺技术进行了大量卓有成效的改进，并采用了电脑控制技术精确控制整个电铸成型过程，大大提升了这一技术在首饰制造领域的应用水平。

2. 电铸成型的优点

（1）产品看似体积较大，但质量较轻，在一定程度上突破了手工制作的局限性，丰富了金饰品的品种。

（2）产品的表面能准确显示芯模上的精细图纹，既有表面光亮效果，又有绒面处理效果。

3. 电铸成型的缺点

（1）产品壳体过于单薄，容易产生凹瘪，而且不易修复，耐用性差。

（2）电铸沉积速度决定了产品加工时长，再加上制模、脱模技术难度大，电铸设备及添加液价格昂贵，因此与失蜡浇铸、冲压成型相比，同等质量下电铸成型的制造费用较高。

五、不同制作工艺的识别方法

（1）手工制作。内外部光洁度高，无砂眼；仔细观察可见工具使用痕迹，如锤痕、锯痕、锉痕等，有焊接缝；同批产品之间可见到细微差别。

（2）冲压成型。光洁度很高，无砂眼，外框及孔的边缘较为锋利，可见轻微的冲压剪切痕迹;整批产品的外形、图案、花纹具有高度的一致性;制作的产品、配件大多整体成型,无焊接缝。

(3) 浇铸成型。所制成品较其他成品粗糙,光洁度低,花纹不清晰,外部可见模具缝合线,内外部均可见砂眼;金属细粒内部呈自由流体状,表面凹凸不平。

(4) 电铸成型。电铸产品个大体轻,壳体单薄,造型复杂,制作精密;在产品的底部或不明显的部位,可见出蜡孔,从孔内可以明显观察到离子沉积表面的现象。

第四节 首饰镶嵌方法

一、钉镶

钉镶大多用于镶嵌小钻石。这种镶法充分利用贵金属的良好延展性,运用镶嵌专用工具铲起金属小齿并压在钻石腰棱上,能让金属珠齿光泽与被镶钻石的光彩交相辉映。图 6-14 为钉镶示意图。

有两种镶嵌方法可以达到同样效果:一种是将小锤子和錾子结合使用,在已放入孔中的钻石周围的金属坯上硬凿出齿爪,使材料紧压在钻石腰棱上,然后再用向内凹陷的圆錾敲击修整,使爪齿形成圆珠状。这种方法也被称为"硬嵌",早在 20 世纪 30 年代由广帮师傅传到上海,成为"洋镶首饰"的显著技术特点之一。这种镶法的工效比现在流行的"起钉镶"的工效低。

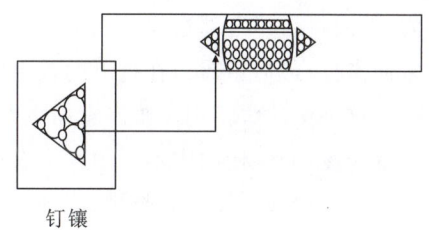

图 6-14 钉镶示意图

另一种方法是指手持带柄钢针用力在放入孔中钻石周围金属坯上挑出小齿爪,以此镶住钻石。这种方法在 20 世纪 70 年代被引进中国。其工效高,一个熟练工人一天最多能镶 200 粒钻石。这种方法被称作"起钉镶"。

目前国际珠宝镶嵌业在原有的钉镶基础上出现了微钉镶嵌技术。所谓微钉镶就是指借助特殊型号规格的高倍光学显微镜,在镜下进行起钉镶的一种特殊镶嵌工艺。它能镶嵌小至 0.002ct 的钻石。镶嵌的群镶钻石饰品边线清晰整齐,齿钉工整圆润。该法所镶嵌钻面平整,尤其擅长于群镶钻石饰品的各种高低起伏、造型复杂多变的块面。

微钉镶工艺的出现和运用,对于提升镶嵌饰品的整体效果起到了很大的推进作用。

二、槽镶

槽镶又称夹镶、壁镶、迫镶、轨道镶等(图 6-15)。此法多用于镶嵌小钻石或其他刻面小宝石。槽镶的步骤：根据相同直径宝石以及镶石的排列长度，在有一定厚度的金属坯上锯出长方形孔，再用铣刀在两内侧铣槽，靠两槽的夹压镶嵌住钻石。有时两槽之间下方由横梁相连，能起到支撑宝石的作用，但宝石排列之间没有金属间隔，也没有缝隙。槽镶在首饰制作中应用广泛。用槽镶制成的饰品，线条流畅，若与钉镶结合使用，更能凸显群镶产品视觉效果。

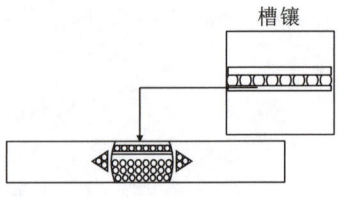

图 6-15 槽镶示意图

三、包边镶

包边镶也称包镶、折边镶，是首饰制作中常用的一种传统方法（图 6-16）。制作时既要求包边光滑牢固，又要尽量显露宝石外形，给人端庄大方的视觉效果。包边镶的流程为：通常是根据宝石的实际尺寸，用金属薄片分别做一个内圈和外框（内圈略低于外框），将宝石衬入外框内，经过焊接做成齿口，并将宝石置于齿口内；然后将齿口上部边缘折弯到宝石上，用平头錾轻轻来回击打；最后用錇刀在折下的包边处推几下錇以完成包边镶。

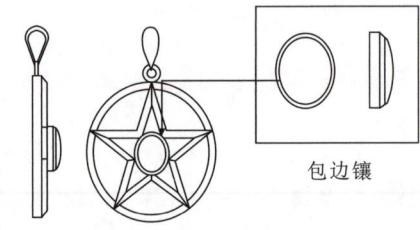

图 6-16 包边镶示意图

这种镶法大多用于镶嵌素面宝石，也可用于镶嵌刻面宝石。它的优点在于能够保护宝石的腰棱，而且使用中不至于发生衣物被勾拉的情况。包边镶对宝石的净度要求比较高，如果宝石边缘或腰棱处有裂绺、瑕疵，就很容易在击打包边时造成宝石的进一步破损。

四、爪镶

爪镶也称齿镶，是最常见的一种饰品镶嵌方法（图6-17）。通常先做完齿口（也叫宝托、镶口），再焊镶爪（根据被镶宝石的高度确定镶爪的长短，镶爪的数量和形状视宝石大小而定）；然后将宝石放进齿口，用平头錾和钳子把镶爪紧压在宝石边缘上。

爪镶能够突出宝石的外观效果，并能很好地显示其特殊光学效应，适用于各类镶嵌首饰和各种琢型宝石，但容易对薄腰棱或脆性宝石造成损坏。而且，爪镶首饰在使用时会出现勾拉衣物或镶爪变形的现象。1886 年由蒂芙尼首推的"V"字形爪镶就是爪镶的典型代表。

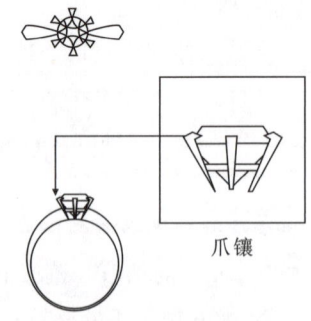

图 6-17 爪镶示意图

五、埋镶

埋镶也称"闷镶",适用于镶嵌刻面宝石(图6-18)。它的特点是不使用齿口,而是直接在比较宽厚的拱形戒圈上打孔,并在孔口处车出一条细槽,把宝石嵌入,然后将周围的金属挤压住宝石的边缘。这种镶法难度较高,适用于镶嵌男士戒指,显得庄重大方。

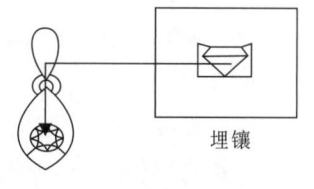

图6-18 埋镶示意图

六、隐蔽镶

隐蔽镶通常是指在有规则的圆形、方形、长方形的齿口边框内整齐有序地挤压排列经过特殊加工的刻面宝石的镶嵌方法(图6-19)。一般用于隐蔽镶的宝石边缘都有边槽,宝石之间能够互相交错借力。盾形宝石可用于圆形外框镶嵌,而长方形宝石则可用于方形或长方形外框镶嵌。除了金属齿口边框外,所镶宝石之间看不见任何金属材质。

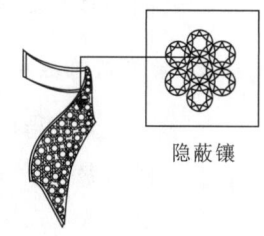

图6-19 隐蔽镶示意图

这种镶嵌方法的成功运用,取决于娴熟的金属镶嵌技艺和宝石琢磨技艺的密切配合,技术难度高,工效比较低,一般每人每天最多能镶嵌20粒宝石,但视觉效果极佳。

第五节 首饰品质评价

一、评价原则

1. 品质分级原则

根据贵金属首饰的国家行业标准以及国际珠宝首饰评估业对首饰评估的要求,在对首饰进行品质分级时应遵循如下评价原则。

(1)明确待评估首饰的制造方法。

(2)明确待评估首饰是新的还是旧的,以及新旧程度。

(3)明确待评估首饰的破损情况,如有破损,弄清楚该破损对首饰的外观及内在质量的影响。

(4)明确首饰整体造型是否美观,要求做到突出主题、立体感强。

(5)图案纹样形象自然,布局合理,线条清晰。

(6)首饰表面要光洁,无锉、刮、锤等加工痕迹,边棱尖角处应光滑无毛刺,不扎手,无剐蹭感。

(7)浇铸件表面光洁,无砂眼,无裂痕,无明显缺陷。

(8)镶嵌宝石要牢固美观,不易碎裂,齿爪粗细长短与宝石相称,齿口高低适当,俯视不露托。

(9)焊接牢固,无虚焊、漏焊及明显焊疤。

(10)錾刻花纹形态自然,整体平整,层次分明。

(11)表面处理色泽一致,光亮且无水渍。

(12)明确饰品的反面或内部是否抛光,是机械抛光还是手工抛光。

(13)弹性配件应灵活有力,配件安装牢固可靠。

(14)明确是否有制造商印记。印记应正确、清晰,位置适当。

2. 常见首饰品种特定的基本要求

(1)戒指:要求指环圆正,戒脚厚薄均匀,活口戒搭口要吻合。

(2)耳饰:要求左右对称、大小一致,夹头牢固且有弹性,两针长度相等,螺纹清晰有效。

(3)挂坠:要求挂攀部位适当,重心正确,坠饰与整个物品的比例协调。

(4)链:要求链身基本垂直,链粒均匀、活络,机制链柔软适度,链扣大小适当。

(5)手镯:要求镯身平直圆整且无变形。

二、评估首饰的品质级别

按照以上的评价原则和基本要求,可以通过六个方面对待评估首饰进行品质分级。

1. 首饰品质分级的表观特征

(1)分析待评估首饰的制作方法。不同种类的首饰有不同的制作方法,在制作首饰时,可以用一种方法,也可以综合运用多种方法。通过采用恰当工艺制成的首饰,能充分反映出待评估首饰的技术和工艺水准,并且会直接影响首饰的制作成本和工艺价值。一般来讲,技术含量越高的首饰,其精致程度就越高。

(2)确定待评估首饰的新旧程度。确定待评估首饰的新旧程度,是评估当代首饰的重要步骤。首饰被佩戴后会不可避免地出现不同程度的磨损和折旧,新旧首饰的价值是截然不同的,但对于古董首饰的评估则另当别论。

首饰在使用过程中还会出现因使用不当或设计、制作过程中存在缺陷而产生的首饰不同程度损坏的情况。这类首饰即使经过修理也会在首饰价值方面受到负面影响。同时还要探究首饰因内在品质欠佳而可能存在的潜在隐患对其未来价值的影响程度,这些都是在对首饰进行品质分级时需要予以充分关注的问题。

2. 首饰品质分级的整体造型

整体造型对准确地评估首饰的品质具有提纲挈领的作用。在对首饰进行品质分级时，首先关注的是给人第一眼的印象——整体造型。所谓艺术形象塑造，就是指要把握住首饰的外部形貌和刻画特征，充分展现首饰的三维立体形象。首饰通过所用材料（贵金属、珠宝）的质地、色彩、光彩等因素，以及独具匠心的创意设计和鬼斧神工般的精心打造，可以产生强烈的艺术感染力。造型的最高境界就是要达到"远观其形，近看其质"的效果，这点在对高档首饰和摆件作品进行评价时尤为重要。

3. 首饰品质分级的制作工艺

（1）清除加工痕迹。在制作任何一种首饰时，大量的劳动力都被投入到加工阶段。由于在制作过程中往往要运用各种各样的加工方法，如锤、锯、锉、焊、錾、镶等，因而不可避免地会留下加工痕迹。这就要求我们必须在首饰制作完工之前将痕迹全部清除。作为人类的装饰工艺品，首饰总是与人类有着密切接触，因此要尽量避免因粗制滥造而给佩戴者带来肌肤损伤或留下安全隐患。一件做工精致的首饰在很大程度上体现了首饰制作者的技术水准。

（2）镶嵌品质。在多数情况下，镶嵌在饰品上的珠宝玉石承载着绝大部分的价值，镶嵌品质是评价珠宝镶嵌首饰的关键因素。制作珠宝镶嵌首饰的基本要求，就是要使珠宝与贵金属之间的镶嵌牢固且美观，使齿爪、包边、槽镶的边线等贵金属部分与被镶宝石之间产生浑然一体、相得益彰的装饰视觉效果。

（3）焊接工艺。焊接工艺在首饰生产制作中应用广泛，主要用于首饰的结构组装和零部件焊接，是保证首饰整体牢固的保障性工艺，也是在作待评估首饰品质分级时要予以重点观察的主要环节之一。

（4）图案花纹。图案纹样常见于冲压成型饰品和浇铸成型饰品中，錾刻花纹多见于手工錾刻饰品中。图案花纹被应用于首饰上，能起到提高装饰美感和丰富艺术内涵的作用。图案花纹作为视觉效果的表现形式，讲究布局和章法，追求线条的清晰和流畅，是体现首饰艺术性的重要标志。

4. 首饰品质分级的表面处理

表面处理是首饰制作中非常重要的一道工序，视不同饰品的具体情况，可进行抛光或抛光加电镀处理。整个首饰制造过程中产生的加工痕迹，经过表面处理中的酸洗、抛光、钐光、电镀等工序将荡然无存，首饰会显现出光彩夺目、华贵美丽的外观。在对新首饰进行品质分级时，尤其要注意表面处理的效果，要求首饰外观不变形，表面光亮如镜，内部适度抛光，镀色纯正鲜艳，镀层均匀附着好。通常手工抛光首饰的品质更高。

5. 首饰品质分级的辅助配件

首饰中常见具有固定、连接、开启、闭合等功能的结构配件，这些配件的使用大大丰富了首饰使用的功能性和实用性。如项链、手链上的盒形钩扣、弹簧扣，罩盒的铰链，胸针上的跳针以及活动暗扣等。这些配件必须牢固可靠。设计者有时会对高档首饰的配件作独具匠心的艺术处理,从而提升首饰的附加值。

6. 首饰品质分级的标志印记

首饰印记是首饰制造商对所生产首饰的品质证明。我国有相应的国家标准对首饰印记做了严格的规定。首饰印记的内容应包含制造商代号或名称、贵金属及其合金材料的纯度、材料名称、镶嵌钻石(宝石)的质量等。

中华人民共和国成立前,在制作首饰印记时,人们以繁体字阳刻。20世纪80年代以来,我国多以阿拉伯数字、英文字母或汉字阴刻,近几年来首饰中的印记则多见激光阴刻。

1238年英国首开镌刻首饰纯度印记先河,镌刻首饰印记逐步成为各国惯例,但其具体内容不尽相同。首饰印记可以起到保护消费者合法权益、扩大企业品牌影响、有效保护知识产权的积极作用。对于首饰评估来说,印记只能起到参考作用,最终结果必须以实际检测为准。

依据上述评价原则,我国编制了制造工艺品质分级表(表6-3)、制造方法品质分级表(表6-4)。制造工艺品质分级表列出了对待评估首饰整体品质按工序流程分别进行品质分级的综合评定标准。制造方法品质分级表在制造工艺品质分级表的评定基础上,列出了对待评估首饰的不同制造方法进行总体品质分级的综合评定标准。一般情况下,手工制作的贵金属首饰和珠宝镶嵌首饰的劳动力成本大大高于浇铸、冲压和电铸成型首饰,其加工费、技术能级均明显高于后者。评估者只有熟练运用品质分级表,才能在首饰评估实践中对待评估首饰作恰如其分的品质分级。

表6-3 制造工艺品质分级表

制造工艺	品质分级			
	优	良	中	差
整体造型	主题突出,造型美观,层次丰富,比例恰当,具很强的艺术感染力	主题突出,造型比较美观,层次分明,有一定的艺术感染力	主题不够突出,立体感欠佳,无艺术感染力	主题不突出,造型差,比例失调
镶石	牢固美观,齿口高低适当,俯视时不会露托	牢固,俯视时不会露托	偶有宝石松动,齿爪包边略嫌粗糙	宝石松动,有掉石、碎石现象,宝石与齿口配合不当,俯视时会露托
图案錾刻	图案纹样形象生动,布局合理,线条清晰流畅	图案纹样形象自然,布局欠佳,线条清晰	图案纹样形象呆板,布局欠佳,线条不够清晰	图案纹样形象失真,布局不合理,线条模糊粗糙

续表 6-3

制造工艺	品质分级			
	优	良	中	差
光洁度	表面光洁,无加工痕迹,无砂眼、毛刺,边棱尖角处光滑	隐约可见加工痕迹,无砂眼、毛刺	可见加工痕迹、砂眼、毛刺	明显可见加工痕迹,有砂眼、毛刺,有明显缺陷
焊接	牢固,无虚焊、漏焊处,焊缝细密均衡	牢固,无虚焊、漏焊处及焊接疤痕	不够牢固,有少量虚焊、漏焊处和焊接疤痕	焊接处脱落,有虚焊、漏焊处及明显焊接疤痕
抛光	抛光亮度基本达到镜面效果,直线挺直,曲线流畅,棱角分明,反面光洁明亮	抛光亮度接近镜面效果,基本保持直线挺直,曲线流畅,棱角分明,反面光洁	抛光亮度下降,线条棱角出现钝化现象,反面不光洁	抛光面出现暗涩、雾状现象,线条棱角不清,反面粗糙
电镀	镀色纯正鲜艳,镀层附着性好,光亮、无水渍	镀色纯正,光亮	镀色局部有脱色、泛色现象	镀色出现偏色、枯焦、脱层、露底现象
结构配件	装配件牢固可靠,结构精巧,弹性配件灵活有力	装配件牢固可靠,弹性配件灵活有力	装配件松紧不一,弹性配件不够灵活有力,使用不便	装配件耐久性差,弹性配件缺乏弹性,基本丧失使用功能
印记	印记齐全、正确、清晰,位置适当	印记齐全、正确,字迹不够清晰,位置适当	印记齐全、正确,字迹不清晰,位置欠妥	印记有遗漏,内容不正确,字迹模糊不清,位置不合理
总体等级				

表 6-4 制造方法品质分级表

品质分级	优	良	中	差
手工				
铸造				
冲压				
其他				
备注				

第六节　首饰的价值评估

一、贵金属材料市场

现在国内用于首饰制作的贵金属原料的价格一般由上海黄金交易所决定。黄金珠宝首饰企业通常根据国内外贵金属市场原料价格的变化、企业运营成本、品牌效应和合理的利润目标，每隔一段时间不定期调整、更新贵金属饰品的零售价格。

1. 金价的计算方法

(1) 足金饰品零售价＝足金单价×质量(g)。

(2) K 金单价＝足金单价×金的纯度。

(3) K 金零售价＝K 金单价×质量(g)。

零售价中已包括额定的制作损耗费用。上海的金饰品零售价由金价和加工费两大部分组成。

2. 黄金市场

黄金市场是集中进行黄金买卖的交易中心，是国际金融市场的重要组成部分。有统计数据显示，古往今来黄金的开采总量约为 148 000t，其中个人投资者持有的黄金总量占到 15%，约 22 000t。最早出现的黄金交易地点是荷兰的阿姆斯特丹。第二次世界大战以后，世界黄金市场得到了进一步发展。21 世纪前 10 年，全球有近 50 个黄金交易市场，分布在欧洲、亚洲、非洲和美洲。在交易市场中，伦敦、苏黎世、纽约、芝加哥和香港这五个市场规模较大，在国际市场上起着主导作用，号称世界五大金市。其中伦敦黄金市场的作用尤为突出，该市场的黄金交易和报价一直是反映国际黄金行情的"晴雨表"。2000—2011 年，中国的黄金原料生产量、黄金产品消费量以及黄金储备量大幅度提升，尤其是黄金原料生产量，至 2019 年连续 13 年位列全球第一。中国黄金市场在全球影响力日益显著。

3. 五大黄金市场的特点

1) 伦敦黄金市场

1840 年，伦敦取代了阿姆斯特丹成为世界黄金交易中心。1919 年，伦敦黄金市场正式成立，1982 年伦敦黄金期货市场宣告成立。它不仅是世界上最大的黄金销售市场，也是大多数国家中央银行进行官方黄金交易的场所。伦敦黄金市场实行每日上午 10:30、下午 3:00 的两次定价制度。伦敦黄金市场的现货交易以美元计价，最小交易数量为 1000 盎司。1919 年，伦敦五大银行集中在罗斯柴尔德银行办公室商定伦敦黄金市场的黄金价格。此后，定价活动形式改为电话会议，五大银行更换为巴克莱银行、德意志银行、加拿大枫叶银行、汇丰银行、法国兴业银行。

由于定价机制存在不透明因素以及黄金市场的发展,2015年伦敦金银市场协会(The London Bullion Market Association,LBMA)与伦敦黄金定盘价公司联合对伦敦金的定盘价机制进行了大规模改革。从2015年3月20日起,伦敦金银市场协会将黄金定盘价的机制制定工作转交给洲际交易所(Intercontinental Exchange,ICE),由洲际交易所运行新的黄金定盘机制。洲际交易所旗下定价管理机构正式推出了伦敦黄金竞价电子平台,取代了自1919年以来运行的伦敦金定价机制。改革后的伦敦金定价机制是一个电子化、可交易的拍卖机制,每日公布两次定盘价。该机制采用电子平台竞价方式汇集交易委托,由定价管理机构工作人员担任定盘价主持人,增加了参与定盘价话语权的机构数量,明显提高了竞价过程的透明度并保证了公正性。

2015年6月16日中国银行被批准参与伦敦金银市场协会黄金定价,定盘价机构增加到8家。2015年10月30日中国建设银行被批准加入伦敦金银市场协会。2016年4月11日中国工商银行被批准加入伦敦金银市场协会。至此,伦敦金定盘价的机构增至13家,分别为:巴克莱银行、高盛集团、汇丰银行、摩根大通集团、摩根士丹利、法国兴业银行、渣打银行、加拿大枫叶银行、多伦多道明银行、瑞士银行集团、中国银行、中国建设银行和中国工商银行。

2)苏黎世黄金市场

苏黎世黄金市场是在第二次世界大战结束后,伦敦黄金市场关闭期间迅速发展起来的黄金市场。由于瑞士特殊的金融环境和金融运作体系为黄金交易提供了高度自由又保密的环境,瑞士不仅成为世界上新增的黄金中转站,同时也成为世界上最为知名的私人黄金保管和储备中心。金币交易量高居世界首位,是该市场的显著特征之一。长期以来,苏黎世黄金市场的地位仅次于伦敦黄金市场。瑞士信贷银行、瑞士银行集团和瑞士联合银行是苏黎世黄金市场的主要参与者,由三大银行统一对外报价。

3)纽约黄金市场

由于20世纪70年代中期美国政府解除私人持有和买卖黄金的禁令以及受战争影响,美元大幅度贬值。纽约黄金市场正是在这一背景下得以迅速发展的,其大部分期货交易是买空卖空的投机性交易。目前纽约商品交易所是世界上最大的黄金期货交易中心,2010年累计交易黄金13.9万t。由于美国期货黄金交易量巨大,纽约黄金市场已经对伦敦现货黄金市场的定价权威性产生了很大的影响。

4)中国香港黄金市场

迄今已有近90年历史的香港黄金市场,是中国人自己经营的黄金市场,其形成以20世纪20年代香港金银贸易市场的建立为标志。由于香港黄金市场在时空位置上处于美国市场收市和英国市场开市之间,因而可以连通亚、欧、美三大洲,从而形成完整的世界黄金市场时空供应链。香港市场的优越地理位置引起了伦敦五大定价行、瑞士三大银行等欧洲金商的极大兴趣,他们纷纷来到香港设立分公司,并将黄金买卖业务拓展到香港,从而推动香港成为世界主要的黄金市场。

5) 上海黄金交易所

20世纪30年代,上海金业交易所曾是远东最大的黄金交易中心之一。中华人民共和国成立后,政府对黄金实行了长达50多年的统一管理,直到2001年4月,中国人民银行宣布取消黄金"统购统配"的计划管理体制。2003年5月,中国人民银行停止执行包括黄金制品的生产、加工、批发、零售业务在内的26项行政审批项目,从管理体制上实现了市场的全面开放。2002年10月30日由中国人民银行直接管理的上海市黄金交易所正式开业,第一笔交易的买卖双方为上海老凤祥首饰研究所有限公司和山东黄金集团有限公司,成交价格为83.68元/g。

上海黄金交易所每天交易时间长达10h,其中每周一至周五的21:00到次日凌晨2:30的夜市,与欧美主要黄金交易所的交易时段高度吻合,实现了国内外两个交易区域的同步交易。交易品种除黄金外,于2003年7月30日增加了交易品种铂。2010年10月30日又增加了交易品种白银。自此,经国务院批准的三个贵金属交易品种金、银、铂在上海黄金交易所全部上市,均采用人民币报价。2011年上海黄金交易所的黄金交易量已从2002年建立时的42.5t,猛增到了7 438.5t。而上海期货交易所的黄金交易量更是达到1.4万t。中国的黄金交易量已位列世界黄金交易量的前茅。

上海黄金交易所与货币、证券、保险、外汇、期货等市场一起构成了我国完整的金融市场体系,初步实现了中国黄金市场由国内市场逐步融入国际市场的转变,加快了中国黄金市场与国际黄金市场接轨的步伐。

二、黄金价格的发展

1. 维持官价时期(1944—1971)

1944年7月建立的以美元为中心的布雷顿森林国际货币体系,规定一盎司黄金定价为35美元,美元与黄金直接挂钩具有等值作用。第二次世界大战结束后,美国出现了持续性的国际收支逆差。黄金价格脱离官价猛涨,造成美国的大量黄金外流,黄金市场发展失控。1968年3月美国政府要求英国暂时关闭伦敦黄金市场。1971年8月15日美国尼克松政府颁布"新经济政策":对内冻结工资和物价,对外禁止外国央行以美元官价兑换黄金。1978年4月1日国际货币基金组织正式废除黄金官价。至此,存在了30多年的以美元为中心的国际货币中心体系宣告终结。

2. 自由波动时期(1979—2000)

1979年下半年,国际政治经济形势动荡不安,黄金市场价格剧烈波动,两个月内每盎司黄金价格接连突破500美元、600美元、700美元大关。1980年1月18日纽约黄金期货价格竟涨至1000美元/盎司的历史最高点,但是仅隔两个月,迅猛跌至470美元/盎司的低谷。直到1987年10月全球股灾之后,黄金又攀升至500美元/盎司以上。自1988年以来,国际金价进入了漫长的下降通道。1999年,由于英国、瑞士等国大量抛售黄金以及黄金开采成本不断下降,黄金价格甚至跌至252美元/盎司。1999年9月西方15个国家的央行行长会议在华盛顿举行,签署了《央行黄金协议》,限制签字国央行每年向国际黄金市场售金不得超过500t,为阻止金价不断下跌起到了重要作用。

3. 进入新世纪以来的重大变化时期

随着国际经济全球化的程度越来越高,国际金价不断上涨。从2001年第四季度起国际黄金价格出现了总体稳步向上的拐点,并由此开始了长达十多年的"牛市行情"。2008年底爆发的国际金融危机更是把国际金价推向一个前所未有的价格高点,历史新高不断被刷新,其间经历了震荡、上升、回落、再上升的周期性阶段。2008年下半年,国际金价曾一度跌至688美元/盎司。同时,十多年来,国际局势的变化发展对短期阶段性的国际金价上升起到了助推剂的作用。各国央行改变了抛售黄金的政策转而增持黄金,以优化储备结构应对国际金融危机。这些投资需求的增加,对国际金价上扬形成了极大的推动力,国际投资银行不断调高未来金价的上涨预期。造成金价连年上涨的原因还有市场上不断产生的金饰需求和工业需求。目前中国和印度两国首饰金需求量已占世界首饰金需求量的63%,2012年我国首饰金、金条、金币的用金量高达832t。

2011—2020年,国际上未发生大规模战事活动,局域小范围摩擦不断。国际市场银行利率缓慢上升,黄金市场黄金价格呈波动上扬趋势。据上海黄金交易所资料显示,2015—2020年黄金基础价格显示低幅上升特点(表6-5)。

2014—2020年,中国黄金首饰行业市场规模不断扩大(表6-6)。

表6-5　2015—2020年黄金价格

年份	黄金价格/(元·g^{-1})
2015	236.68
2016	268.78
2017	278.22
2018	274.43
2019	324.53
2020	391.91

表6-6　2014—2020年中国黄金首饰行业市场规模

年份	市场规模/亿元
2014	2 073.9
2015	2 055.3
2016	2 205.6
2017	2 357.0
2018	2 371.2
2019	2 418.6
2020	2 467.0

2019年中国原料黄金产量为380.23t,连续13年名列世界黄金生产国之首。中国黄金消费量为1 002.78t,其中黄金首饰消费量为676.23t,金条、金币消费量为225.80t,工业用

金消费量为 100.80t。

2019 年中国黄金储备量为 1 948.32t,位居全球第六位。2020 年受新冠肺炎疫情蔓延、原油价格暴跌及各国货币宽松政策影响,黄金避险和抵御通货膨胀功能凸显,黄金交易量大幅上升,黄金价格整体上扬。世界黄金协会市场信息咨询部专家认为,新冠肺炎疫情为黄金投资创造了一场"完美风暴",史无前例的流动性注入和创纪录的低利率大幅度降低了黄金的持有成本。随着全球黄金基金 ETF 流入量达到历史高点,黄金价格显著飙升。2020 年初国际黄金价格为 1 517.18 美元/盎司,同年 6 月末收于 1 780.72 美元/盎司,12 月 8 日伦敦金现货报价达到 1866 美元/盎司,并显现继续上涨趋势。

影响黄金价格的因素可归纳为如下七点(表 6-7):①国际政治局势;②美元汇率;③国际市场利率;④供求关系,如产金国供应黄金数量的增减和需求的变化;⑤石油价格;⑥各国央行持金力度;⑦通货膨胀率。

表 6-7 影响金价变动的因素及作用结果

影响因素	变动情况	作用结果
国际政治局势	紧张	金价上升
	趋缓	金价下降
美元汇率	汇率下降	金价上升
	汇率上升	金价下降
国际市场利率	金价上涨率>利率	金价上升
	金价上涨率<利率	金价下降
通货膨胀率	利率<通胀率	金价上升
	利率>通胀率	金价下降
各国央行持金力度	大量吸纳	金价上升
	大量抛售	金价下降
供求关系	供<求	金价上升
	供>求	金价下降
石油价格	向上浮动	金价上升
	向下浮动	金价下降

三、加工费

加工费由各首饰生产企业根据市场情况自行定价。同一地区的加工费大致相等。一般来说,复杂工的加工费高于简单工的加工费,套件首饰的加工费高于简单首饰的加工费,男式首饰的加工费高于女式首饰的加工费。因设计水平、制作水平不同,加工费价格存在明显差异。

四、贵金属珠宝首饰的涉税因素

自1982年起我国恢复黄金珠宝市场以来,国家为达成发展规范市场、促进市场繁荣、增加财政税收等目的,制定了一套完整的税务行政法规,涉及的税种有增值税、消费税、进口关税等。

我国财政部、国家税务总局分别于2002年9月和2003年4月规定凡上海黄金交易所的会员单位在交易所内进行黄金、铂金实物交割的,由税务机关按照实际成交价格代开增值税专用发票,对17%的增值税实行即征即退的政策。若纳税人没有通过黄金交易所交易黄金、铂金,则不享受增值税即征即退的政策。

2000年上海钻石交易所成立以来,我国曾对钻石交易的税收政策做过一次重要调整,对通过钻石交易所进入国内市场的钻石,免征关税,消费税由10%降至5%,将征税由进口环节移至消费环节,这些政策的调整对规范我国的钻石交易起到了积极的作用。

2006年为了进一步规范我国的钻石交易,打击非法钻石走私交易,创造企业经营的公平竞争环境,平衡同类商品的税收负担,国家再次对钻石交易税收政策做了重大调整。从2006年7月1日起自上海钻石交易所销往国内的钻石,对原进口环节17%增值税的实际税负率超过4%的部分,由海关实行即征即退的政策。

钻石交易税收新政策的相继出台极大地促进了我国钻石交易事业的繁荣兴旺,我国的经济实力和居民收入不断提高,国内钻石需求持续增强。2011年,我国钻石进出口交易总额首超47亿美元,中国已成为世界第二大钻石消费市场。

现阶段,我国除钻石以外的珠宝进口关税及国内流通环节消费税依以下规定执行。2018年5月31日,国务院关税税则委员会发布关于降低日用消费品进口关税的公告。自2018年2月1日起,我国降低部分进口日用消费品的最惠国税率。

如宝石或半宝石制品、天然或养殖珍珠制品,现行关税税率为35%,调整后税率为10%,具体项目见表6-8。

表6-8 进口日用消费品最惠国税率调整表

序号	税则号列	商品简称	现行最惠国税率/%	调整后最惠国税率/%
1094	71131110	镶嵌钻石的银首饰及其零件	20	8
1095	71131190	其他银首饰及其零件	20	8
1096	71131911	镶嵌钻石的黄金制首饰及其零件	20	8

续表 6-8

序号	税则号列	商品简称	现行最惠国税率/%	调整后最惠国税率/%
1097	71131919	其他黄金制首饰及其零件	20	8
1098	71131921	镶嵌钻石的铂制首饰及其零件	35	10
1099	71131929	其他铂制首饰及其零件	35	10
1100	71131991	镶嵌钻石的其他贵金属制首饰及其零件	35	10
1101	71131999	其他贵金属制首饰及其零件	35	10
1102	71132010	镶嵌钻石的以贱金属为底的包贵金属制首饰	35	10
1103	71132090	其他以贱金属为底的包贵金属制首饰	35	10
1104	71141100	银器及零件	35	10
1105	71141900	其他贵金属制金银器及零件	35	10
1106	71142000	以贱金属为底的包贵金属制金银器	35	10
1107	71161000	天然或养殖珍珠制品	35	10
1108	71162000	宝石或半宝石制品	35	10
1109	71171100	贱金属制袖扣、饰扣	35	10
1110	71171900	其他贱金属制仿首饰	17	8
1111	71179000	未列名材料制仿首饰	35	18

注：引自《关于降低日用消费品进口关税的公告〔2018〕4号》。

国务院于2009年1月1日颁布实施《中华人民共和国消费税暂行条例》，规定珠宝首饰商品进入国内流通环节，需要征收消费税。2020年继续执行《中华人民共和国消费税暂行条例》的修订版。

征收税目：贵重首饰及珠宝玉石。具体规定如下：①金银首饰、铂金首饰和钻石及钻石饰品征收5%消费税；②其他贵重首饰和珠宝玉石征收10%消费税。

五、首饰评估流程

我们通常从两个方面考量首饰评估：一方面是组成首饰的材质，包含珠宝、贵金属等内容；另一方面是设计制作，包含设计理念、制作工艺、文化内涵乃至无形价值。考量步骤：从品质分级着手评价品质级别，在此基础上做出首饰的价值评估。对珠宝、贵金属而言，应该分析构成首饰的珠宝品质、贵金属品质、成色及质量（用g计量）；对设计理念、制作工艺、文化内涵乃至无形价值而言，应分析整体制作工艺的品质级别，同时将设计理念、文化内涵及无形价值隐含在制作工艺的整体评价之中。首饰品质分级流程如图6-20所示。

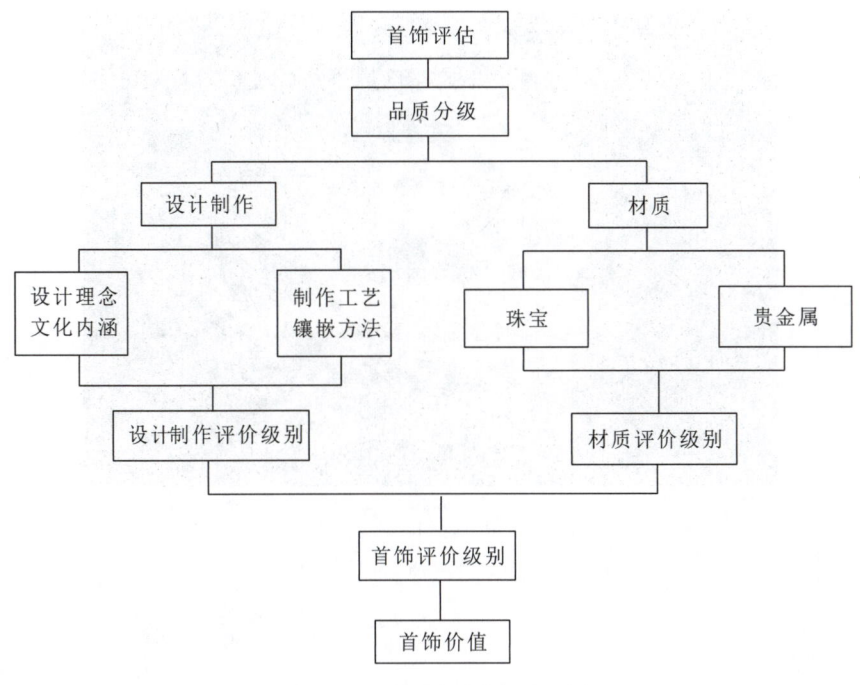

图 6-20 首饰品质分级流程图

六、首饰评估实训

1. 评估要素

当拿到一件待评估的饰品时,我们首先要用肉眼或者借助放大镜观察。首饰设计的风格通过设计者的设计理念体现。设计师将时代特征表现在首饰上,通过对相关产品的功能、材料、构造、工艺、形态、色彩、表面等独具匠心的综合处理,从造型、色彩、装饰三个方面展现首饰的设计风格。

(1)造型是以基本形态为主的外在形式,通过充分运用形式感体现其特定的审美意识、情趣和艺术格调,是提高首饰市场影响力的重要因素(图 6-21)。

(2)色彩是评价首饰市场影响力和艺术表现力的评估要素。人们通过对贵金属、宝石等材料进行合理、大胆的搭配和改造来提升首饰的艺术表现力。承载着色彩要素的贵金属、宝石决定着首饰的价值,是评估珠宝首饰价值的主要要素。

(3)装饰是通过制作工艺来达到加强艺术效果的一种手段。首饰技师应对设计师创作意图进行全面准确的理解,综合运用各种制作技艺,精工细作,开展从平面到立体的二度创作,以便实现造型、色彩、装饰三位一体的完美效果。制作饰品所耗费的劳动力和所运用的技艺是珠宝首饰价值的重要特征要素。

图 6-21　摆件《日月同辉》

（摆件由白玉、钻石、珍珠、翡翠组成，张京羊设计）

2. 全面观察

我们在评估珠宝首饰时，通常采用从大处着眼、小处着手，先整体、后局部的方法进行全面观察，具体步骤如下。

(1) 先看设计风格，判断是否出自名家之手，是艺术性首饰还是商业性首饰。

(2) 再看整体造型的水平。包括：①使用的材质、宝石的名贵程度及其品质等级；②所选用的制作方式是手工制作、冲压成型还是浇铸成型；③是否综合运用多种工艺手段；④产品制作的精细程度；⑤公司的品牌效应，是国际性品牌还是全国性、地区性品牌。

3. 文字描述

(1) 分清首饰的类型，是戒指、挂件、项链、手链还是耳坠，是男式首饰还是女式首饰；首饰的主题、风格和大概制造时期。

(2) 称质量、量尺寸，识别贵金属材料及其纯度、颜色。

(3) 写明工艺方法（手工、铸造、冲压或其他方法）及表面处理的效果。

(4) 描述镶嵌宝石的品名、形状、大小、颜色、净度等品质状况。

(5) 写清饰品的款式、图案、制造工序与镶嵌方法。

(6) 写出物品的现状。

(7) 观察是否有印记并记录印记的内容。

在评估过程中，我们会在全面观察和详细记录后，再根据被评估首饰的特点，确定首饰评估的方法（成本法或市场法）（详见本书第三章）。

1. 请简述首饰评估实训中"全面观察"的内容。
2. 请详细介绍手工制作、冲压成型、失蜡浇铸三种制作工艺的识别方法。
3. 请简述整体造型、镶石、焊接和印记的评价级别。
4. 请简述首饰镶嵌方法隐蔽镶的特征。
5. 请简述首饰品质评价的品质分级原则。

第七章　钻石饰品评估

钻石饰品评估是指对整件钻石饰品开展品质分级及价值评估工作。一般而言，钻石饰品评估包括三个部分的评估：第一部分是钻石；第二部分是钻石托件材质；第三部分是饰品设计和制作。第一部分，钻石评估内容为：钻石的 4C 品质分级及价值评估；第二部分，钻石饰品托件材质和成色，有关估价在第六章中已介绍；第三部分，钻石饰品设计和制作，涵盖设计费及制作费用。当前中国珠宝市场上，钻石饰品多为单粒钻石饰品或单粒钻石镶多粒小规格钻石饰品，或小规格钻石群镶饰品，设计费用尚未单列计价，仅计算制作费用，又称加工费用。这个加工费用涵盖了设计费用。

本章着重讨论对钻石饰品上钻石的评估。

第一节　钻石的琢型

一、钻石琢型的发展

钻石的最早抛磨形态为尖琢型（图 7-1）；14 世纪出现了桌形琢型（图 7-2）；15 世纪推出了玫瑰花琢型（图 7-3），继而推出了单多面形琢型（图 7-4）、双多面形琢型（图 7-5）；17 世纪出现了三重多面形琢型（图 7-6）；19 世纪推出了古典欧洲琢型（接近现代圆多面形琢型）（图 7-7）。20 世纪钻石琢型设计获得了惊人的发展，1919 年托尔科夫斯基为使钻石产生最大的亮度和火彩，提出了新设计方案，所形成的钻石琢型被称为美国理想琢型（图 7-8）。随后，1940 年艾普洛提出了实用完美琢型（图 7-9）。1969 年，斯堪的纳维亚地区国家提出了斯堪的纳维亚琢型（图 7-10）。1978 年，国际钻石委员会公布了钻石分级规则，提出了国际钻石委员会琢型（图 7-11）。

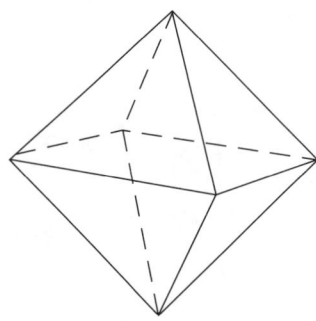

图7-1 尖琢型

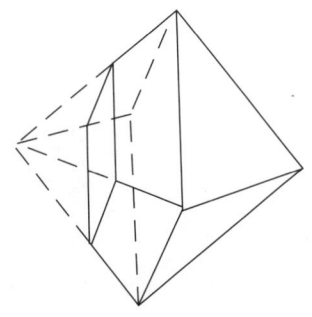

图7-2 桌形琢型

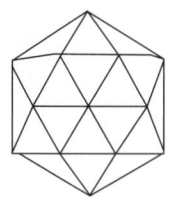

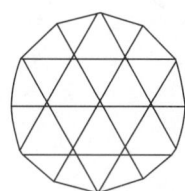

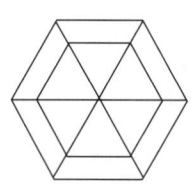

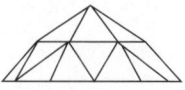

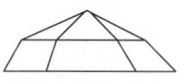

半荷兰玫瑰花琢型　　　荷兰玫瑰花琢型　　　安特卫普玫瑰花琢型

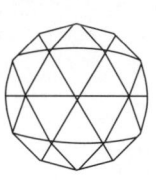

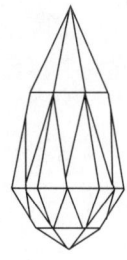

双玫瑰花琢型　　　　　　　坠形小面型

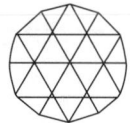

图7-3 多种形式的玫瑰花琢型

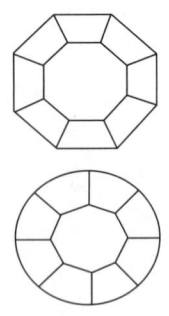
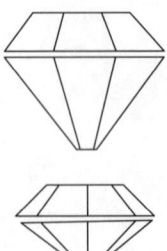
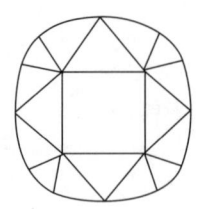
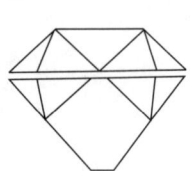

老式单多面形琢型（上）和现代单多面形琢型（下）

图7-4　单多面形琢型　　　　　　　　　图7-5　双多面形琢型

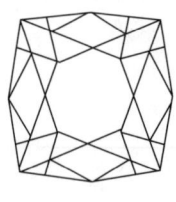

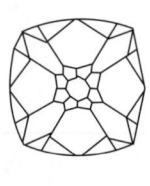

　　　（a）　　　　　　　　　　（b）　　　　　　　　（c）

图7-6　三重多面形琢型

(a)帕鲁兹琢型；(b)巴西琢型；(c)里斯本琢型

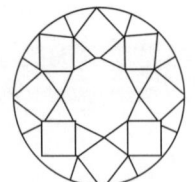
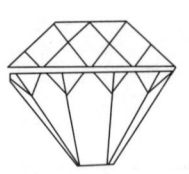
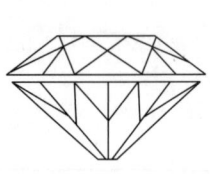

图7-7　古典欧洲琢型　　　　　　　　　图7-8　美国理想琢型

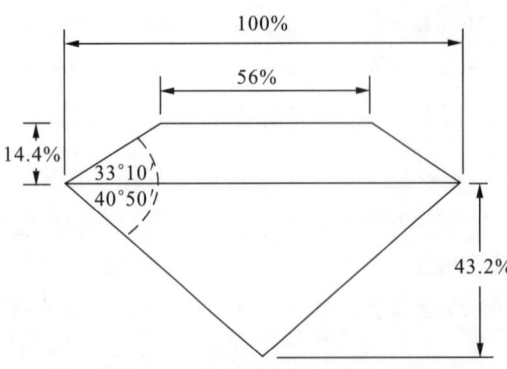
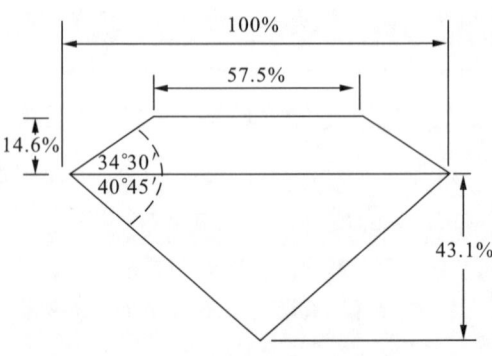

图7-9　实用完美琢型切工比例　　　　　图7-10　斯堪的纳维亚琢型比例

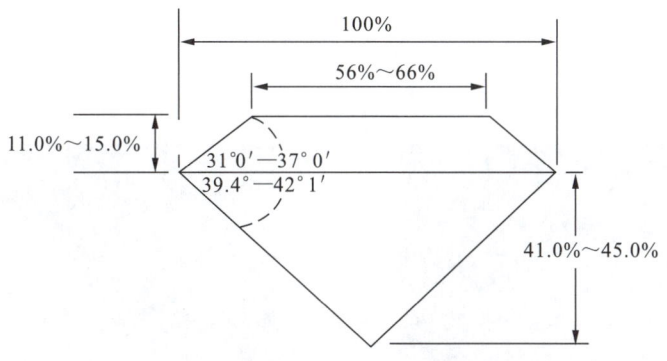

注:图7-1~图7-11均引自陈钟惠的译著《宝石钻石学教程》(1993)。

图7-11 国际钻石委员会琢型比例

二、钻石的现代琢型

钻石的现代琢型,以圆多面形琢型为主,伴有少许异型琢型。

1. 圆多面形琢型

为使琢型钻石产生尽可能大的亮度及呈现较好的火彩,磨钻技师经过近400年的不懈努力,发现圆多面形琢型是最佳设计方案(图7-12)。

19世纪末古典欧洲琢型已经近似现代圆多面形琢型,20世纪一些磨钻技师、宝石学家不断做光路计算实验,调整比例标准及冠角、亭角大小,提出了现代通用的四大理想琢型。不同的理想琢型,反映了不同地区磨钻技师对亮度和火彩的取舍态度。如美国理想琢型,台面小、冠高略高,钻石火彩显著。

欧洲理想琢型,台面大、冠高略低,钻石亮度最大。20世纪60~70年代,我国提出了"上海工"的琢型(钻石台面比例为60%),既有一定亮度,又有一定火彩。

2. 异型琢型

非圆多面形琢型或单多面形琢型的任何现代琢型都可归为异型琢型。异型琢型的抛磨,多数依赖于原始钻石的形态,当今市场上异型琢型钻石仅占2%份额。

图7-12 圆多面形琢型

常见异型琢型的类型有马眼形（又称橄榄形）（图7-13）、椭圆形（又称卵形）（图7-14）、梨形（又称水滴形）（图7-15）、祖母绿型（图7-16）、心形（图7-17）、正方形（又称公主方形）（图7-18）。

图7-13 马眼形

图7-14 椭圆形

图7-15 梨形

图7-16 祖母绿型

图7-17 心形

图7-18 正方形

第二节 现代琢型钻石品质评估

自然界产出的钻石,按呈现的颜色不同可分为两个系列:无色至浅黄色系列和彩色系列。

由于彩色系列钻石产量稀少,因而市场上大量销售的是无色至浅黄色系列琢型钻石。

一、无色至浅黄色系列钻石品质评估

无色至浅黄色系列现代琢型钻石品质评估,按颜色、净度、切工、质量四个品质因子分级(俗称"4C"分级)。

由于钻石圆多面形琢型最能体现钻石的亮度和火彩,因而适用的国际4C分级标准针对圆多面形琢型钻石而设立,异型琢型钻石品质分级按圆多面形琢型分级标准执行。

1. 颜色分级

钻石的颜色是钻石品质分级的重要因素,可影响钻石价格的升降。市场上,买卖双方常常对同种钻石的颜色级别有争议。一般用比色法进行颜色分级。在5500~7200K钻石灯光源下,将待估钻石与钻石比色石比对,可以确定待估钻石的颜色级别。比色法的运用受到了众多因素的制约,如比色石的标准性、钻石灯的色温高低、周围的比对环境及比对人的水平和情绪等。目前,国际上对钻石颜色级别划分多受经验性因素影响。

1)颜色分级体系

对无色至浅黄色系列琢型钻石而言,美国宝石学院(Gemological Institute of America,简称GIA)、比利时钻石高层议会(Diamond High Council,简称HRD)、国际钻石中心(International Diamond Center,简称IDC)、国际珠宝联盟(CIBJO)、斯堪的纳维亚钻石术语委员会(Scan. D. N)对钻石的颜色建立了分级体系(表7-1)。这个分级体系至今仍在使用。

在所有的颜色分级体系中,GIA划分级别最多。GIA将钻石色级分为23个级别,最常用的色级是D~N,共11级,色级深于Z级的钻石为彩色系列钻石。每个色级代表颜色的一个区段或一个范围,而不是一个色点。

中国国家标准《钻石分级》(GB/T 16554—2017)将色级分为12个连续颜色级别,可采用英文字母表示,也可采用数字来表示。第12级为"<N",跨度较大,直至浅黄色端点。

HRD、CIBJO、Scan. D. N分级体系,用文字来命名色级。尽管世界上多个单位都有特定的色级分级标准,但是各个色级分级标准可以相互比配,有共同的分级基础。

表 7－1 世界主要的钻石颜色分级体系对照表

美国宝石学院（GIA）	中国（2017年）		国际钻石中心（IDC）（1779年）、比利时钻石高层议会（HRD）（1979年）	国际珠宝联盟（CIBJO）（1994年）	斯堪的纳维亚钻石术语委员会（Scan. D. N）（1980年）
D	D	100	特白＋ Exceptional White＋	特白＋ Exceptional White＋	特白 Rares White
E	E	99	特白 Exceptional White	特白 Exceptional White	
F	F	98	很白＋ Rare White＋	很白＋ Rare White＋	很白 Rare White
G	G	97	很白 Rare White	很白 Rare White	
H	H	96	白 White	白 White	白 White
I	I	95	微带点（黄色）的白 Slightly Tinted White	微带点（黄色）的白 Slightly Tinted White	微带点（黄色）的白 Slightly Tinted White
J	J	94			
K	K	93	带点（黄色）的白 Tinted White	带点（黄色）的白 Tinted White	带点（黄色）的白 Tinted White
L	L	92			
M	M	91	一级浅黄 Tinted Colour 1	浅黄色 Tinted Colour	淡黄 Slightly Yellowish
N	N	90			
O	<N	<90	二级浅黄 Tinted Colour 2		
P					
Q			三级浅黄 Tinted Colour 3		浅黄 Yellowish Yellow
R					
S—Z			四级浅黄 Tinted Colour 4		
Z＋			彩黄色 Fancy Colour	彩黄色 Fancy Colour	黄色 Yellow

2）比色石

由于人们的眼睛对于颜色的记忆是瞬间的，因而通常采用比色石比对法确定钻石色级。通常在研究钻石鉴定的书籍中有关于比色石的详细介绍。本书主要补充比色石比对方法的两个要点。

(1) 比色石在分级中的位置。当今，国际上比色石中的色石在色级中的位置存在两种情况：第一种情况是在 GIA 比色石中，色石位于色级的上限，代表该色级的最浅色，低于"最浅色"时，颜色进入上一色级。鉴于这一特征，GIA 比色石最高色为 E 级（无 D 级）。第二种情况是在 CIBJO、HRD 的分级体系及中国国家标准《钻石分级》（GB/T 16554—2017）中，色石位于色级的下限，代表该色级的最深色，高于"最深色"时，颜色进入下一色级。如当一粒钻石颜色位于 GIA 比色石级别 I 和 J 之间时，则代表该色级的最浅色，钻石颜色定为 I 色；当一粒钻石颜色位于 HRD 比色石级别 G 和 H 之间时，钻石颜色定为 H 色。

(2) 比色时照明条件。比色时，照明灯的色温高低会影响钻石色级的确定。色温高时，可见光谱中蓝色光的成分所占比例升高，待定钻石色级升高；色温低时，可见光谱中黄色光的成分所占比例降低，待定钻石色级降低。

中国国家标准《钻石分级》（GB/T 16554—2017）要求，比色时钻石灯色温在 5500～7200K 之间。需要注意的是，钻石灯灯管有一定使用年限，超过使用年限或接近使用年限，色温会降低，以至于会估低待定钻石的色级。

3) 荧光强度

部分钻石在长波紫外光（365nm）照射下，会发出不同强度、不同颜色的荧光。GIA 曾经做过一次随机统计，对 2610 颗 D~Z 色的琢型钻石作荧光测试，发现其中有 35% 的钻石产生荧光，在产生荧光的钻石中，有 62% 的钻石发中等至强的荧光，其中发蓝色荧光的钻石比例超过 97%。

中国国家标准《钻石分级》（GB/T 16554—2017）要求，钻石在长波紫外光下发光强弱划分为"强""中""弱""无"四个级别。钻石有无荧光色、荧光的颜色、荧光的强度都会影响到钻石的色级确定，进而影响钻石的价格估定。

在钻石销售市场上，有蓝色荧光的琢型钻石曾经被客户认可，价格比无荧光琢型钻石价格高 5%~10%。进入 21 世纪，有荧光的琢型钻石价格往往比无荧光琢型钻石价格低 10%~15%。

4) 镶嵌钻石的颜色分级

镶嵌钻石是指镶嵌在饰品上的琢型钻石。通常饰品的贵金属材质是铂和黄金，其成色为 Pt950、Pt900 及 Pt850、Au750（18K）、Au916（22K）、Au585（14K）等。镶嵌钻石的颜色受到贵金属托件颜色以及贵金属托件遮挡钻石面积的影响，因而镶嵌钻石状态下确定的颜色只能作为参考颜色。若要获得镶嵌钻石的正确色级，必须将它从金属托件上取下，按琢型钻石颜色分级方法确定。

中国国家标准《钻石分级》（GB/T 16554—2017）给出了镶嵌钻石颜色等级标准。镶嵌钻石颜色可分为七个等级，颜色分级应考虑金属托对钻石颜色的影响并以此为依据加以修正（表 7-2）。

表 7-2 镶嵌钻石颜色等级对照表

镶嵌钻石颜色等级	D~E		F~G		H	I~J		K~L		M~N		<N
对应的未镶嵌钻石颜色分级	D	E	F	G	H	I	J	K	L	M	N	<N

2. 净度分级

1)钻石净度概念

钻石净度是指琢型钻石的内部特征和外部特征,行业上也称为瑕疵。琢型钻石的内部特征是指包含在或延伸至钻石内部的天然包裹体、生长痕迹和人为造成的特征,有点状包裹体、云状物、浅色包裹体、深色包裹体、针状物、内部纹理、内凹原始晶面、羽状纹、须状腰、空洞及激光痕等。

琢型钻石的外部特征是指存在于钻石外表面的天然生长痕迹和人为造成的特征,有原始晶面、表面纹理、抛光纹、刮痕、烧痕、额外刻面、缺口、击痕、棱线磨损及人工印记等。

2)钻石净度分级

钻石净度分级是指在10×放大镜下及正常视力肉眼观察条件下,对钻石的内部和外部特征(又称瑕疵)进行等级划分。

具体划分原则为根据内部和外部特征(瑕疵)可视的难易程度来定级(图7-19)。

(1)10×放大镜下。

A. 无瑕级:不见内、外部特征。

B. 有瑕级:可见内、外部特征。

B1. 极微瑕级:极难发现,很难发现。

B2. 微瑕级:难以发现,比较容易发现。

B3. 小瑕级:容易发现,很容易发现。

(2)正常视力肉眼观察。

C. 瑕疵级:肉眼可见内、外部特征。

C1. 轻度瑕疵级:肉眼可见。

C2. 中度瑕疵级:肉眼易见。

C3. 重度瑕疵级:肉眼极易见。

3)中国钻石净度分级标准

中国国家标准《钻石分级》(GB/T 16554—2017)规定如下。

(1)对于质量低于(不含)0.094 0g(0.47ct)的钻石,净度级别划分为五大级别:LC、VVS、VS、SI、P。

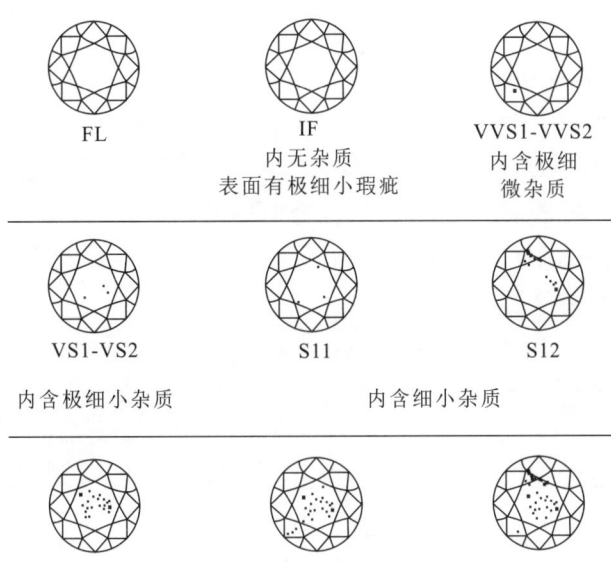

图 7-19 钻石净度分级

(2)对于质量大于 0.094 0g(0.47ct)的钻石,净度级别划分为 11 个小级别:FL、IF、VVS_1、VVS_2、VS_1、VS_2、SI_1、SI_2、P_1、P_2、P_3。

(3)在 10×放大镜下,镶嵌钻石净度分为五个等级:LC、VVS、VS、SI、P。

表 7-3 列出了中国国家标准《钻石分级》(GB/T 16554—2017)中的钻石净度级别划分规则。

表 7-3 中国国家标准《钻石分级》(GB/T 16554—2017)钻石净度级别划分规则

级别	小于 0.47ct	大于 0.47ct		划分规则
无瑕级	LC	FL		10×放大镜下,未见内、外部特征
		IF		10×放大镜下,未见内部特征
极微瑕级	VVS	VVS_1		10×放大镜下,极难观察极微小内、外部特征
		VVS_2		10×放大镜下,很难观察极微小内、外部特征
微瑕级	VS	VS_1		10×放大镜下,难易观察细小的内、外部特征
		VS_2		10×镜下,比较容易观察细小的内、外部特征
小瑕级	SI	SI_1		10×放大镜下,容易观察明显的内、外部特征
		SI_2		10×放大镜下,很容易观察明显的内、外部特征
瑕疵级	P	P_1		从冠部观察,肉眼可见明显的内、外部特征
		P_2		从冠部观察,肉很易见很明显的内、外部特征
		P_3		从冠部观察,肉眼极易见很明显的内、外部特征

4)世界主要钻石净度分级体系

美国宝石协会(AGS)、美国宝石学院(GIA)、国际珠宝联盟(CIBJO)、比利时钻石高层议会(HRD)、国际钻石中心(IDC)及中国国家标准对钻石净度分级都有一套完整的体系。

尽管每个体系标识方法有些不同,但分级原则基本一致,可相互比对。下面列出了AGS、GIA、CIBJO、HRD、IDC及中国的钻石净度分级体系对照表(表7-4)。

表7-4 各种钻石净度分级对照表

净度描述		中国国家标准		GIA	CIBJO		IDC HRD	AGS
		0.47ct以下	0.47ct以上		0.47ct以下	0.47ct以上		
无暇级	无暇	LC	FL	FL	LC	LC	LC	0
	内部无暇		IF	IF				
极微瑕级	一级	VVS	VVS_1	VVS_1	VVS	VVS_1	VVS_1	1
	二级		VVS_2	VVS_2		VVS_2	VVS_2	2
微瑕级	一级	VS	VS_1	VS_1	VS	VS_1	VS_1	3
	二级		VS_2	VS_2		VS_2	VS_2	4
小瑕级	一级	SI	SI_1	SI_1	SI	SI_1	SI_1	5
	二级		SI_2	SI_2		SI_2	SI_2	6
瑕疵级	一级	P	P_1	I_1	P_1	P_1	P_1/I_1	7
	二级		P_2	I_2	P_2	P_2	P_2/I_2	8
	三级		P_3	I_3	P_3	P_3	P_3/I_3	9
								10

5)钻石净度分级的影响因素

钻石净度分级是依据钻石的内、外部特征的整体视觉外观表现划分的。钻石的内、外部特征整体视觉外观表现受内、外部特征的大小、尺寸、数量、分布位置、类型及钻石本体对比度高低所制约。因而,内、外部特征的大小、数量、位置、类型以及对比度成为观察整体视觉外观表现的影响因子。

(1)大小。钻石内、外部特征的尺寸影响这些特征的可视程度。尺寸越大越容易发现瑕疵,相应地净度级别也越低。

国际钻石中心曾做过实验,发现任何人(包括训练有素的专业人士)都不能分辨出直径在 $5~\mu m$ 以下的内含物,而多数人在 $10\times$ 放大镜下能观察到直径为 $8~\mu m$ 及大于 $8~\mu m$ 的内含物。

(2)数量。钻石内、外部特征的数量同样影响这些特征的可视程度。内、外部特征的数量越多,越容易被发现,相应地净度级别越低。若同样数量的内含物集中分布时比分散分布时可视程度更大,则其净度级别更低。

(3)位置。钻石内、外部特征的分布位置会明显影响这些特征的可视程度。通常,沿自台面区→其他冠部区→腰部区→亭部区这一秩序方向,可视程度逐渐降低。台面下的区域是最易观察到的区域,因而,其内部特征的可视程度对净度级别影响要大于其他几个区域。有时内部特征位于刻面棱处会产生镜像反射,形成多重反射影像,加大内含物可视程度,严重降低净度级别。

(4)类型。钻石内、外部特征的类型同样会影响到特征的可视程度。依可视程度由大到小排列,特征分别为深色包裹体＞浅色包裹体＞点状包体＞云状物。由于内、外部特征的类型、大小、位置共同影响可视程度,因而可视程度依钻石内、外部特征实际情况而定。

(5)对比度。对比度是指钻石内部包裹体的颜色、光泽和透明度与钻石体色之间的对比程度。它影响钻石内部特征的可视程度。

一般而言,对比度明显,反差显著,可视程度高,净度级别低。深色包裹体的对比度比浅色包裹体的明显,净度级别低。通常,钻石内、外部特征的大小、数量、位置、类型和对比度共同影响着钻石整体视觉表现。由于每粒钻石都有其独特的形成环境,因而五个影响因素各有侧重地影响着每粒钻石的整体视觉表现。

6)钻石净度分级的实践要点

前面已经介绍了钻石净度分级标准及国际上主要的钻石净度分级体系。由于在界定级别时使用了很难、比较容易、容易等程度副词,定性地进行了划分,而真正的界线划分是没有定量标准的,因而钻石净度分级要求分级者具有专业素养和经长期经验积淀产生的直觉。

(1)分级前提。钻石净度分级是在一定条件下进行的,这些条件为:①正常视力的肉眼及无球面差、无相差的10×放大镜;②5500～7200K色温的荧光灯;③经过专业训练。

(2)贡献原则。钻石上一般有多处内、外部特征。通常,钻石净度分级依据最大、最显著的特征来确定,而不是以内、外部的综合特征作为分级依据。

(3)典型特征。具体为:IF/VVS之间的界线,以依10×放大镜是否观察到内部特征为分级的依据;SI/I之间的界限,以依肉眼能否见到内、外部特征为分级的依据;VVS典型内部特征是分散的针点、反光的生长线;VS典型内部特征是结晶包体、羽状裂隙、云翳等;SI典型内部特征是稍大并且位置在中央的结晶包体、羽状裂隙、云翳等。

我们还可依据对钻石"出火"的影响程度将P级划分为三级,影响不大的为P_1,有些影响的为P_2,严重影响的为P_3。

3. 切工分级

钻石切工是指将钻石原石经过切割和琢磨制成一定的琢型,展现钻石的火彩和亮度的制作工艺。有些钻石切割、琢磨得当,加工工艺精致,完美性好;有些钻石切割、琢磨不当,加工工艺粗糙,完美性差。因此,需要对钻石切工进行品质分级评价。

在钻石4C品质评价中,钻石切工最能反映人类的智慧和手工技能。钻石也因为切工的完美,充分展现出璀璨的光芒,提升了商业价值。因而,从某种意义上讲,钻石切工是钻石的灵魂。

1)钻石切工分级的概念

中国国家标准《钻石分级》(GB/T 16554—2017)将切工分级定义为:通过测量和观察,从比率和修饰两个方面对钻石加工工艺的完美性进行等级划分。由该定义可知,钻石切工分级依据钻石的比率级别和修饰度级别而确定。

2)钻石切工分级

(1)比率分级。使用全自动切工测量仪以及各种微尺、卡尺直接对钻石进行测量,以确定钻石比率级别。

比率级别参数为11项,即冠角(α)、亭角(β)、台宽比、冠高比、亭深比、腰厚比、底尖比、全深比、$\alpha+\beta$、星刻面长度比、下腰面长度比。

中国国家标准《钻石分级》(GB/T 16554—2017)将钻石比率级别分为五级:极好(Excellent,简写为EX)、很好(Very Good,简写为VG)、好(Good,简写为G)、一般(Fair,简写为F)、差(Poor,简写为P)。

比率级别由11项比率级别参数之最低级别来表示。表7-5所示的是台宽比为57%时的比率分级表。

表7-5 台宽比为57%时的比率分级表

项目	差	一般	好	很好	极好	很好	好	一般	差
冠角(α)/(°)	<20.0	20.0~22.0	22.2~26.0	26.2~31.0	31.2~36.0	36.2~38.8	39.0~40.0	40.2~41.4	>41.4
亭角(β)/(°)	<37.4	37.4~38.4	38.6~39.6	39.8~40.4	40.6~41.8	42.0~42.4	42.6~43.0	43.2~44.0	>44.0
冠高比/%	<7.0	7.0~8.5	9.0~10.0	10.5~11.5	12.0~17.0	17.5~18.0	18.5~19.5	20.0~21.0	>21.0
亭深比/%	<38.0	38.0~39.5	40.0~41.0	41.5~42.0	42.5~44.5	45.0	45.5~46.5	47.0~48.0	>48.0
腰厚比/%	—	—	<2.0	2.0	2.5~4.5	5.0~5.5	6.0~7.5	8.0~10.5	>10.5
腰厚	—	—	极薄	很薄	薄—稍厚	厚	很厚	极厚	极厚

续表 7-5

项目	差	一般	好	很好	极好	很好	好	一般	差
底尖比/%	—	—	—	—	<1.0	1.0~1.9	2.0~4.0	>4.0	—
全深比/%	<50.9	50.9~57.0	57.1~58.3	58.4~60.0	60.1~63.2	63.3~64.5	64.6~66.9	67.0~70.9	>70.9
$\alpha+\beta/(°)$	—	<65.0	65.0~68.6	68.8~72.8	73.0~77.0	77.2~78.8	79.0~80.0	>80.0	—
星刻面长度比/%	—	—	<40	40	45~65	70	>70	—	—
下腰面长度比/%	—	—	<65	65	70~85	90	>90	—	—

影响比例级别的因素有超重比例、刷磨和剔磨。

超重比例的公式为：

$$超重比例=[(实际克拉质量-建议克拉质量)/建议克拉质量]\times 100\%$$

式中，实际克拉质量——1/万电子天平上称得的待测钻石克拉质量。

建议克拉质量：标准圆钻型钻石切工的直径（一般以待测钻石的实测平均直径）所对应的克拉质量。查表 7-6 可得到待测钻石的建议克拉质量。

表 7-6 钻石建议克拉质量表

平均直径/mm	建议克拉质量/ct	平均直径/mm	建议克拉质量/ct
2.9	0.09	7.0	1.23
3.0	0.10	7.1	1.33
3.1	0.11	7.2	1.39
3.2	0.12	7.3	1.45
3.3	0.13	7.4	1.51
3.4	0.14	7.5	1.57
3.5	0.15	7.6	1.63
3.6	0.17	7.7	1.70

续表 7-6

平均直径/mm	建议克拉质量/ct	平均直径/mm	建议克拉质量/ct
3.7	0.18	7.8	1.77
3.8	0.20	7.9	1.83
3.9	0.21	8.0	1.91
4.0	0.23	8.1	1.98
4.1	0.25	8.2	2.05
4.2	0.27	8.3	2.13
4.3	0.29	8.4	2.21
4.4	0.31	8.5	2.29
4.5	0.33	8.6	2.37
4.6	0.35	8.7	2.45
4.7	0.37	8.8	2.54
4.8	0.40	8.9	2.62
4.9	0.42	9.0	2.71
5.0	0.45	9.1	2.80
5.1	0.48	9.2	2.90
5.2	0.50	9.3	2.99
5.3	0.53	9.4	3.09
5.4	0.57	9.5	3.19
5.5	0.60	9.6	3.29
5.6	0.63	9.7	3.40
5.7	0.66	9.8	3.50
5.8	0.70	9.9	3.61
5.9	0.74	10.0	3.72
6.0	0.78	10.1	3.83
6.1	0.81	10.2	3.95
6.2	0.86	10.3	4.07
6.3	0.90	10.4	4.19

续表 7-6

平均直径/mm	建议克拉质量/ct	平均直径/mm	建议克拉质量/ct
6.4	0.94	10.5	4.31
6.5	1.00	10.6	4.43
6.6	1.03	10.7	4.56
6.7	1.08	10.8	4.69
6.8	1.13	10.9	4.82
6.9	1.18	11.0	4.95

注：计算得出的平均直径，按照数字修约国家标准，修约至 0.1mm，再从本表查得钻石建议质量。

超重比例分为极好(EX)、很好(VG)、好(G)、一般(F)四个级别，见表 7-7。

表 7-7 超重比例级别

比率级别	极好(EX)	很好(VG)	好(G)	一般(F)
超重比例/%	<9	9—16	17—25	>25

中国国家标准《钻石分级》(GB/T 16554—2017)提出了超重比例概念，即在测量钻石克拉质量时应考虑钻石平均直径大小。在待测钻石测得平均直径后，可在表 7-6 上查得平均直径所对应的钻石建议克拉质量。当超重比例小于 9% 时，表明切工等级极好。该标准重视了钻石平均直径对钻石克拉质量的影响，符合钻石克拉质量的商业价值规律。

刷磨即指上腰面联结点与下腰面联结点之间的腰厚(B)大于风筝面与亭部主刻面之间腰厚(A)的现象，见图 7-20(B>A)。

剔磨即指上腰面联结点与下腰面联结点之间的腰厚(B)小于风筝面与亭部主刻面之间腰厚(A)的现象，见图 7-21(B<A)。

在 10× 放大镜条件下，由侧面观察腰围最后区域。根据严重程度，刷磨和剔磨可划分为四个级别(表 7-8)，严重程度的刷磨和剔磨可使比率级别降低一级。

表 7-8 刷磨和剔磨级别

类型	无	中等	明显	严重
刷磨	B=A	A 略小于 B，台面向上，外观无可注意的影响	A 明显小于 B，台面向上，外观受到影响	A≪B，台面向上，外观受到严重影响
剔磨	A=B	B 略小于 A，台面向上，外观无可注意的影响	B 明显小于 A，台面向上，外观受到影响	B≪A，台面向上，外观受到严重影响

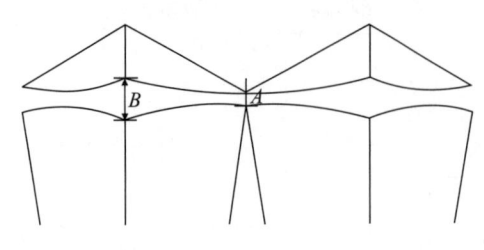

图 7-20 刷磨　　　　　　　图 7-21 剔磨

(2) 修饰度分级。钻石修饰度是分级评价钻石切工的另一个重要因素。在较长一段时期,人们只重视钻石切工比率级别,而忽略了修饰度分级。其中一个原因是,切工比率可以运用四则运算得到,较直观,而修饰度分级往往是一种定性判断,含有不确定性。进入 21 世纪,国际上一些钻石鉴定及研究单位开始重视修饰度分级,在市场上有些商家推出侧重修饰度的"八心八箭"钻石琢型,我国国家标准也更加明确了修饰度分级概念。

修饰度分级包括对称性分级和抛光分级两部分。修饰度具体可分为五个级别:极好(Excellent,简写为 EX)、很好(Very Good,简写为 VG)、好(Good,简写为 G)、一般(Fair,简写为 F)、差(Poor,简写为 P)。

A. 对称性分级

对称性级别可依据钻石的对称性偏差的偏离程度及 $10\times$ 放大镜下观察的难易程度划分。影响对称性的因素有腰围不圆、台面偏心、底尖偏心、冠角不均、亭角不均、台面和腰围不平衡、腰部厚度不均、波浪状腰围、冠部与亭部刻面尖点不对齐、刻面尖点不交于一点、刻面缺失、刻面畸形、非八边形台面、额外刻面(图 7-22)。

对称性分为五个级别,在 $10\times$ 放大镜下观察,其分级规则如下。

极好(EX):没有或很难看到影响对称性的要素特征。

很好(VG):对对称性影响较小的要素特征。

好(G):对对称性有明显影响的要素特征。

一般(F):对对称性有易见的、较大的影响的要素特征。

差(P):对对称性有显著的、较大的影响的要素特征。

B. 抛光分级

根据抛光纹以及不参与净度分级的其他外部特征的可见程度可将抛光分为五个级别。

影响抛光级别的因素特征有抛光纹、划痕、烧痕、缺口、棱线磨损、击痕、粗糙腰围、"蜥蜴皮"效应等。

抛光分为五个级别,在 $10\times$ 放大镜下观察,其分级规则如下。

极好(EX):看不到或很难看到影响抛光的要素特征。

很好(VG):从台面向上观察,有对抛光影响较小的要素特征。

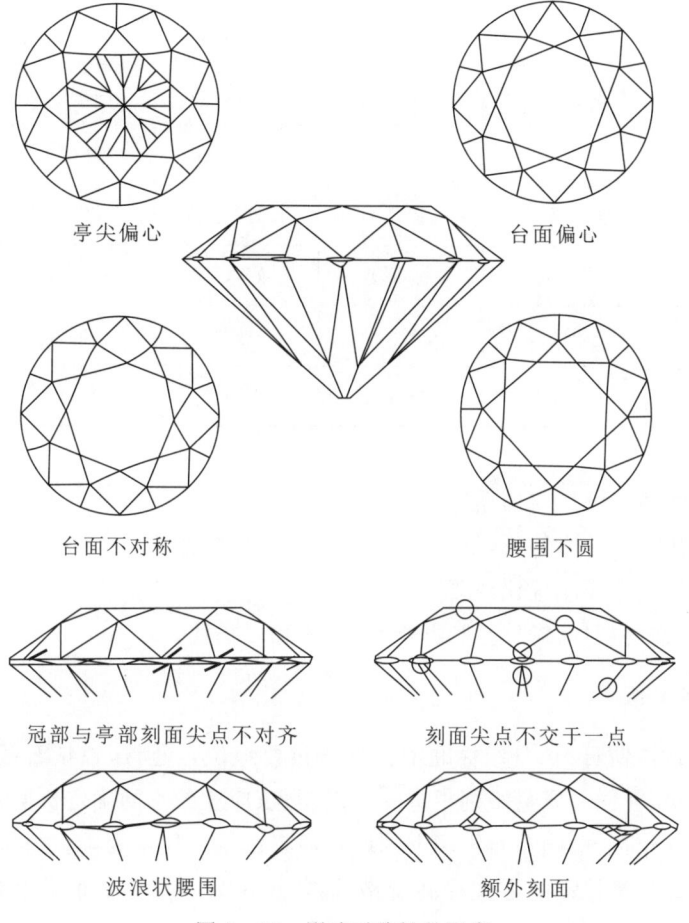

图 7-22 影响对称性的因素

好(G)：从台面向上观察，有明显的影响抛光的要素特征，而且肉眼观察时，钻石光泽可能受影响。

一般(F)：从台面向上观察，有易见的影响抛光的要素特征，而且肉眼观察时，钻石光泽受到影响。

差(P)：从台面向上观察，有显著的影响抛光的要素特征，而且肉眼观察时，钻石光泽受到明显的影响。

3) 切工级别的划分规则

我们可根据比率级别、修饰度级别(对称性级别、抛光度级别)对切工级别进行综合评价。切工分为五个级别，详见表 7-9 切工级别的划分规则。

表 7-9 切工级别的划分规则

切工级别		修饰度级别				
		极好(EX)	很好(VG)	好(G)	一般(F)	差(P)
比率级别	极好(EX)	极好(EX)	极好(EX)	很好(VG)	好(G)	差(P)
	很好(VG)	很好(VG)	很好(VG)	很好(VG)	好(G)	差(P)
	好(G)	好(G)	好(G)	好(G)	一般(F)	差(P)
	一般(F)	一般(F)	一般(F)	一般(F)	一般(F)	差(P)
	差(P)	差(P)	差(P)	差(P)	差(P)	差(P)

4) 镶嵌钻石的切工测量与描述

对满足切工测量的镶嵌钻石,采用 10× 放大镜目测法观察。

(1) 测量台宽比、亭深比等比率要素。

(2) 对影响修饰度(包括对称性和抛光)的要素加以描述。

4. 钻石质量分级

钻石质量分级在钻石 4C 分级标准中占据着重要地位。通常,在钻石报价中,以质量大小为依据进行分级,在同一质量级别中进一步以颜色、净度的不同确定价值的高低。

在 20 世纪 90 年代,中国钻石市场上的钻石质量以量具称量为准,这样的称量标准往往会误导切工技师以尽量保重的方式提高价格,而忽视了另一个重要的分级标准——显现火彩、闪光的优质切工。

中国国家标准《钻石分级》(GB/T 16554—2017)规定,尽管钻石质量仍以量具称量为准,但强调了超重比例这个概念,并且提供了钻石建议克拉质量表,如 1ct 圆形琢型钻石,其腰围平均直径应为 6.5mm,若平均直径小于 6.5mm,经超重比例计算,划为相应比率级别。人们在执行国家标准的过程中对钻石质量的理解更为完整。

1) 质量单位和称量

(1) 质量单位。钻石的质量单位为克(g),钻石贸易中用单位克拉(ct)来表示:

1.0000g＝5.00ct

1.00ct＝0.2000g＝200.00mg

(2) 称重。称重时,以克(g)为单位,质量数保留至小数点后第四位。换算克拉质量时,保留至小数点后第二位,第三位数字逢 9 进 1,8 以下数字可忽略不计。人们常将天平作为钻石量具,要求分度值不大于 0.000 1g,市场上常称作万分之一天平。

2)钻石质量估算公式

钻石质量估算公式是运用钻石的实测参数及修正参数来估算钻石质量的运算方式,主要用于估算镶嵌钻石的质量。其质量的近似估算也可用于评价钻石切工比例的合理性。

(1)常用钻石质量估算公式。钻石质量估算公式中,质量单位用 ct 表示,直径、长度、宽度和高度单位用 mm 表示,修正系数单位无量纲。以下公式可用于估算腰棱处薄至中等状况的钻石质量。

A. 圆多面形琢型钻石质量估算公式

质量=(平均直径)^2×高度×0.006 1

B. 椭圆形琢型钻石质量估算公式

质量=[(长+宽)/2]^2×高度×0.006 2

C. 心形琢型钻石质量估算公式

质量=长×宽×高×0.005 9

D. 长方形琢型钻石质量估算公式

质量=长×宽×高×0.009 15

E. 祖母绿型琢型钻石质量估算公式

质量=长×宽×高×0.008 0(长:宽=1.1:1)

　　　　　　×0.009 2(长:宽=1.5:1)

　　　　　　×0.010 0(长:宽=2.0:1)

　　　　　　×0.010 6(长:宽=2.5:1)

F. 梨形琢型钻石质量估算公式

质量=长×宽×高×0.006 15(长:宽=1.25:1)

　　　　　　×0.006 00(长:宽=1.50:1)

　　　　　　×0.005 90(长:宽=1.66:1)

　　　　　　×0.005 75(长:宽=2.00:1)

G. 马眼形琢型钻石质量估算公式

质量=长×宽×高×0.005 65(长:宽=1.5:1)

　　　　　　×0.005 80(长:宽=2.0:1)

　　　　　　×0.005 85(长:宽=2.5:1)

　　　　　　×0.005 95(长:宽=3.0:1)

(2)钻石质量估算公式的改正系数。对于腰棱厚度为中等值以上的钻石,必须引入改正系数来估算质量,改正系数见表 7-10。

改正后的质量估算公式为

质量$_{改}$=质量$_{估}$×(1+改正系数)

表 7-10 稍厚至特厚腰的改正系数

腰棱直径/mm	改正系数/%			
	稍厚腰	厚腰	很厚腰	特厚腰
3.80~4.15	3	4	9	12
4.20~4.55	2	4	8	11
4.60~4.70	2	4	8	10
4.75~5.10	2	3	7	10
5.15~5.50	2	3	7	9
5.55~5.75	2	3	6	9
5.80~6.55	2	3	6	8
6.60~6.90	2	2	5	7
6.95~7.65	1	2	5	7
7.70~8.10	1	2	5	6
8.15~8.25	1	2	4	6

二、彩色钻石系列品质评估

从颜色上看，钻石除了有无色至浅黄色系列之外，还有彩色系列。21世纪之前，彩色钻石产量稀少，仅为钻石总产量的万分之一。由于业内人士对其成因、品质分级尚未形成成熟的认识，因而彩色钻石未大量进入市场。进入21世纪，业内人士对彩色钻石的研究形成了较明确的认识，产量也有一定的提高。在商业利益驱动下，彩色钻石进入珠宝交易市场。2008年上海世博会期间，澳大利亚力拓集团推出52颗粉红色钻石全球巡展活动，引起了人们的兴趣和关注。

1. 彩色钻石概述

1）彩色钻石概念

（1）具有天然成因颜色的天然钻石被称为天然彩色钻石，简称彩色钻石。这个概念有以下两个外延。

A. 外延一：彩色属性界定

无色至浅黄色系列钻石不属于彩色钻石。

无色至浅黄色系列钻石，可按美国宝石学院（GIA）分级标准进行成色分级，共分23个级别，自D至Z。Z色属浅黄色，不属彩色钻石范围，但是Z色色级尤为重要，它是黄色彩色钻石的划分界色。颜色深于Z色的黄色钻石属于彩色钻石。除了无色至浅黄色系列之外，其他颜色的钻石都属于彩色钻石。

B. 外延二:天然属性界定

彩色钻石必须为天然钻石,因而经人工合成、涂膜、高温高压改色而呈现彩色的钻石,都不属于彩色钻石的范围。这个观点已为钻石经营者所接受。

(2)彩色钻石的行业标准。2010年11月12日,中华人民共和国工业和信息化部发布了中华人民共和国轻工业行业标准《彩色钻石颜色分级》(QB/T 4113—2010),于2011年3月1日实施。这个标准至今仍在使用。该标准中将彩色钻石定义为:除D—Z无色至浅黄、浅于N的褐与灰色钻石之外,其他颜色的天然钻石。

2)彩色钻石颜色的三属性

彩色钻石颜色的三属性为:色泽(Hue)、明度(Lightness)、饱和度(Saturation)。

(1)色泽(Hue)。有些书上将色泽称为色相、色彩[如《彩色钻石颜色分级》(QB/T 4113—2010)称色彩]和色调。色泽指颜色的相貌,区别于颜色种类的名称。不同波长的光呈现不同的颜色,如红色、绿色、蓝色和黄色等。色泽讲究颜色的正色,通常用正、偏来表示。一颗宝石的颜色由主色泽和辅(或次)色泽组成。完全由主色泽组成,代表颜色正;含有部分次色泽,说明颜色产生了偏色。宝石主色泽愈多,颜色愈正,品质愈高;次色泽愈多,颜色愈偏色,品质愈低。彩色钻石的主色泽有红色、粉红、橙色、黄色(图7-23)、绿色、蓝色、靛色、紫色、褐色、灰色、白色及黑色。

(2)明度(Lightness)。《彩色钻石颜色分级》(QB/T 4113—2010)将明度称为色调。明度指颜色的明暗程度,通常用浅、中等、深及相关程度形容词来表示。宝石的颜色混入白色成分愈多,明度愈高;混入黑色成分愈多,明度愈低。通常实用的明度标准,分为九个级别。

(3)饱和度(Saturation)。有些书上将饱和度称为纯度、浓度和彩度等(《彩色钻石颜色分级》(QB/T4113—2010)称彩度)。饱和度指颜色的纯净程度、鲜艳程度。光谱色中的红色、橙色、黄色、绿色、靛色、蓝色和紫色都是饱和度最高的颜色。任何一个色泽中混入了白色、黑色和灰色都会降低颜色的饱和度,混入愈多,饱和度愈低。

注:本图引自天成国际珠宝及翡翠拍卖会展品图。

图7-23 方形中彩黄钻石戒指(16.43ct,中彩黄(Fancy Yellow),VS$_2$,估价:39.5万~45万美元)

(4)颜色的三属性关系。通常用颜色的三属性来描述一颗宝石的颜色,三者关系可用一个立体三维图来表示(图7-24)。任何一颗宝石的颜色都可在这三维图中找到相应位置。纵坐标Y表示明度,与平面交点为O点(图7-25),O上方,明度升高,端点为白色;O下方,明度降低,端点为黑色;O点系灰色。横坐标X表示饱和度,有360°方位,自O点到圆周边扩散,饱和度由小至大,至端点(圆周上)时饱和度达最大值,得光谱纯色。圆周是一个色泽环,每个方位代表一个色泽,共有十个方位,代表五个主色泽、五个次色泽。

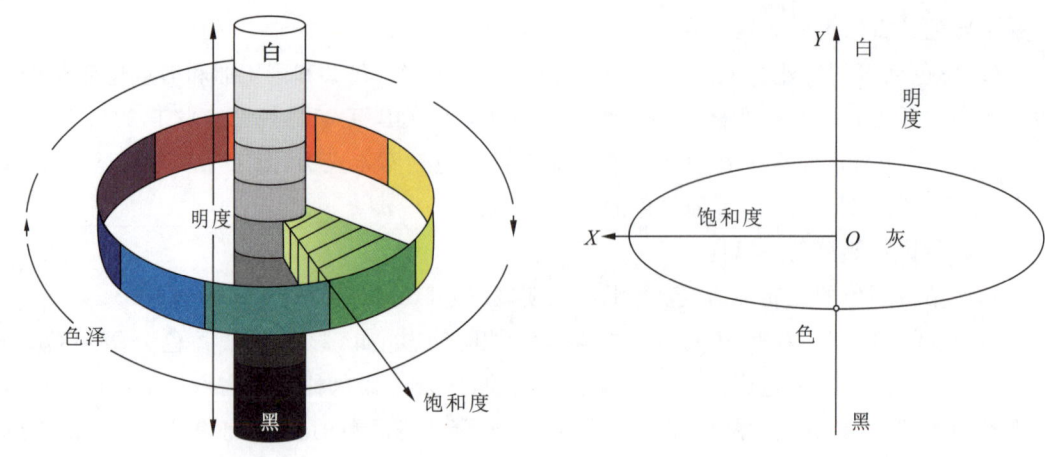

图 7-24　颜色的三属性关系　　　　图 7-25　颜色的三属性关系平面图

(5)孟塞尔色立体。颜色的三属性色泽、明度和饱和度被合理地配置为三维立方体形状,此三维立方体称为色立体。

孟赛尔色彩体系是由美国教育家、色彩学家和美术家孟赛尔(A. H. Munsell)于 1929 年创立的以颜色三属性为基础的色彩表示法,见图 7-26。

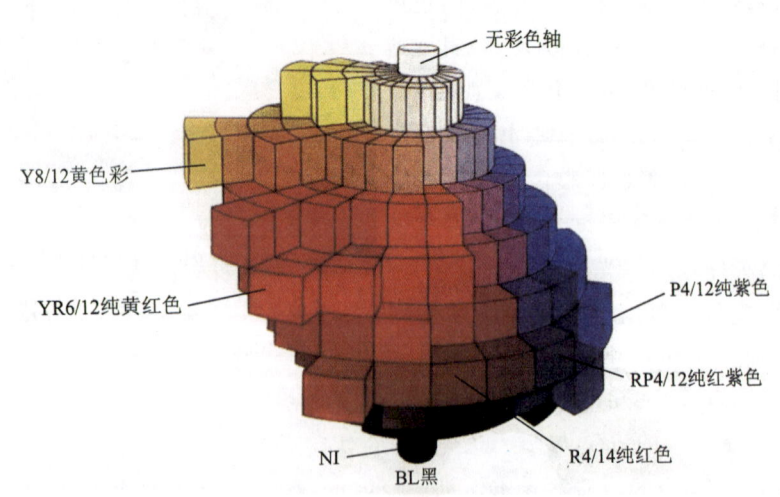

图 7-26　孟塞尔色立体模型

A. 色泽环

色泽环是指红(R)、黄(Y)、绿(G)、蓝(B)和紫(P),加上两两色间的五个中间色橙(RY)、黄绿(GY)、蓝绿(BG)、蓝紫(PB)及红紫(RP)共十个色作为基本色,顺时针排列形成的圆环。

每一个色泽又细分为十等份,总数为100份。每个色泽中央第5号色为色泽的代表色,见图7-27。

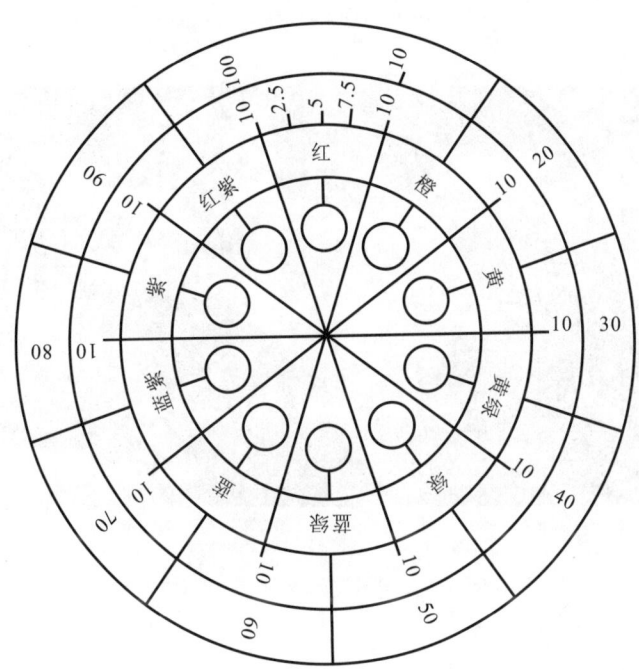

图7-27 孟塞尔色立体色泽环

B. 中心轴

在色泽环中心,有一个表示明度的直立轴(垂直色泽环),以黑、灰、白共分成11个等级:白(10);高明度灰(9~7);中明度灰(6~4);低明度灰(3~1);黑(0)。

C. 色泽环半径

色泽环半径是指自中心至圆周边缘的任意线段,表示饱和度。自中心至圆周边缘饱和度由弱至强,色泽环中心饱和度最弱,圆周上饱和度最强。

D. 表示法

色泽表示法为:颜色/明度/饱和度。

十种主要色泽最高饱和度所在位置如下:红色5R4/14;橙色5YR6/12;黄色5Y8/12;黄绿5GY7/10;绿色5G5/8;蓝绿5BG5/6;蓝色5B4/8;蓝紫5PB3/12;紫色5P4/12;红紫5RP4/12。

如红色 5R4/14 所示含义为:5R 表示颜色为红色,4 表示明度(中明度灰),14 表示饱和度。

2. 彩色钻石的颜色

彩色钻石的颜色常由主色泽和辅色泽组成。

1)主色泽

主色泽即基本色,是一颗彩色钻石的主要颜色,可以独立呈现。彩色钻石有 12 个主色泽,分别是红色、粉红色(图 7-28)、橙色、黄色、绿色、蓝色、靛色、紫色、褐色、灰色、白色及黑色。

图 7-28　阿盖尔粉红禧原石

(12.76ct,粉红色钻石原石,估价:约 1000 万美元)

(1)七个主色泽是组成白光的光谱色。

(2)粉红色:较浅明度的红色。

(3)褐色:暖色系列在饱和度变深时出现的色泽。

(4)灰色:冷色系列在饱和度变浅时出现的色泽。

(5)黑色:明度最暗(明度=0)时出现的色泽。

(6)白色:明度最亮(明度=11)时出现的色泽。带白色泽的钻石,与 D—Z 系列中的 D 色钻石显然不同。

2)辅色泽

彩钻的辅色泽,即为主色泽之外的次要色泽,随主色泽呈现。辅色泽可以是一个、两个或多个。主色泽与辅色泽的表达方式见表 7-11。辅色泽和基本色的中、英文名对比如表 7-12、表 7-13 所示。

表 7－11　主色泽与辅色泽的表达方式

品类	主色泽	辅色泽
微褐粉红色钻石	粉红	微褐色
粉红褐色钻石	褐色	粉红
微褐紫粉红色钻石	粉红	第一辅色　紫色
		第二辅色　微褐色

表 7－12　辅色泽的中、英文名对比

序号	中文辅色泽名	英文辅色泽名	序号	中文辅色泽名	英文辅色泽名
1	微褐	Brownish	6	微绿	Greenish
2	微红	Reddish	7	微蓝	Bluish
3	微粉红	Pinkish	8	微灰	Grayish
4	微橙	Orangy	9	微紫	Purplish
5	微黄	Yellowish			

表 7－13　基本色的中、英文名对比

序号	中文基本色名	英文基本色名	序号	中文基本色名	英文基本色名
1	红	Red	15	微蓝绿	Bluish Green
2	微橙红	Orangy Red	16	蓝绿	Blue Green
3	微红橙	Reddish Orange	17	绿蓝	Green Blue
4	橙	Orange	18	微绿蓝	Greenish Blue
5	微黄橙	Yellowish Orange	19	蓝	Blue
6	黄橙	Yellow Orange	20	微靛蓝	Violetish Blue
7	橙黄	Orange Yellow	21	微蓝靛	Bluish Violet
8	微橙黄	Orangy Yellow	22	靛	Violet
9	黄	Yellow	23	紫	Purple
10	微绿黄	Greenish Yellow	24	微红紫	Reddish Purple
11	绿黄	Green Yellow	25	红紫	Red Purple
12	黄绿	Yellow Green	26	紫红	Purple Red
13	微黄绿	Yellowish Green	27	微紫红	Purplish Red
14	绿	Green			

3. 彩色钻石颜色分级系统

目前国际上尚未建立统一的彩色钻石分级系统。国际上一些钻石鉴定机构按照各自的分级标准出具彩色钻石分级证书,这些机构有:美国宝石学院(GIA)、比利时钻石高阶层议会(HRD)、国际宝石学院(International Gemological Institute,简称 IGI)、欧洲宝石学实验室(European Gemological Laboratory,简称 EGL)。美国宝石学院对彩钻分级系统研究已有 50 余年历史。

当前 GIA 采用的颜色分级标准是孟赛尔色彩系统(Munsell Color System),由美国国家标准局颁布。这套分级系统将钻石的颜色分成九个等级。

说明一点:不是每一种颜色都有九个等级。深彩(Fancy Deep)、艳彩(Fancy Vivid)是 1994 年新增加的颜色级别。

(1)极浅:Faint。
(2)很浅:Very Light。
(3)浅:Light。
(4)浅彩:Fancy Light。
(5)中彩:Fancy。
(6)浓彩:Fancy Intense。
(7)艳彩:Fancy Vivid。
(8)深彩:Fancy Deep。
(9)暗彩:Fancy Dark。

《彩色钻石颜色分级》(QB/T 4113—2010)将彩色钻石的颜色分为八个等级。

(1)很浅:Very Light。
(2)浅:Light。
(3)浅彩:Fancy Light。
(4)中彩:Fancy。
(5)浓彩:Fancy Intense。
(6)艳彩:Fancy Vivid。
(7)深彩:Fancy Deep。
(8)暗彩:Fancy Dark。

《彩色钻石颜色分级》(QB/T 4113—2010)将"极浅"和"很浅"合并为一个等级,即"很浅"。

4. 彩色钻石分级举例

1)蓝色钻石

(1)概念。主色泽呈蓝色的天然钻石被称作蓝色钻石(图 7-29、图 7-30)。

(2)颜色级别。蓝色系列钻石,颜色总体较浅,由浅至深共分为九个级别(表 7-14)。这九个级别中,中彩蓝色钻石所占比例最大。

注：呈椭圆形，内部无瑕，名为"戴比尔斯千禧瑰宝4"，2016年在苏富比拍卖行春拍以3180万美元成交。

图7-29 艳彩蓝钻（10.10ct）

注：呈深蓝色，现收藏于美国华盛顿史密斯研究院。

图7-30 希望钻石（45.52ct）

表7-14 蓝色钻石的颜色级别

序号	中文颜色名	英文颜色名	各级别所占比例/%
1	极浅蓝	Faint Blue	2
2	很浅蓝	Very Light Blue	2
3	浅蓝	Light Blue	6
4	浅彩蓝	Fancy Light Blue	10
5	中彩蓝	Fancy Blue	49
6	浓彩蓝	Fancy Intense Blue	18
7	艳彩蓝	Faccy Vivid Blue	1
8	深彩蓝	Fancy Deep Blue	10
9	暗彩蓝	Fancy Dark Blue	2

2）粉红钻石

（1）概念。主色泽是粉红色的天然钻石被称作粉红钻石（图7-31、图7-32）。如紫粉红钻石、微褐微紫粉红钻石。在色泽环中，粉红不占据位置。

在孟赛尔色立体中，粉红位于红色泽中饱和度降低、明度升高的位置。

（2）颜色级别。粉红钻石的颜色共分为八个级别，缺少暗彩级别，由表7-15可知，中彩粉红钻石所占比例最大。

注：拍卖价为1080万美元。

图7-31 祖母绿型琢型浓彩粉红钻戒(10.99ct)

注：估价为1亿~1.5亿港元。

图7-32 艳彩粉红钻戒(9.27ct)

表7-15 粉红钻石的颜色级别

序号	中文颜色名	英文颜色名	各级别粉红钻石所占比例/%
1	极浅粉红	Faint Pink Red	8
2	很浅粉红	Very Light Pink Red	5
3	浅粉红	Light Pink Red	11
4	浅彩粉红	Fancy Light Pink Red	10
5	中彩粉红	Fancy Pink Red	33
6	浓彩粉红	Fancy Intense Pink Red	19
7	艳彩粉红	Fancy Vivid Pink Red	4
8	深彩粉红	Fancy Deep Pink Red	10

(3)颜色品种。粉红钻石颜色品种有四个系列，分别为粉红：Pink；紫粉红：Purple Pink；橙粉红：Orange Pink；褐粉红：Brown Pink。以粉红(Pink)、微紫粉红(Purplish Pink)、微橙粉红(Orangy Pink)数量最多。

5.彩色系列钻石的估价

在彩色系列钻石估价中质量(ct)是第一因素，除质量外，颜色是最重要的贡献因子，其贡献率达50%以上。由于受到无色—黄色系列钻石影响，在评估黄色钻石时，会在一定程度上考虑钻石的净度和切工，而在评估其他颜色钻石时则很少考虑。

目前尚无关于彩色系列钻石的国际报价表，商家通常根据市场价值调整彩钻的价格。

彭淑仪等(2013)对苏富比拍卖行、佳士得拍卖行十多年来的彩色钻石拍卖资料进行统计分析,得出的观点进一步佐证和充实了 GIA 彩色钻石品质分级标准。

(1)对于彩钻的拍卖价格,可按颜色的稀有程度确定。克拉单价从高至低的彩钻颜色通常为红、蓝、粉红、绿、黄、棕等色。一般亮度和饱和度越高,克拉单价越高,其中 GIA 分级标准中的艳彩(Vivid)是最受市场认同的一种级别。

(2)通常情况下,比较罕见的粉红色和蓝色彩钻的克拉单价随大小变化而呈现明显的变动。

(3)净度对黄色系列彩钻克拉单价的影响很大。在评估黄色系列钻石时,相对更强调净度的分级。实际操作中很难衡量净度对彩钻价值的影响。

第三节 钻石报价

钻石交易中钻石价格的合理定位,一直是买卖双方关心的首要议题。20 世纪 70 年代,美国钻石经纪人马丁·雷帕波特在采集大量市场信息的基础上,创造了雷帕波特无色—浅黄色系列钻石报价表。当前,这个报价表已得到了世界钻石业界的认可,我国钻石市场钻石交易中也参考了这个报价表。21 世纪,雷帕波特钻石(上海)有限公司进驻上海钻石交易所。

一、雷帕波特钻石报价表

1. 概况

雷帕波特钻石报价表是国际钻石行业获取钻石价格即时信息的重要来源,在美国纽约、比利时安特卫普、以色列特拉维夫、印度孟买以及中国上海的钻石交易所中的交易商以此作为评估钻石价格的主要工具。

2. 类型

雷帕波特钻石报价表按钻石琢型分为两类:①圆形琢型钻石报价表;②梨形琢型钻石报价表(图 7-34、图 7-35)。梨形琢型钻石报价表常用作其他异型琢型钻石的定价基础。

3. 切工前提

雷帕波特钻石报价表仅显示了钻石的质量、颜色和净度三个品质因素。雷帕波特钻石报价表中的切工规格分类如表 7-16 所示。达不到 2 类切工标准的钻石,依据切工的具体情况,其钻石价格有不同的折扣比率。切工愈差,其钻石价格折扣率愈大。

注:本图引自天成国际珠宝及翡翠拍卖会展品图。

图 7-33 铂金梨形钻石耳环
(主钻石有两颗,质量分别为 5.09ct、5.00ct,D/IF,Ⅱ$_A$型;估价:100 万~110 万美元)

注:本图引自天成国际珠宝及翡翠拍卖会展品图。

图 7-34 铂金钻戒
(梨形,主钻石质量为 7.01ct,D/IF,Ⅱ$_A$型;估价:80 万~88 万美元)

表 7-16 雷帕波特报价表中的切工规格分类表

切工描述			1 类切工	2 类切工	3 类切工
形状			标准圆钻型	标准圆钻型	标准圆钻型
切工等级			极好	极好,或非常好	极好,或非常好
抛光/对称性			极好	极好,或非常好	极好,或非常好
全深比/%			58.6~62.9	58.0~63.5	58.0~63.5
台宽比%			54.0~63.0	52.0~65.0	52.0~65.0
腰围厚度			非常薄、薄—中等,或中等—厚	非常薄—厚	非常薄—厚
底尖			不大,中等,崩口或磨损的	不大,中等,崩口或磨损的	不大,中等,崩口或磨损的
荧光性			无,或微蓝色	无,或微蓝色	中等蓝色
处理情况			未经处理	未经处理	未经处理
钻石质量/ct	1.00~1.09	最小直径/mm	6.40	6.40	6.40
	1.10~1.19		6.60	6.55	6.55
	1.20~1.29		6.80	6.75	6.75
	1.30~1.39		7.00	6.90	6.90
	1.40~1.49		7.20	7.10	7.10

注:据《珠宝首饰评估》(张蓓莉等,2018),有变动。

4. 荧光前提

雷帕波特钻石报价表中显示的荧光标准为无荧光或中等以下荧光效应。若钻石的荧光效应为中等以上甚至强烈荧光，则其价格有相应折扣率。

5. 报价表构成

雷帕波特钻石报价表由钻石的三个品质因子质量、颜色及净度的评价内容组成。

1）质量

该表以钻石质量大小分级构造矩阵，由 18 个矩阵组成一个报价表，每个矩阵代表一个质量级别。

质量为 0.30ct 以下时，有六个矩阵：0.01～0.03、0.04～0.07、0.08～0.14、0.15～0.17、0.18～0.22、0.23～0.29。

质量为 0.30ct 以上时，有 12 个矩阵：0.30～0.39、0.40～0.49、0.50～0.69、0.70～0.89、0.90～0.99、1.00～1.49、1.50～1.99、2.00～2.99、3.00～3.99、4.00～4.99、5.00～5.99、10.00～10.99。

6～9ct 钻石的价格，按 5ct 钻石的价格进行溢价计算。

2）颜色

颜色级别列于每一矩阵的纵坐标。质量为 0.30ct 以下的六个矩阵，颜色分为五个级别：D—F、G—H、I—J、K—L、M—N。

质量为 0.30ct 以上的 12 个矩阵，颜色分为十个级别：D、E、F、G、H、I、J、K、L、M。

3）净度

净度级别列于每一矩阵的横坐标。质量为 0.30ct 以下的六个矩阵，净度划分为八个级别，依次为：IF～VVS、VS、SI_1～SI_3、I_1～I_3。

质量为 0.30ct 以上的 12 个矩阵，净度划分为 11 个级别，依次为：IF、VVS_1、VVS_2、VS_1、VS_2、SI_1、SI_2、SI_3、I_1、I_2、I_3。

其中，SI_3 是 SI_2 与 I_1 之间的一个等级，虽未经 GIA 标准认可，但市场上经常有此等级钻石出售，报价表上特列出这一列。

4）价格

报价表上价格单位为百美元/ct。质量为 0.30ct 以下的钻石，价格精确到 10 美元/ct，常常整包出售。质量为 0.30ct 以上的钻石，价格精确到 100 美元/ct。

价格表上粗体数字表明较上期报价表价格有所上升，价格表上斜体数字表明较上期报价表价格有所下降。

5）价格指数

质量为 0.30ct 以上的 12 个矩阵，在每个矩阵下方列有两个钻石指数：W 和 T。W 表示在颜色 D—H 范围内、净度 IF—VS_2 范围内的每克拉平均价，如 W：45.76 指每克拉平均价为 4576 美元。T 表示在该矩阵内，所有钻石的每克拉平均价。如 T：24.08 指该矩阵内所有钻石的每克拉平均价为 2408 美元。W 或 T 后的"="后面的数字表示较上期价格表价格变化的百分比。

二、使用说明

（1）雷帕波特钻石报价表中的报价，以钻石切工级别 2 类切工为标准，低于 2 类切工的钻石，有一定的折扣率，折扣率大小视切工偏离程度而定。通常，偏离越大（即切工级别低），折扣率越大。

（2）钻石报价表中的质量矩阵表明在这个钻石规格范围内，每克拉钻石价格（单价）是相同的。如在 0.40～0.49ct 质量矩阵上，质量为 0.40ct 的钻石与质量为 0.49ct 的钻石，在相同颜色、净度情况下，每克拉单价是相同的。但是，每单粒钻石因其质量不同，价格相异。如在 0.40～0.49ct 质量矩阵上，在相同颜色、净度情况下，假设每克拉钻石报价为人民币 10 000 元，则一粒 0.40ct 钻石报价为人民币 4000 元，另一粒 0.49ct 钻石报价为人民币 4900 元。不同的质量矩阵，其钻石价格有明显的差异，业内人士称作"溢价"。

（3）钻石报价表上的钻石价格是交易双方谈判的基础。对每一粒具体钻石的报价由双方依据下列因素议价而定，分别为质量大小、品质级别、市场类型、市场需求、付款方式、付款时限等。

第四节 钻石饰品价值评估

一、概述

钻石饰品价值评估的方法通常为成本法和市场法。成本法是在现时条件下计算一件全新的待估钻石饰品各类成本之和（若有损耗，需减去损耗价值）的评估方法。很多首饰生产企业及商家都以此方法计算首饰商品的生产成本、销售成本。

市场法是指通过大量的市场调查和筛选，以现今市场上与待评估的钻石饰品相同或相似的替代品的价格为基础，经过对比、调整，从而获得待估钻石饰品价值的评估方法。市场法不计算钻石饰品的各组成部分的成本，但仍需要考虑钻石饰品各组成部分对整体的贡献程度。

市场法的难点是必须在合适市场内寻找有代表性的相似品。通常对豪华款式钻石饰品或有高附加值的钻石饰品采用市场法评估。

二、成本法评估钻石饰品价值

（1）成本法操作流程。可参见第三章成本法的内容。

(2)钻石饰品新品生产成本。在使用成本法评估时,通常会将一件钻石饰品分为三个组成元素(钻石、贵金属材质及成色、设计和制作)并计算三个元素的价值,再通过求和获得整件钻石饰品的价值。

计算公式为:

新品生产成本＝贵金属成本＋钻石成本＋饰品制作和设计成本

(3)钻石饰品新品销售价格。影响一件钻石饰品价格的因素,除了工厂生产制作成本之外,还有运输费、管理费、商场摊位费、税收、利润等。为了计算方便,将诸多因素归入1＋利润率因子,可得销售价格公式为:

新品销售价格＝新品生产成本×(1＋利润率)

利润率由各企业根据生产费用、管理费用并结合市场的需求综合考虑来确定,没有统一的标准。因而,1＋利润率并不是纯粹指利润收入,而是包含了许多其他因素。

(4)钻石饰品旧品销售价格。当钻石饰品发生损耗,需要进行折旧计算时,通常使用成新率来估算,估算公式为:

旧品销售价格＝新品销售价格×成新率％

成新率视实物及评估经验来估定。

三、钻石饰品价值评估实例

1. 问题

(1)情景:一位委托人请评估所评估一件钻石女戒,客户要求将此戒指放入市场交易。评估日为 X 年 Y 月 Z 日。

(2)经鉴定,已有如下事实。

a. 钻石:2.01ct,用中国国家标准中的比色石比对,颜色在 F 与 G 之间,净度为 VS_2,切工很好,腰围直径为 IJmm。

b. 贵金属戒托:18K 金,白色,质量为 5g。

c. 加工制作:钻戒制作品质很好。

d. 成新率:90％(已经佩戴过)。

(3)提供如下信息。

a. 汇率:M 元(RMB)/1 美元(U.S.D)(中国人民银行 X 年 Y 月 Z 日牌价)。

b. 钻石入关海关税率:A％。

c. 999 金:B 元/g(上海黄金交易所 Z 日牌价)。

d. 女戒制作损耗率:C％(上海某珠宝首饰厂提供)。

e. 女戒制作费:D 元/件(上海某珠宝首饰厂提供)。

f. 零售市场利润率:E％。

g. 钻石报价表。

2. 答题

1)评估流程

a. 评估目的:市场交易。

b. 评估价值类型:重置价值。

c. 评估方法:成本法。

d. 评估基准日:X 年 Y 月 Z 日。

2)成本法计算

评估人应将钻石女戒分为三个部分,分别计算各部分成本。

(1)钻石成本:①定色级,为 G 色;②定质量(ct),超重比例小于 9%;③查报价,在报价表上查找美元报价,经换算得 2.01ct 钻石的人民币价格。

(2)贵金属名称及成色成本:计算 18K 金成本。

(3)设计制作费成本。

(4)钻石女戒成本价:成本价=钻石价+18K 金价+制作价。

(5)钻石女戒市场销售价:销售价=成本价×(1+E%)。

(6)二手货市场销售价:销售价(二手货市场)=销售价×90%。

1. 一粒钻石位于中国国家标准中的比色石 H 色与 I 色之间,请判断该粒钻石的颜色色级。

2. 请简述无色—浅黄色系列钻石净度分级的实践要点。

3. 请简述雷帕波特钻石报价表价格指数特点。

4. 请简述中国国家标准《钻石分级》(GB/T 16554—2017)超重比例级别的概念及计算过程。

5. 彩色钻石的估价是否遵循无色至浅黄色系列钻石的估价原则?请具体说明。

第八章 宝石饰品评估

宝石饰品评估是评估流程中的第四阶段工作。宝石饰品是指镶嵌宝石的首饰,它包含头饰、耳饰、颈饰、手饰(图8-1)、足饰以及工艺品与摆件首饰。在宝石饰品价值评估中,其宝石的价值在饰品总价值中占有重要地位。名贵宝石首饰的价值相应较高,一般宝石首饰的价值相应较低。依价值高低,可将有色宝石分为高档、中档及低档宝石。业内所指五大宝石为:钻石、红宝石、蓝宝石、金绿宝石及祖母绿,属于高档宝石,其市场价值较高。

图8-1展示了高档宝石饰品猫眼镶钻石戒指。

碧玺、托帕石、锆石、海蓝宝石、坦桑石、石榴石、橄榄石、水晶等属于中档宝石,市场价位居中端位置,其中有些宝石的某些种属(如碧玺中的帕拉伊巴碧玺,图8-2)的价位较高,可与高档宝石相媲美。

宝石饰品的评估遵循宝石评估流程,分两步进行:第一步宝石饰品品质分级,第二步宝石饰品价值评估。

图8-1 猫眼镶钻石戒指
(宋菁设计)

图8-2 帕拉伊巴碧玺

宝石饰品品质分级,采用先分解、再综合的方法进行:将一件饰品分解为宝石、金属托件及设计与制作三个部分,分别进行单项品质分级,再综合单项品质分级内容并进行整体品质分级(图8-3)。

图 8-3　白色 18K 金镶钻石翡翠挂件

第一节　宝石饰品评估流程

一、宝石的品质分级

1. 宝石的概念

中国国家标准《珠宝玉石　名称》(GB/T 16552—2017)将宝石定义为：由自然界产出，具有美观、耐久、稀少性，可加工成饰品的矿物的单晶体(可含双晶)。

2. 宝石的品质分级步骤

宝石的品质分级通常有两个步骤：步骤一，按颜色、净度、切工、质量(ct)四个品质因子标准进行分级；步骤二，汇总四个品质因子的级别，依贡献大小进行整体评估。

1) 颜色分级

宝石的颜色是宝石的一个重要价值特征，有色宝石的颜色在其价值评估中占有绝对重要的地位。因此，对颜色的正确描述及分级显得至关重要。

(1)合适的照明光源。有色宝石在不同色温的照明光源下，会出现不同的视觉效果。国际照明委员会(Commission International de L'Eclaira,简称 CIE)规定，对颜色的描述或测试应采用色温为 6775K 的光源。

(2)建立颜色分级系统。当前，世界上最常见的颜色分级系统有 GIA Gem Set、Gem Dialogue 及 *The Munsell Book of Color——Glossy Collection* 中的标准比色卡。GIA Gem Set 是一套由不同颜色的塑料制作的圆形琢型仿宝石。

Gem Dialogue 是一套透明的上色塑料片，可以通过向外类推的方式描述几乎所有的透明或不透明宝石的颜色(附录五)。

The Munsell Book of Color——Glossy Collection(中文译名《孟塞尔色泽大全——全

光泽》)中的标准比色卡是基于孟塞尔色立体理论建立的色泽表示法。这里面有40张比色卡和1600种可移动式高亮度色样。

这些颜色分级系统所阐述的颜色术语只是对真实宝石颜色的一个近似描述。为了使不同肤色、不同民族的人群,对同一枚有色宝石形成可以比对的描写术语,人们正在不断完善颜色分级系统。

(3)颜色品质分级。颜色品质分级常考虑四个品质因子,分别为色泽、明度、饱和度、均匀度。

A. 色泽(Hue)

色泽是指纯光谱色。色泽通常由主色泽和次色泽组成。主色泽愈多,颜色愈正;次色泽愈多,颜色常呈偏色。一般而言,颜色愈正,品质等级愈高,颜色愈偏,品质等级愈低。珠宝市场中有很多带有偏色的宝石。民族风俗往往影响当地民众对宝石偏色的审美偏好,如东方人喜爱的翡翠,绿色中常有黄色;西方人喜欢的祖母绿,绿色中带有蓝色。在给带有偏色的宝石命名时,将主色泽置于后面,次色泽及弱、强程度副词置于前面,如弱蓝绿色。

B. 明度(Lightness)

明度是指颜色的深浅、明亮程度,用浅、中等及深等程度副词来表征。

在GIA颜色分级系统中使用孟赛尔色立体可将明度分为11级,用数字0至10来表征。具体为:0(白);1(极浅);2(很浅);3(浅);4(中浅);5(中);6(中深);7(深);8(很深);9(极深);10(黑)。在实际应用中,常使用白色、浅、中浅、中、中深、深和很深这七个级别来表征宝石的明度。具过深过浅的明度的宝石,品质等级属低级;具较深、较浅明度的宝石,属中级;具最佳明度的宝石,品质等级属于优级。

C. 饱和度(Saturation)

饱和度是指颜色纯净程度、鲜艳程度。光谱中呈红、橙、黄、绿、蓝、紫等色的饱和度品质等级属鲜艳级。宝石的饱和度降低,暖色系列会呈现偏褐色的明度,冷色系列会出现偏灰色的明度。宝石饱和度品质等级分为六级,可用数字1~6来表示(表8-1)。

表8-1 宝石饱和度品质等级

级别	饱和度分级	
	暖色系列	冷色系列
6	鲜艳	鲜艳
5	浓	浓
4	中等浓度	中等浓度
3	极浅褐色	极浅灰色
2	浅褐色	浅灰色
1	褐色	灰色

D. 均匀度

均匀度是指颜色分布均匀程度,通常分为五级:很均匀、均匀、尚均匀、欠均匀和不均匀。颜色的品质等级,取四个品质因子综合评价,见表8-2。

表8-2 颜色的品质等级

颜色品质等级	四个因子品质等级			
	色泽	明度	饱和度	均匀度
极优	颜色正,呈优质色	深浅合适,最佳明度	鲜艳	很均匀分布,无色带
优	颜色较正,呈所期望的颜色,与理想状态稍有偏离	稍浅或稍深	浓、艳	均匀分布
好	颜色有偏色,与理想状态有较明显的偏离	浅或深	中等浓度	尚均匀,有浅的色带
一般	非理想颜色,与理想状态相差极大	很浅或很深	灰色或褐色	欠均匀、不均匀,有显著色带

2)净度分级

宝石的净度是指宝石内部原有的缺陷及对宝石加工时造成的损伤。通常用瑕疵的颜色深浅、尺寸大小、数量多少、分布位置来定性地划分净度,并进行净度分级。宝石的净度分级完全依靠正常视力的肉眼来观察,放大观察仅用来确定宝石是否存在耐久性方面的隐患。

(1)宝石净度状况类型。有色宝石按净度状况分为三种类型。第一种类型的有色宝石几乎不含瑕疵和包裹体,如绿色、粉红色、黄色绿柱石及海蓝宝石,绿色及黄色金绿宝石,黄水晶及烟水晶,锂辉石,托帕石,绿色碧玺,蓝色锆石,黝帘石。第二种类型的有色宝石含有一定数量的瑕疵及包裹体,如红柱石,变石,刚玉(所有品种)(图8-4、图8-5),石榴石(所有品种),堇青石,橄榄石,紫水晶,尖晶石(所有品种),蓝色、橙色、红紫色、黄色及杂色碧玺,绿色、橙色、红色及黄色锆石。第三种类型的有色宝石含有比一般宝石更多数量的瑕疵或包裹体,如祖母绿,红色、粉色碧玺及西瓜碧玺。

(2)三种类型宝石净度状况级别。通常,净度状况级别被划分为五级:洁净、微瑕、中瑕、重瑕、极重瑕。不同类型宝石净度状况级别划分如表8-3所示。表中列出了对三种类型宝石净度状况级别的描述。在微瑕、中瑕级别的描述中,三种类型宝石存在程度差异;在重瑕、极重瑕级别的描述中,三种类型宝石的描述内容是一致的。

注:本图引自天成国际珠宝及翡翠拍卖会展品图。

图8-4　铂金粉红色蓝宝石(13.01ct)镶钻石戒指
　　　　（估价:17万~19万美元）

注:本图引自天成国际珠宝及翡翠拍卖会展品图。

图8-5　铂金缅甸蓝宝石(12.84ct)镶钻石戒指
　　　　（估价:21.5万~27万美元）

表8-3　三种类型宝石净度状况级别划分表

净度状况级别	第一种类型宝石	第二种类型宝石	第三种类型宝石
洁净	洁净	洁净	洁净
微瑕	细微的包裹体,较难发现	较小的包裹体,较易发现	明显的包裹体,明显可见
中瑕	较小的包裹体,极易发现	明显的包裹体,明显可见	非常明显的包裹体,非常明显见到
重瑕	突出的包裹体,对外观和耐久性产生了负面效应	突出的包裹体,对外观和耐久性产生了负面影响	突出的包裹体,对外观和耐久性产生了负面影响
极重瑕	显著突出的包裹体,对外观或耐久性或两者都产生了严重的负面影响	显著突出的包裹体,对外观或耐久性或两者都产生了严重的负面影响	显著突出的包裹体,对外观或耐久性或两者都产生了严重的负面影响

（3）净度级别划分。依据净度状况的级别、包裹体出露特点及净度对耐久性、外观的影响程度可将宝石净度划分为四个级别:极优、优、好和一般,见表8-4。

表 8-4 宝石净度分级表

净度分级	净度状况级别	包裹体出露	对外观、耐久性影响
极优	洁净	细微	无
优	微瑕	较小	无
好	中瑕	明显	无
一般	重瑕	非常明显	有负面影响

3) 切工分级

(有色)宝石切工分级的思路与钻石相仿，从切工比例及修饰度两大方面考虑。具体操作时，由于两者的目标各有侧重，因而对切工分级的评价各有特色。

钻石切工分级以达到最大亮度和最大火彩效果为目标。宝石切工分级以彰显宝石晶体的颜色为宗旨。在对钻石切工分级时，由于对象是单一钻石，其切工比例有一定程度的量化标准，而宝石品种甚多，其折射率、光泽、多色性等光学性质多有不同，相应地宝石切工最佳比例也有所不同，因而在宝石切工分级时往往带有更多的主观因素。

(1) 切工分级因素。

A. 切工比例

影响宝石切工比例的因素有宝石亮度、形状轮廓、琢型长宽比、台宽比、全深比、冠高比、腰棱比及亭部鼓凸等。

a. 宝石亮度

亮度是指透明宝石的冠部台面反光的程度。亮度计算公式为：

$$亮度\% = 100\% - 透视域\% - 暗域\%$$

式中：透视域是指正视宝石冠部台面时，其可透视部分面积的百分比；暗域是指正视宝石冠部台面时，其不反射部分面积的百分比。宝石亮度越大，其切工等级越高。

b. 形状轮廓

我们常以美观度定性评价形状轮廓，在形状轮廓的评价过程中常带有较强的主观性。

c. 琢型长宽比

在切工比例中，仅琢型长宽比有一个数值范围，见表 8-5。

表 8-5 切工良好的宝石琢型长宽比数值范围

宝石琢型	长宽比数值范围	宝石琢型	长宽比数值范围
马眼形	1.66∶1～2.50∶1	梨形	1.50∶1～1.75∶1
坐垫形	1.50∶1～1.75∶1	椭圆形	1.33∶1～1.75∶1
长方形	1.25∶1～2.00∶1	心形	1.10∶1～1.25∶1

d. 其他琢型比例

宝石对台宽比的要求没有钻石高，但超过65％，会对宝石价值产生负面影响。全深比一般在60％～65％之间最合适。冠高比一般在15％～19％之间最合适。腰棱比要求适中，太厚、太薄都会影响宝石的美观度。

e. 亭部鼓凸

对当前宝石尺寸或美观度没有益处的超支质量表现为亭部晶面向外凸出，即亭部鼓凸。鼓凸对宝石切工分级的贡献分为三类：可以接受的、明显的和非常明显的。

B. 修饰度

宝石修饰度与钻石修饰度内容相似，分为对称性和抛光度两个方面。

a. 对称性

我们可以依据宝石刻面尤其是冠部刻面的对称偏差程度对宝石的对称性进行划分，分为极好、很好、好及一般四个级别。

b. 抛光度

我们可以依据抛光纹的可见程度对宝石的抛光度进行划分，分为极好、很好、好及一般四个级别。

（2）切工级别划分。综合切工比例及修饰度的分级级别可划分出宝石整体切工分级级别，见表8-6。

表8-6 有色宝石切工分级表

切工分级	切工比例	修饰度
极优	美观度极好，冠高、亭深极好，长宽比极好，没有鼓凸，亮度为80％～100％	抛光、对称性很好～极好
优	美观度很好，冠高、亭深很好，长宽比很好，有微小鼓凸，可以接受，亮度为60％～80％	抛光、对称性好～很好
好	美观度好，冠高、亭深好，长宽比好，有明显的鼓凸，亮度为40％～60％	抛光、对称性好
一般	美观度一般，冠高、亭深一般，长宽比一般，有非常明显的鼓凸，亮度小于40％	抛光、对称性一般

4）宝石质量

按照中国国家标准《珠宝玉石 鉴定》（GB/T 16553—2017），宝石质量单位用克（g）表示。当前，珠宝行业内常用克拉（ct）表示宝石质量。

通常宝石质量增大，其价值也会增高。但有时，某些宝石的质量上升空间存在一个阈值，超过这个阈值，宝石的价值不仅不会提升，反而会下降。究其原因是：当这类宝石的质量超过一定阈值时，宝石不适宜佩戴，于是在交易时，市场购买状况不佳，商家只能降价销售。

对于已镶嵌成首饰的宝石,其质量不能直接在电子天平上称重,只能依据观察到的尺寸来估计宝石的质量。

表8-7列出了常见宝石琢型的质量估算公式,单位为毫米(mm),测量精度为0.1mm。

表8-7 常见宝石琢型质量估算公式 （单位:mm）

序号	宝石琢型		质量估算公式
1	圆形		直径^2×高度×密度×0.0018
2	椭圆形		[(长+宽)/2]^2×高度×密度×0.0020
3	祖母绿型		长×宽×高×密度×0.0025
4	长方形		长×宽×高×密度×0.0026
5	正方形		长^2×高×密度×0.0023
6	马眼形		长×宽×高×密度×0.0016
7	梨形		长×宽×高×密度×0.00175
8	弧面形	正常	长×宽×高×密度×0.0026
		扁平	长×宽×高×密度×0.0029

5)宝石整体品质分级

宝石整体品质分级是在宝石的颜色、净度、切工分级的基础上,进行综合分析获得的分级标准。

在宝石的品质分级中,颜色是最重要的因素,其贡献度远远大于切工和净度。在进行综合分析时,通常的做法是以颜色的品质等级为主体,再按切工和净度的等级予以修整,最终获得该宝石的品质等级。

(1)确定待估宝石的颜色等级。宝石的颜色等级划分为四级:极优(81～100分)(8+～10)、优(61～80分)(6+～8-)、好(41～60分)(4+～6-)、一般(1～40分)(1～4-)。我们可以将待估宝石的颜色分级,并给以相应的评定,如优(7分)、一般(3分)等。

(2)根据宝石净度等级给出修正值,并加上(或减去)总评分。如颜色为极优(7分),净度为好,则修正值为-1分,可得出第二步总评分为6分(7-1=6分)。具体净度修正值见表8-8。

(3)根据宝石切工等级给出修正值,并加上(或减去)第二步的总评分。如根据切工优级0分得出第三步总评分为6分(6-0=6分),由此可获得宝石品质级别优的评分(6分)。具体切工修正值见表8-8。

表 8-8 宝石品质分级中净度、切工的修正值

颜色等级 （评分）	净度		切工	
	净度等级	修正值	切工等级	修正值
极优 （8~10分）	极优	+1/2	极优	+1/2
	优	0	优	0
	好	−1	好	−1/2
	一般	−3	一般	−1/2
优 （6~8一分）	极优	+1/2	极优	+1/2
	优	0	优	0
	好	−1/2	好	−1/4
	一般	−2½	一般	−1¼
好 （4~6一分）	极优	+1/4	极优	+1/4
	优	0	优	0
	好	−1/4	好	0
	一般	−2	一般	−1
一般 （1~4一分）	极优	+1/4	极优	+1/4
	优	0	优	0
	好	0	好	0
	一般	−1½	一般	−1/2

二、金属托件的品质

按饰品类型划分，饰品的金属托件有戒托、吊坠托、耳托及摆件首饰托座等。

对金属托件的品质评价，主要包含两个方面的内容：①金属材质（如铂金、黄金、K黄金等）；②金属成分（如Pt950、Pt900、Ag750等）。

评价时，检测单位通常在X荧光光谱仪上测定托件的材质及成分。有关金属材质及成分详细内容，见本书第六章。

三、设计与制作的品质

宝石饰品的设计与制作品质评价涉及如下几个方面：①饰品的设计理念；②饰品的整体造型；③饰品的制作工艺；④饰品的表面处理；⑤饰品的辅助配件；⑥饰品的标志印记。

第二节 宝石饰品价值评估

宝石饰品的价值评估一般是在宝石饰品品质分级的基础上开展的。

一、宝石饰品的价值特征分析

前文已经介绍过,一件宝石饰品通常由三大部分组成:宝石、金属托件、设计与制作。本环节工作就是分析这三大部分的价值对宝石饰品的总价值贡献分别有多少。

有些宝石饰品的组成结构单一。如单粒宝石戒指由一粒宝石和一个金属戒托组成,其制作工序简单,设计具同质化特征,没有创意。整件首饰的价值,以单粒宝石的价值为主。

对于部分经由著名设计师设计、工艺大师制作的饰品或蕴含文化价值的饰品来说,名人效应、品牌贡献在整件首饰价值评估中占有重要地位。

因此,价值特征分析内容包含品质等级、稀有性、耐久性、时尚性、需求程度、产地、名人权属、名匠制作、风俗习惯。正确分析这些因素在饰品总价值中的贡献份额是价值评估结论合理性的重要保证。例如,在评估图8-6~图8-9展示的名贵宝石镶钻石饰品时需要作价值特征分析。

注:本图引自天成国际珠宝及翡翠拍卖会展品图。

图8-6 白色18K金方形哥伦比亚祖母绿镶钻石项链(共7粒祖母绿,合计26.87ct;估价:54万~64万美元,由Picchiotti设计)

注:本图引自苏富比2019年拍卖饰品集《瑰丽珠宝与翡翠首饰》。

图8-7 红宝石(3.22ct)镶钻石耳环(估价:140万~180万港元)

注：本图引自天成国际珠宝及翡翠拍卖会展品图。

图 8-8　铂金缅甸方形蓝宝石(7.08ct)镶钻石戒指（估价：9.1 万～12 万美元，由 Picchiotti 设计）

注：本图引自天成国际珠宝及翡翠拍卖会展品图。

图 8-9　铂金哥伦比亚祖母绿镶钻石耳环（一粒为 5.98ct，另一粒为 5.71ct；估价：22 万～27.5 万美元）

二、选择评估方法

在当前珠宝市场上，通常采用的评估方法有成本法及市场法。宝石饰品的价值评估方法视具体评估对象而定。有时可采用成本法，有时可采用市场法，还可同时采用两种方法。

采用成本法评估时需要分别考虑宝石、金属托件及设计、制作各部分价值因素，并对价值特征进行分析、判别；采用市场法评估时，需要整体考虑首饰价值因素，价值特征影响隐含在整件首饰价值中。

三、选择合适的信息市场

在合适的信息市场收集相关价格资料是宝石饰品价值评估的重要基础。

(1) 采用成本法评估时，可到如下市场收集合适资料。

a. 宝石批发市场：收集待评估宝石的价格信息。

b. 黄金交易所：收集黄金、铂金价格信息。

c. 珠宝首饰厂：收集制作、加工费用信息。

(2) 采用市场法评估时，可到如下市场收集合适资料。

a. 宝石饰品零售市场。

b. 宝石饰品二手货市场。

c. 宝石饰品拍卖市场。

四、综合分析并完成价值评估工作

在上述几个步骤完成后,对已得到的资料进行综合分析、计算,最终得出评估价值。

第三节 红宝石饰品评估实例

红宝石在有色宝石中是最受人们喜爱的宝石之一(图8-10)。它所呈现的独具特色的红色比其他红色宝石(如尖晶石、碧玺、石榴石、锆石、托帕石等)的红色更纯正,饱和度更高,色彩更鲜艳。

世界上生产红宝石的国家主要集中在两个地理区域:一个是东南亚及其周边地区,主要国家有缅甸、泰国、柬埔寨、斯里兰卡、越南、印度、阿富汗、巴基斯坦、中国等;另一个是非洲东部地区,主要国家有肯尼亚、坦桑尼亚、莫桑比克。此外,澳大利亚、俄罗斯也出产红宝石。

在众多出产红宝石的国家之中,以缅甸抹谷产出的宝石级红宝石品质最优,鸽血红宝石得到世界藏家的赞誉。表8-9列出了主要产出国的红宝石的颜色特征。

注:本图引自天成国际珠宝及翡翠拍卖会展品图。

图8-10 白色18K金缅甸红宝石(8.24ct)镶钻石戒指(估价:22万~28万美元)

表8-9 主要产出国的红宝石的颜色特征

产地		颜色特征
缅甸	抹谷	呈鲜艳的玫瑰红—红色,红色常分布不均匀,呈浓淡不一的絮状、团块状。最佳品种:鸽血红,色正,饱和度高
	孟速	呈褐红色、深紫红色,具有蓝色或黑色核心,常用热处理方法去除红宝石中心部位(核心)的蓝色
泰国		红色较深,呈浅棕红色、暗红色,颜色分布较均匀,透明度较低
柬埔寨		红色较深,呈浅棕红色、暗红色,颜色分布较均匀,透明度较低
斯里兰卡		红色较浅,多呈粉红色、浅棕红色,通常透明度较高,上品为樱桃红
越南		红色次深,呈紫红色、红紫色、粉紫色,经常出现单独的蓝色区域
坦桑尼亚		呈玫瑰红色、紫红色、红色及橙红色
肯尼亚		呈粉红—红色、粉紫红色
莫桑比克		呈粉红—深红色,带有褐色调的深红色

一、红宝石品质评估

在红宝石饰品评估中,红宝石的市场价值显著高于依托件及饰品设计制作费用。它的贡献值占饰品的价值权重最高。因此,红宝石饰品评估的重点在红宝石的品质评估上。多年来,业内行家、专业学者、宝石研究机构都对红宝石做了大量的研究及分析工作,总结出了以颜色、净度、切工及质量为主要评分指标的四因素评价方法。我国在2016年8月发布了国家标准《红宝石分级》(GB/T 32863—2016),从颜色、净度、火彩、质量等方面对红宝石进行级别划分。

1. 红宝石品质评估方法一

本方法从颜色、净度、切工及质量四个方面对红宝石品质进行综合评估。

1)颜色

红宝石的品质评估以颜色(红色)为主要判别依据,颜色对评估的贡献值在50%以上。在市场交易中,有时贡献值可达80%以上。

我们可以从红宝石的色泽、明度、饱和度及均匀度四个方面综合考虑颜色评价。

(1)色泽。色泽是指颜色的纯度。红色正,色泽高;红色带有偏色,色泽就偏低。红宝石色泽品质分级见表8-10。

注:本图引自天成国际珠宝及翡翠拍卖会展品图。
图8-11 铂金缅甸鸽血红宝石(3.30ct)镶梨形钻石戒指(估价:16.4万~20万美元)

表8-10 红宝石色泽品质分级表

等级	色泽	等级	色泽
极优	纯正红色,即鸽血红(图8-11)	优	红色较纯正,略带紫色
中	红色有偏色,或带棕色	一般	红色,偏色较重

(2)明度。明度是指颜色的深浅程度。需要注意的是,并不是颜色越深,明度越高。中深、较深红色红宝石的明度最高。颜色非常深或非常浅的红宝石的明度最低。红宝石明度分级见表8-11。

表8-11 红宝石明度分级表

等级	明度	等级	明度
极优	中深	优	较深或较浅
中	深或浅	一般	非常深或非常浅

(3)饱和度。饱和度是指颜色的鲜艳程度,愈鲜艳,饱和度愈高。红宝石饱和度分级见表8-12。

表8-12 红宝石饱和度分级表

等级	饱和度	等级	饱和度
极优	鲜艳	优	浓
中	中等浓	一般	浅灰色、浅褐色

(4)均匀度。红宝石的均匀度是指红色分布的均匀程度。红宝石均匀度分级见表8-13。

表8-13 红宝石均匀度分级表

等级	均匀度	等级	均匀度
极优	很均匀	优	均匀
中	尚均匀	一般	欠均匀、不均匀

2)净度

红宝石归属于第二类有色宝石,常具有一定数量的瑕疵或包裹体。

红宝石中的瑕疵有如下几种。

(1)各种崩裂:短而宽的开口称断口,长而开的口称裂,长而闭的口称纹。

(2)各种晶体包裹体:常见有黄铁矿、锆石、方解石、尖晶石等。

(3)负晶体:红宝石内的空洞,具有规则似晶体的形状。

(4)细长针状、丝状包裹体:多数为金红石晶体,也有水铝矿晶体等。

红宝石净度分级是完全在肉眼(正常视力)观察下进行的。红宝石净度分级见表8-14。

表8-14 红宝石净度分级表

品质等级	净度级别	包裹体出露	对耐久性影响
极优	洁净	细微	无
优	微瑕	较小包裹体,较易发现	无
好	中瑕	包裹体明显可见	无
一般	重瑕	包裹体非常明显可见	有

3)切工

红宝石切工要求:尽量体现宝石晶体的红色,晶面角度合适,能最大限度地折射和内反射入射光线,使亮度达到最高。我们一般从切工的定向、琢型、比例、对称性及抛光度等方面评价红宝石切工。在切工定向方面,要求台面尽可能垂直光轴定位,从垂直台面观察显示无多色性,可得到纯正、饱和度高的红色。

红宝石琢型有圆形、椭圆形、祖母绿型、心形、梨形、马眼形及长形混合形。由于长形混合形能较好地展示红宝石的色泽,因而在市场上多见长形混合形琢型。同时,较好的切工比例、对称性以及抛光程度能提升红宝石的商业价值。红宝石切工分级见表8-15。

表 8-15 红宝石切工分级表

切工品质分级	描述
极优	台面色泽正,美观度极好,没有鼓凸,切工比例极好,亮度大于80%,抛光、对称性极好
优	台面色泽较正,美观度很好,切工比例很好,有微小的鼓凸,亮度为60%~80%,抛光、对称性很好
好	台面色泽一般,美观度好,切工比例好,有明显的鼓凸,亮度为40%~60%,抛光、对称性好
一般	台面色泽差,美观度差,切工比例差,有非常明显的鼓凸,亮度小于40%,抛光、对称性一般

4)克拉质量

红宝石克拉质量与红宝石价格有密切关系,按克拉质量大小可分为六个级别。

(1)质量小于0.5ct,为细粒红宝石。

(2)质量为0.5~1.0ct(不包含1.0ct),为小粒红宝石。

(3)质量为1.0~2.0ct(不包含2.0ct),为中粒红宝石。

(4)质量为2.0~3.0ct(不包含3.0ct),为较大粒红宝石。

(5)质量为3.0~5.0ct(不包含5.0ct),为大粒红宝石。

(6)质量大于或等于5.0ct,为特大粒红宝石。

表8-16列出了红宝石刻面琢型的尺寸与宝石克拉质量对应关系。

表 8-16　红宝石刻面琢型尺寸与克拉质量对应关系表

琢型	尺寸/mm	估计质量/ct	琢型	尺寸/mm	估计质量/ct
圆形	φ=2.0	0.04～0.05	祖母绿型	5×3	0.30～0.36
	3.0	0.13～0.15		6×4	0.57～0.70
	4.0	0.29～0.35		6.5×4.5	0.78～0.97
	5.0	0.53～0.65		7×5	1.00～1.30
	6.0	0.93～1.15		7.5×5.5	1.35～1.65
	7.0	1.50～1.85		8×6	1.80～2.10
	8.0	2.35～2.85		9×7	2.90～3.15
椭圆形	5×3	0.25～0.33	公主方形	2.00	0.07
	6×4	0.48～0.58		2.25	0.11
	7×5	0.85～1.05		2.50	0.13
	8×6	1.45～1.70		3.00	0.22
	9×7	2.15～2.65		3.50	0.33
	10×8	3.15～3.75			
梨形	5×3	0.21～0.27	马眼形	6×3	0.23～0.29
	6×4	0.40～0.50		8×4	0.54～0.70
	7×5	0.73～0.90		9×4.5	0.80～0.98
	8×5	0.85～1.00		10×5	1.06～1.35
	9×6	1.45～1.70		12×6	1.80～2.40
	10×7	2.00～2.55			

注：引自欧阳秋眉所著的《红蓝宝石鉴赏》。

2. 红宝石品质评估方法二

中华人民共和国国家标准《红宝石分级》(GB/T 32863—2016)于 2016 年 8 月 29 日发布，2017 年 3 月 1 日实施。该标准从颜色分级、净度分级、火彩分级、热处理类别(分类)、切工描述及质量等方面完成对红宝石分级的评价。

红宝石品质分级的条件包含三个方面：环境条件、人员条件、观察条件。其中，环境条件有以下方面：①无阳光直射的室内；②室内环境色调为白色或中性灰色；③以无荧光、无明显定向反射作用的中性白色(浅灰色)纸作为观测背景；④照明光源色温为 4500～5500K，显色指数不低于 90。人员条件是指需要由受过专业训练的宝石评估人员完成操作流程。

观察条件为：宝石距光源 25cm，持握宝石腰围，从台面方向观察宝石冠部，可晃动宝石 30°。

1)颜色分级

一般从色调、彩度两方面开展颜色分级评价。

（1）色调*（Hue）（表8-17）。红宝石色调表示红宝石红、紫红、橙红等颜色的特征。红宝石色调分为红（R）、紫红（PR）、橙红（OR）三个类别。我们一般用"孟赛尔色彩大全-全光泽"标准比色卡进行比色。图8-12～图8-14分别为2.5R、5R、7.5R标准比色卡。色卡中纵坐标表示明度，上端为浅色，下端为深色；横坐标表示彩度，自左至右，由淡至浓。2.5R为紫红系列，5R为正红系列，7.5R为橙红系列。色调在本书其他章节中命名色泽。

表8-17 红宝石色调类别及观测特征

色调类别		肉眼观测特征	色调参考值
红	R	主体颜色为纯正的红色，或带有极轻微的、稍可觉察的紫或橙色调	5R
紫红	PR	主体颜色为红色，带有较易觉察的紫色调	2.5R
橙红	OR	主体颜色为红色，带有较易觉察的橙色调	7.5R

注：引自中国国家标准《红宝石分级》（GB/T 32863—2016），有修改。

图8-12 2.5R标准比色卡

图8-13 5R标准比色卡

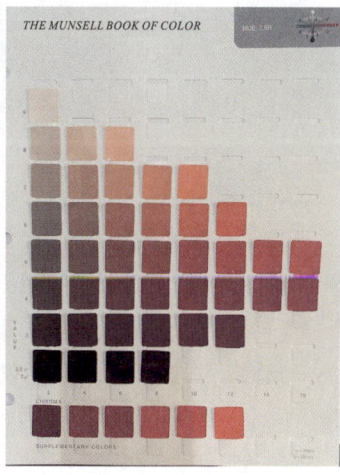
图8-14 7.5R标准比色卡

（2）彩度（Chroma）（表8-18）。彩度是指红宝石颜色的饱和度和明度综合作用后呈现的一种颜色的浓淡效果。根据彩度的差异，可将它划分为四个级别：深红、艳红、浓红、红。

表 8-18 红宝石彩度级别及观测特征

彩度级别		肉眼观测特征	商业名称
深红	deep red	反射光下呈深红—暗红色,颜色浓郁	
艳红	vivid red	反射光下呈鲜艳的红色,颜色浓艳饱满	鸽血红
浓红	intense red	反射光下呈中等浓度红色,颜色浓淡适中	
红	red	反射光下呈浅红色,颜色较浅,仍具有明显的红色调	

注：引自中国国家标准《红宝石分级》(GB/T 32863—2016)，本书已作简化处理。

(3) 颜色描述方法（表 8-19）。一般采用彩度＋色调的方式对红宝石颜色进行描述。如某宝石色调为紫红，彩度为深红，其颜色描述为深紫红。

表 8-19 颜色描述方法

颜色		彩度			
		深红	艳红	浓红	红
色调	红	深红	艳红	浓红	红
	紫红	深紫红	艳紫红	浓紫红	紫红
	橙红	深橙红	艳橙红	浓橙红	橙红

注：引自中国国家标准《红宝石分级》(GB/T 32863—2016)，有修改。

2) 净度分级

我们一般在规定的环境下对红宝石的净度进行级别划分。具体观察内容有红宝石内、外部特征的类型（表 8-20、表 8-21）、大小、多少及所在的位置，以及对宝石美丽程度的影响。

我们一般将红宝石净度级别划分为四级，由高至低依次为极纯净（C_1）、纯净（C_2）、较纯净（C_3）、一般（C_4）（表 8-22）。

表 8-20 红宝石常见内部特征类型

编号	名称	常见内部特征类型	编号	名称	常见内部特征类型
1	点状包裹体	细小天然包裹体	3	晶体包裹体	具有一定晶形的包裹体
2	云状物	朦胧状、无清晰边界的天然包裹体	4	针状物	针状包裹体

续表 8-20

编号	名称	常见内部特征类型	编号	名称	常见内部特征类型
5	管状物	管状包裹体	8	裂纹	内部或由外延伸至内部的裂隙
6	指纹状包裹体	似指纹状的包裹体	9	空洞	大而深的不规则破口
7	圆盘状包裹体	似圆盘状的包裹体			

注：引自中国国家标准《红宝石分级》（GB/T 32863—2016），本书已作简化处理。

表 8-21 红宝石常见外部特征类型

编号	名称	常见外部特征类型	编号	名称	常见外部特征类型
1	表面纹理	天然生长痕迹	4	棱线磨损	棱线上细小的损伤，呈磨毛状
2	抛光纹	抛光不当所致的细密现状痕迹，同一刻面内相互平行	5	破口	表面破损的小口
3	刮痕	表面很细的划伤痕迹			

注：引自中国国家标准《红宝石分级》（GB/T 32863—2016），本书已作简化处理。

表 8-22 红宝石净度级别及观测特征

净度级别		观测特征
极纯净	C_1	在10×放大条件下，不易见内、外部特征，或仅在不明显处有点状物、轻微的外部特征，对整体美丽程度几乎无影响
纯净	C_2	肉眼难见其内、外部特征，宝石内部较为干净，可含少量内、外部特征，对宝石整体美丽程度有轻微影响
较纯净	C_3	肉眼可见宝石内、外部特征，对宝石的美丽程度有一定影响
一般	C_4	肉眼易看到宝石内、外部特征，对宝石的美丽程度有极大影响

注：引自中国国家标准《红宝石分级》（GB/T 32863—2016），本书已作简化处理。

3）火彩分级

火彩是指在转动宝石时，可在冠部观察到的光在宝石内经反射、内反射等作用产生的闪烁现象。根据红宝石火彩占冠部面积的比例及火彩的亮度，可将它划分为四级：极好（B_1）、很好（B_2）、好（B_3）、一般（B_4），见表 8-23。

表 8-23 红宝石火彩级别及观测特征

火彩级别		火彩占冠部面积比例/%	转动观测特征
极好	B_1	>70	火彩非常多,极易观察,整体亮丽、闪烁
很好	B_2	50~70	火彩很多,明显可见,绝大部分亮丽、闪烁
好	B_3	20~50	火彩多,易于观察,大部分亮丽、闪烁
一般	B_4	<20	火彩少或无,不易观察

注:引自中国国家标准《红宝石分级》(GB/T 32863—2016),本书已作简化处理。

4)红宝石的热处理

在红宝石交易时,买卖双方都关心红宝石是否烧过的真实状况,用珠宝鉴定术语表达,即红宝石有否经过热处理。中国国家标准《珠宝玉石 名称》(GB/T 16552—2010)中,对热处理有如下描述:"通过人工控制温度和氧化还原环境等条件,对珠宝玉石进行加热,以改善或改变珠宝玉石颜色、净度和/或特殊光学效应。"并且将"热处理"归入"优化"类别,即在中国大陆开具鉴定证书时,可直接使用珠宝玉石名称,并在相关质量文件中附注具体优化方法。进入 21 世纪,在境外及中国香港等地鉴定机构对"热处理"红宝石开具鉴定证书时,都应予以声明。因为在境外及中国香港珠宝市场,红宝石经热处理后,其交易价格会降低 15%~20%。中国国家标准《红宝石分级》(GB/T 32863—2016)将红宝石热处理列入分级内容中。

根据红宝石有无热处理及热处理残留物的多少,可将它分为五个类别:未经热处理(N)、热处理无残留(H)、热处理少量残留(H_1)、热处理中量残留(H_2)、热处理大量残留(H_3)。红宝石热处理类型示意图见图 8-15(图中展示四个类型),热处理类别及观测特征见表 8-24。

表 8-24 红宝石的热处理类别及观测特征

热处理类别		观测特征
未经热处理	N	无热处理迹象
热处理无残留	H	有热处理迹象,没有残留物存在
热处理少量残留	H_1	有热处理迹象,内部裂隙中有少量残留物,表面特征不明显
热处理中量残留	H_2	有热处理迹象,内部裂隙中有较多残留物,表面裂隙中有较明显的残留物
热处理大量残留	H_3	有热处理迹象,内部裂隙中有很多残留物,表面裂隙和(或)凹坑中有明显的残留物

注:引自中国国家标准《红宝石分级》(GB/T 32863—2016),本书已作简化处理。

5)切工描述

红宝石的切工是指红宝石刻面宝石的比例及修饰度。红宝石的切工比例包含两个方面的内容。

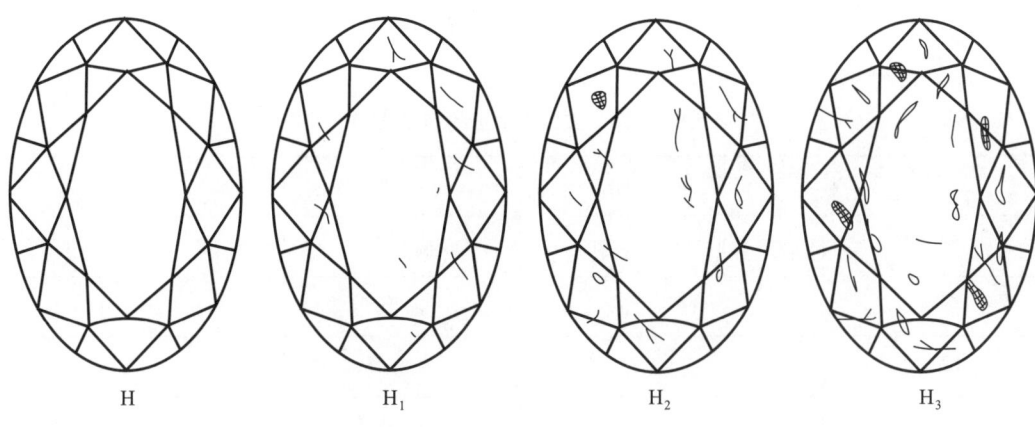

图 8-15 红宝石的热处理类型

(1)常见红宝石切工类型(图 8-16)。切工类型,在本书其他章节也称切工琢型。常见红宝石切工类型有九种,分别为垫形、椭圆形、梨形、心形、圆形、三角形、马眼形、祖母绿型、公主方形。

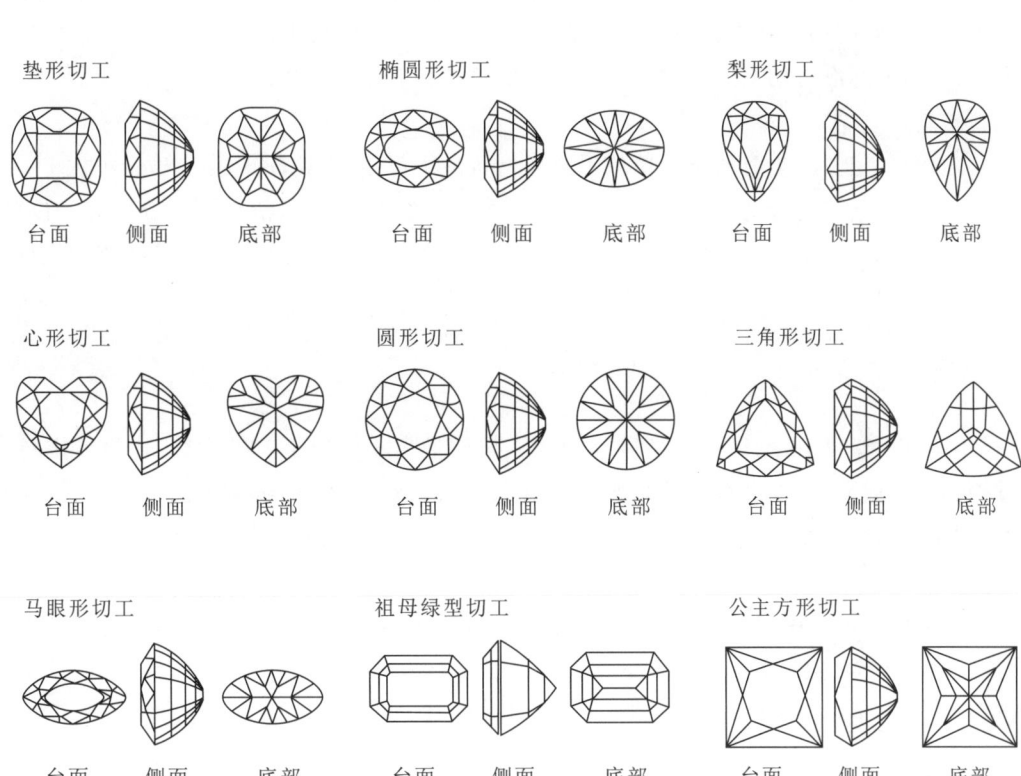

图 8-16 常见红宝石切工类型

(2)常见红宝石切工类型的切工比例(表 8-25)。它是指红宝石各切工类型的长轴、短轴、冠高、亭深、全深等各部分尺寸及相互之间的比例。

表 8-25 红宝石常见的切工比例

形状	常见长短轴比	形状	常见长短轴比
垫形	1.1∶1～1.2∶1	椭圆形	1.33∶1～1.66∶1
梨形	1.5∶1～1.75∶1	心形	0.9∶1～1.15∶1
圆形	1∶1	三角形	1∶1
马眼形	1.75∶1～2.25∶1	祖母绿型	1.5∶1～1.75∶1
公主方形	1∶1		

红宝石的修饰度是指红宝石的对称性、抛光等方面。其影响因素为:①正、侧面轮廓对称偏差;②台面偏心;③底尖偏心;④亭部膨胀;⑤刻面畸形;⑥刻面尖点不尖;⑦抛光程度。

由于红宝石的切工在红宝石价值评估中所占的贡献份额较少,一些参数判断以描述性为主,因而国家标准对切工的要求只是进行了实事求是的原意描述。

6)质量

(1)质量单位。红宝石的质量单位为克(g),贸易中可用"克拉(ct)"作为质量单位。

(2)质量称量。用分度值不大于 0.000 1g 的天平称量,数值保留至小数点后第三位,换算为克拉质量时,保留小数点后第二位。如某红宝石在天平上称量为 1.452g,换算成克拉质量为 7.26ct。换算单位时应遵守数值修约原则。

二、红宝石估价

红宝石市场价格根据红宝石品质等级及克拉质量大小来确定。极优级、优级红宝石常通过拍卖方式成交,市场上常见的是级别为好和一般的红宝石,价格在人民币几千元/ct 至几万元/ct 之间。表 8-26 列出了 2020 年 11 月香港秋季拍卖会上部分红宝石、蓝宝石首饰的拍卖成交价。

读者可以通过表中内容对优质、极优质红宝石的价格定位有所了解。通过观察世界珠宝市场可知,优质、极优质红宝石价格有一定程度的上扬空间。此外,中国香港、泰国等东南亚市场上,在红宝石交易时,要求表明是否经过热处理。经热处理的天然红宝石,其价格要下降 15%～20%。

表 8-26 2020 年 11 月部分红宝石、蓝宝石首饰香港秋季拍卖成交价

名称	质量	琢型	拍卖成交价 单位/港元	地点	证书
缅甸天然鸽血红红宝石钻戒	红宝石:11.88ct	椭圆形	578 579	中国香港	/
缅甸天然鸽血红红宝石钻戒/吊坠（未经加热处理）	红宝石:3.03ct	椭圆形	1 000 000	中国香港	SSEF Gubelin
缅甸天然红宝石钻戒（未经加热处理）	红宝石:4.05ct	椭圆形	400 000	中国香港	SSEF Gubelin
缅甸天然红宝石钻戒（经加热处理）	红宝石共:4.72ct	祖母绿型	812 500	中国香港	Gubelin
缅甸天然红宝石钻戒（未经加热处理）	红宝石:10.01ct	心形	1 000 000	中国香港	Gubelin
缅甸天然鸽血红红宝石钻石手镯/胸针（未经加热处理）	红宝石共:3.374ct	椭圆形	812 500	中国香港	SSEF
缅甸天然鸽血红红宝石钻戒（未经加热处理）	红宝石:3.18ct	椭圆形	1 375 000	中国香港	SSEF
缅甸天然红宝石（未经加热处理）	红宝石:2.33ct	椭圆形	250 000	中国香港	SSEF
斯里兰卡天然蓝宝石钻戒（未经加热处理）	蓝宝石:27.13ct	垫形	900 000	中国香港	SSEF
斯里兰卡天然蓝宝石钻戒（无加热迹象）	蓝宝石:12.10ct	椭圆形	500 000	中国香港	/
缅甸蓝宝石钻戒（未经加热处理）	蓝宝石:11.16ct	祖母绿型	2 375 000	中国香港	SSEF Gubelin
斯里兰卡蓝宝石钻戒（未经加热处理）	蓝宝石:13.52ct	椭圆形	225 000	中国香港	Gubelin

第四节 琥珀饰品评估

琥珀作为有机宝石大家族中的重要一员,以其瑰丽的颜色、温润细腻的质感和悠久的历史文化价值一直受到爱好者的追捧。随着现代开采技术的提高,琥珀不再是稀有宝石。目前,琥珀主要用于制造串珠、念珠、挂件以及镶嵌类饰品和雕刻件等。琥珀饰品分为两类:琥珀镶嵌饰品和琥珀未镶嵌饰品(图 8-17)。琥珀未镶嵌饰品又分为两类:雕刻类琥珀未镶嵌饰品(简称雕刻类饰品)、未雕刻类琥珀未镶嵌饰品(简称未雕刻类饰品)。

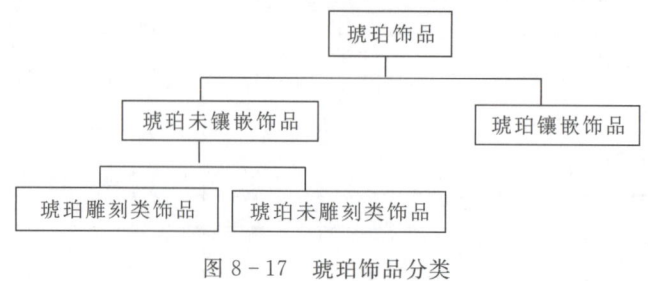

图 8-17 琥珀饰品分类

常见的琥珀镶嵌饰品有戒指(图 8-18)、挂件(图 8-19)、耳饰(图 8-20)等。常见的雕刻类饰品有雕件、摆件等(图 8-21~图 8-23)。

图 8-18 琥珀戒指

图 8-19 琥珀挂件

图 8-20 琥珀耳饰

图 8-21 琥珀雕件

图 8-22 琥珀摆件

图 8-23 琥珀手把件

常见的未雕刻类饰品有手镯(图 8-24)、挂件(图 8-25)、佛珠(图 8-26)、手链等。

图 8-24　琥珀手镯

图 8-25　琥珀挂件

图 8-26　琥珀佛珠

一般来说,琥珀饰品评估分两个步骤进行。步骤一,琥珀饰品品质评估;步骤二,琥珀饰品价值评估。每一个步骤都有三个层面评估内容:琥珀材质、饰品设计及制作、文化内涵和无形价值。

一、饰品概况

1. 琥珀的概念

中国国家标准《琥珀　鉴定与分类》(GB/T 37460—2019)琥珀定义为:由松杉纲松杉目(松科、柏科、杉科、南洋杉科)和双子叶植物纲蔷薇目(豆科)等植物分泌的树脂石化而成,具有美观、耐久、稀少性,可加工成饰品的石化树脂。

定义中明确指出了琥珀是石化的天然植物树脂,是由数千万年前裸子植物的树脂和被子植物所产生的树胶,经地质作用埋藏于地下,发生聚合反应,先形成半成熟的石化树脂(柯巴树脂)再经过进一步的地质作用及化学反应,最终形成的成熟的石化树脂。

2. 琥珀的品种分类

琥珀品种可按透明度、颜色、植物学、外观和荧光、包裹体五个方面进行分类。

(1)按透明度分类。琥珀可分为琥珀、蜜蜡两类。通体透明者为琥珀,半透明—不透明者为蜜蜡(根珀除外),同时存在部分透明和部分不透明的品种,被称为金绞蜜、金包蜜等。

(2)按颜色分类。琥珀在日光下观察,可分为黄色系、红色系、棕色系三类。还有其他特殊颜色品种,如白蜜、绿珀等。在荧光及深色背景下观察琥珀,可见蓝珀。

(3)按植物学分类。市场上常见琥珀可分为松科类、南洋杉科类和豆科类三类。

(4)按外观和荧光分类,可分为八个琥珀品种,分别是金珀、血珀、棕珀、茶珀、蓝珀、根珀、花珀和蜜蜡。

(5)按包裹体分类,可分为四个琥珀品种,分别是虫珀、植物珀、水胆珀和矿物珀。

· 145 ·

3. 琥珀的产地

当前琥珀主要产地为波罗的海、多米尼加、墨西哥、缅甸及中国抚顺等。

4. 琥珀的常见品种

本书依据中国国家标准《琥珀 鉴定与分类》(GB/T 37460—2019),介绍 12 个琥珀的常见品种。

1)金珀

金珀呈黄—金黄色,透明(图 8-27)。常见产地为波罗的海、多米尼加、墨西哥、缅甸、中国抚顺。

2)血珀

血珀呈红—褐红色,缅甸血珀多为透明(图 8-28),其他产地血珀为透明—半透明,紫外光下可见褐黄色或褐黄绿色荧光。常见产地为波罗的海、多米尼加、墨西哥、缅甸、中国抚顺。

图 8-27 波罗的海金珀   图 8-28 缅甸血珀

3)棕珀

棕珀呈棕色、棕黄—棕黑色,透明—微透明(图 8-29~图 8-31)。缅甸棕珀多具棕色流动纹。常见产地为缅甸、中国抚顺。

图 8-29 缅甸棕珀   图 8-30 波罗的海棕珀   图 8-31 中国抚顺棕珀

4）茶珀

茶珀呈橙红—褐红色、褐黄色、褐绿—褐色（图8-32），透明，紫外光下，橙红—褐红色者可见蓝—蓝紫色荧光，褐黄色、褐绿—褐色者可见粉—紫红色、黄—黄绿色、蓝—蓝紫色荧光。常见产地为缅甸。

5）蓝珀

透视观察时蓝珀可呈黄、黄绿、棕黄、棕红等色，自然光下表面呈不同色调的蓝色或蓝绿色（图8-33、图8-34）。常见产地有多米尼加、墨西哥、缅甸。

图8-32 缅甸茶珀　　　　　图8-33 多米尼加蓝珀　　　　　图8-34 墨西哥蓝珀

6）蜜蜡

蜜蜡呈白—浅黄白色、黄—棕黄色、褐色，半透明—不透明，由细小气泡群或其他细小包体组成独特花纹外观（图8-35）。常见产地为波罗的海、多米尼加、墨西哥、缅甸、中国抚顺。

7）根珀

根珀呈灰白色、灰褐—浅褐色，偶见灰蓝色，不透明，由微晶方解石等矿物包体形成独特花纹外观（图8-36）。常见产地为缅甸。

图8-35 波罗的海蜜蜡　　　　　图8-36 缅甸根珀

8）花珀

花珀可呈黄—褐黄色、红—褐红色，透明—半透明，具盘状、片状炸裂纹包裹体（或称"太阳光芒""睡莲叶")。由白色、棕黄色、黑色交杂的花珀,呈半透明—不透明,由煤等杂质包体形成独特花纹外观(图 8-37)。常见产地为中国抚顺、波罗的海。

9)虫珀

虫珀呈透明—微透明,包含完整的昆虫个体或部分残肢(图 8-38)。常见产地为波罗的海、多米尼加、墨西哥、缅甸、中国抚顺。

图 8-37 波罗的海花珀

图 8-38 虫珀

10)植物珀

植物珀呈透明—微透明,包含花、叶、根、茎、种子等(图 8-39)。常见产地为波罗的海、多米尼加、墨西哥、缅甸、中国抚顺。

11)水胆珀

水胆珀呈透明—微透明,包含"水胆",即肉眼可见的气液包裹体(图 8-40)。常见产地为波罗的海、多米尼加、墨西哥、缅甸、中国抚顺。

12)矿物珀

矿物珀呈透明—微透明,包含有形态、肉眼可见的矿物(图 8-41)。常见产地为波罗的海、多米尼加、墨西哥、缅甸、中国抚顺。

图 8-39 植物珀(内含种子)

图 8-40 水胆珀

图 8-41 矿物珀(含煤)

5. 市场上琥珀的相似品种

琥珀成分相对复杂,其物理参数变化范围较大,按照成因可将市场上琥珀的相似品种分为天然相似品种和人工仿制品种。

1)天然相似品种

相关资料显示,与琥珀相似的天然品种有松香和柯巴树脂。

(1)松香是指一种松脂,可从多种松树中获得,特别是产于美国东南部的长叶松、古巴松和火炬松,也可从世界各地类似松树的树种中获得。在这些树身上割出口子后产生的高黏度分泌物称作松脂精。以富含松脂的松树为原料,通过不同的加工方式得到的非挥发性的天然树脂称作松香(图 8-42)。

 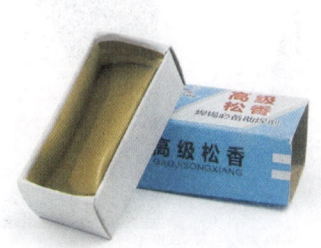

图 8-42　松香

(2)柯巴树脂是指一种经过聚合作用半石化的硬树脂。天然树脂凝结变硬后埋藏在地下,经过几百万年至上千万年的聚合作用和脱挥发分作用,形成柯巴树脂(图 8-43~图 8-45)。

图 8-43　婆罗洲柯巴树脂　　　图 8-44　绿柯巴树脂　　　图 8-45　新西兰柯巴树脂

2)人工仿制品种

人工仿制品种主要有两种:塑料和马丽散。

（1）塑料是指以单体为原料，通过加聚或缩聚等反应聚合而成的高分子化合物。塑料的主要成分是树脂，另外还有填料、增塑剂、稳定剂、润滑剂、色料等添加剂。树脂是指尚未和各种添加剂混合的高分子化合物，由动植物分泌出的脂质而得名，如松香等。树脂质量占塑料总质量的40%~100%，树脂在塑料总质量中的占比决定着塑料的主要性质，当然添加剂也起重要作用。一些不法商人在仿琥珀塑料中常加入死昆虫，以提高其价格，放入的死昆虫呈蜷曲状，而非琥珀中昆虫被树脂捕获时的挣扎状，易于鉴别。此外，塑料中常含金属催化剂，因而人工仿制品中可见到金属小片的闪光（图8-46、图8-47）。

（2）马丽散是一种微孔聚氨酯材料，主要应用于工业，通常被注入煤岩层中，可沿煤岩层裂隙充填。市场上仿琥珀的塑料有相当一部分是马丽散（图8-48）。

图8-46　仿"虫珀"塑料　　　　图8-47　仿"蜜蜡"塑料　　　　图8-48　马丽散（表面有煤皮）

6. 琥珀的优化处理方式

1）优化

优化是指使用传统的、被人们广泛接受的、能够使琥珀潜在的美显现出来的一种优化处理方式。目前常见的有三种处理方式：烤色、热处理和覆无色膜。

（1）烤色。通过控制气氛并采用多次加温加压处理使琥珀或者蜜蜡的表面产生氧化层，从而达到改变其颜色的目的。经烤色的琥珀呈绿色或其他稀少的颜色，如"老蜜蜡"（图8-49）。

（2）热处理。热处理可加深琥珀表面颜色，或使琥珀内部产生片状炸裂纹，通常称为"睡莲叶"或"太阳光芒"（图8-50）。热处理还可提高琥珀的透明度。

（3）覆无色膜。覆无色膜是指使用无色人工树脂附着在琥珀成品或原石的表面，增加琥珀表面光泽和改善琥珀的耐磨度（图8-51）。放大检查可见表面光泽异常且有凸起的小颗粒点，局部可见薄膜脱落现象。

图8-49　烤色蜜蜡（表面颜色较深）

图8-50 爆花琥珀

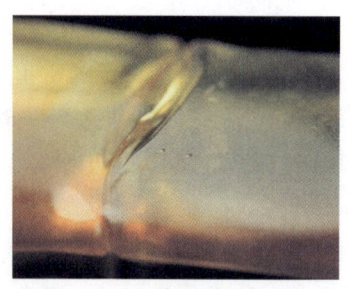
图8-51 覆无色膜琥珀(表面气泡)

我国现行国家标准将以上三种处理方式归类为优化方式。对于以上处理方式,在鉴定证书的定名中可以不予体现,也可在备注中注明。

2)处理

处理是指使用非传统的、尚不被人们广泛接受的、能够使琥珀潜在的美显现出来的处理方式。目前常见的有以下五种处理方式:再造、覆有色膜、填充、染色、辐照处理。

(1)再造。再造是指将一些块度过小且不能直接用来制作首饰的琥珀,在适当的温度、压力下烧结,形成较大块琥珀,也称作压制琥珀(图8-52)。

(2)覆有色膜。覆有色膜是指将有色人工树脂附着在琥珀成品或原石的表面,改变琥珀的原有色调(图8-53)。在放大检查覆有色膜琥珀时,可见颜色分布不均匀,多在裂隙间或表面凹陷处富集,局部可见薄膜脱落现象,有色膜层与主体琥珀之间无颜色过渡。

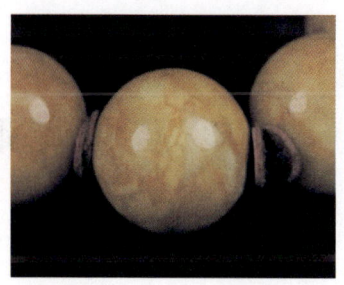
图8-52 再造蜜蜡

图8-53 覆有色膜蜜蜡

(3)填充。填充是指使用和琥珀折射率相近的人工材料对琥珀的缺陷(裂隙、孔洞、凹坑等)处进行充填,以达到改善外观和增加牢固度的目的。在放大检查时可见充填部分表面光泽与主体宝石有差异,充填处可见气泡;在长、短波紫外光下,充填部分荧光多与主体宝石有差异;用红外光谱测试可见充填物特征红外吸收谱带;通过发光图像分析(如用紫外荧光观察仪分析等)可观察到充填物分布状态。

（4）染色。染色是指通过使用有机或无机染料的着色来达到改变琥珀颜色的处理手段。在放大检查时可见颜色分布不均匀，多在裂隙间或表面凹陷处富集；在长、短波紫外光下，染料可呈现特殊荧光；用丙酮或无水乙醇等溶剂擦拭可掉色。

（5）辐照处理。琥珀经辐照可变为橙红等色，不易检测（图8-54）。

图8-54 辐照改色琥珀

我国现行国家标准将上述五种琥珀处理方法归类为处理方式，并规定必须在鉴定证书的定名中予以表明。

二、琥珀饰品品质评价

由《琥珀宝石学》中的观点可知，琥珀饰品的评价要素主要由颜色、净度、加工工艺与质量组成。

1. 颜色

颜色的评价要素由色调、明度和饱和度三个因素组成。

（1）色调。表示琥珀黄色、红色等颜色的特性，通常主要分为黄、橙黄、褐黄、绿黄、红、橙红、紫红七类。具体类别见表8-27。

表8-27 琥珀色调类别及观测特征

色调类别		肉眼观测特征
黄	Y	样品主体颜色为纯正的黄色或黄色中带有极轻微的、稍可察觉的橙色、褐色、绿色色调，但不影响黄色的整体视觉表现
橙黄	OY	样品主体颜色为黄色，带有较易察觉的橙色色调
褐黄	BY	样品主体颜色为黄色，带有较易察觉的褐色色调
绿黄	GY	样品主体颜色为黄色，带有较易察觉的绿色色调
红	R	样品主体颜色为纯正的红色，或红色中带有极轻微的、稍可察觉的橙色、褐色色调，但不影响红色的整体视觉表现
橙红	OR	样品主体颜色为红色，带有较易察觉的橙色色调
紫红	PR	样品主体颜色为红色，带有较易察觉的紫色色调

(2)明度。颜色的明暗程度。琥珀的明度可以分为明亮、较明亮、过明亮三个级别,具体级别见表8-28。

表8-28 琥珀明度级别及观测特征

明度级别		肉眼观测特征
明亮	B1	颜色鲜艳明亮,基本察觉不到灰度和白度
较明亮	B2	颜色稍暗,能察觉到一定的灰度
过明亮	B3	颜色稍浅,能察觉到一定的白度

(3)饱和度。表示琥珀颜色的浓淡程度,可以分为浓、艳、中、淡四级,具体级别见表8-29。

表8-29 琥珀饱和度级别及观测特征

饱和度级别		肉眼观测特征
浓	L1	颜色鲜艳浓郁,饱满厚重
艳	L2	颜色艳丽
中	L3	颜色纯净,浓淡适中
淡	L4	颜色较淡

2. 净度

净度是指宝石内部原有的缺陷以及宝石加工时造成的损伤。净度分级是指在肉眼观察下,对琥珀的内部和外部特征进行等级划分。琥珀净度可分为三个级别:Ⅰ级、Ⅱ级、Ⅲ级,具体级别见表8-30。

表8-30 琥珀净度级别及观测特征

净度级别		肉眼观测特征
Ⅰ级	C1	肉眼难见琥珀的内、外部特征
Ⅱ级	C2	肉眼可见琥珀的内、外部特征,对整体美丽程度有一定影响
Ⅲ级	C3	肉眼容易见到琥珀的内、外部特征,对琥珀的美丽程度有明显影响

3. 加工工艺

琥珀饰品主要分为未雕刻类饰品、雕刻类饰品和镶嵌类饰品三类。琥珀加工工艺评价是指通过对琥珀类产品的表观描述进行品质评价，以定性评价成分居多，以评估人员的经验和阅历为主导。

1）未雕刻类饰品的加工品质评价要素

（1）挂件（把玩件）类：水滴形、椭圆形、方形（长方形、正方形及其他多边形）、圆扣形（圆形鱼眼扣）、心形等形态。

（2）手镯类：扁条形手镯、椭圆形手镯（贵妃镯）。

（3）串珠类：手串、佛珠。

2）评价要素

（1）长、宽、厚比例（协调）。

（2）轮廓形态（标准）。

（3）弧度（对称、饱满）。

（4）抛磨面光洁度（精良）。

（5）光亮度（均匀）。

（6）有无砂坑、划痕。

2）雕刻类饰品的加工品质评价要素

A. 常见类别

常见类别有琥珀挂件（把玩件）、琥珀摆件。这类挂件、摆件的外观形态各异，造型上可分为人物、花鸟、瑞兽、景物、器皿等类别。

B. 评价要素

（1）造型（雕琢准确，比例协调）。

（2）线条（平滑流畅，粗细、深浅有序）。

（3）平面、弧面（起伏有致，无波浪面或其他雕刻瑕疵）。

（4）抛磨面光洁度、光亮度（精良）。

（5）磨砂面（得当、均匀）。

3）镶嵌类饰品的加工品质评价要素

A. 常见类别

常见类别有戒托、吊坠托、耳托等，主要材质为贵金属（如铂金、黄金、K黄金、925银等），也使用其他材料进行镶嵌（如小叶紫檀等）。

B. 评价要素

（1）主题（突出）、造型（美观）。

(2)牢固度(镶石牢固美观)。
(3)表面光洁度(无加工痕迹,无砂眼、毛刺,边棱尖角处光滑)。
(4)焊接(牢固,无虚焊,漏焊,焊缝细密均匀)。
(5)抛光亮度(达到镜面效果)。
(6)印记(齐全、正确、清晰、位置适当)。

4)琥珀饰品加工品质等级评价

琥珀饰品加工品质等级评价分为极优、优、中、一般、差五个级别,见表8-31。

表8-31 琥珀饰品加工品质等级评价表

级别	划分标准		
	未雕刻类饰品	雕刻类饰品	镶嵌类饰品
极优	满足"未雕刻类饰品的加工品质评价要素"中规定的六项评价要素	满足"雕刻类饰品的加工品质评价要素"中规定的五项评价要素	满足"镶嵌类饰品的加工品质评价要素"中规定的六项评价要素
优	满足"未雕刻类饰品的加工品质评价要素"中规定的任意五项评价要素	满足"雕刻类饰品的加工品质评价要素"中规定的任意四项评价要素	满足"镶嵌类饰品的加工品质评价要素"中规定的任意五项评价要素
中	满足"未雕刻类饰品的加工品质评价要素"中规定的任意三至四项评价要素	满足"雕刻类饰品的加工品质评价要素"中规定的任意三项评价要素	满足"镶嵌类饰品的加工品质评价要素"中规定的任意三至四项评价要素
一般	满足"未雕刻类饰品的加工品质评价要素"中规定的任意一至两项评价要素	满足"雕刻类饰品的加工品质评价要素"中规定的任意一至两项评价要素	满足"镶嵌类饰品的加工品质评价要素"中规定的任意一至两项评价要素
差	不满足"未雕刻类饰品的加工品质评价要素"中规定的任意一项评价要素	不满足"雕刻类饰品的加工品质评价要素"中规定的任意一项评价要素	不满足"镶嵌类饰品的加工品质评价要素"中规定的任意一项评价要素

4. 质量

在其他评价要素相同的情况下,质量越大,品质评价级别越高。琥珀饰品的质量(m)划分同琥珀原料的划分基本一致,大致划分为以下六个区间:①$m \leq 5g$;②$5g < m \leq 10g$;③$10g < m \leq 20g$;④$20g < m \leq 50g$;⑤$50g < m \leq 100g$;⑥$m > 100g$。

在琥珀的贸易中,未雕刻饰品通常以质量为计价单位(串珠类饰品以珠径为计价单位),雕刻类饰品和镶嵌饰品以件为计价单位。

5. 琥珀饰品整体品质评价

琥珀饰品整体品质评价根据饰品的品质优劣将琥珀饰品分为四级,具体为极优、优良、中等、一般(表8-32)。

表 8-32 琥珀饰品整体评价

评价级别	颜色	净度	工艺	质量
极优	色正,很明亮,饱和度艳	C_1	极优	含特大直径的圆珠(一般大于30mm)、雕工精美、大块度的琥珀摆件、雕件
优	色较正,较明亮,饱和度浓	C_1	优	含大直径的圆珠(20～30mm)、雕工优良、块度中等的琥珀摆件、雕件;尺寸较大、轮廓形态标准的戒面
中等	色略偏,尚明亮,饱和度中等	C_2	中	珠径较大(10～20mm)、雕工中等、块度较小的雕件;尺寸中等、轮廓形态较标准的戒面
一般	色偏,不明亮,饱和度淡	C_3	一般、差	珠径中等(5～10mm)、雕工一般、块度小的挂件;圆度不均匀的项链或手链

三、琥珀饰品的价值评估

琥珀饰品的价值评估是在饰品品质评价的基础上进行的,一般品质优良的琥珀饰品价值相对较高,品质一般的琥珀饰品价值相对较低。

价值评估通常分两步骤进行,步骤一是对琥珀饰品进行价值特征分析,步骤二是计算出琥珀饰品的价值。

1. 分析价值特征

按琥珀饰品分类,可分三种类型分析价值特征。

1)未雕刻类饰品的价值特征

(1)原材料的价值(包括琥珀原材料和辅助配件原材料)。

(2)饰品加工工艺的价值。在未雕刻饰品中,通常琥珀原料的价值大于加工费用,人们往往会选择价值比较低廉的编织线、丝线、弹力线等作为辅助配件,有时也会搭配玉石类的配珠,如南红玛瑙、绿松石、青金石等,但是这类饰品的总体价值不高。会提升琥珀饰品附加价值的附属物有:①特殊的内含物。琥珀在形成的过程中会将史前的动植物进行包裹而形成其独特的内含物。这些包裹动植物中有的相当稀有,具有很高的科考价值和收藏价值。②特殊图案。有些琥珀在表面会形成特殊的花纹,如象形图案、文字图案等,深受爱好者的追捧。

对于珠串类的琥珀,其珠粒的直径大小和质量相关,通常琥珀珠串的珠粒直径在5~10mm之间。珠粒直径在5mm以下的珠串类琥珀,价格较低,相当于粒珠直径为5~10mm珠串类琥珀价格的20%;粒珠直径为10~15mm珠串类琥珀价格相当于粒珠直径为5~10mm珠串类琥珀价格的150%;粒珠直径为20mm珠串类琥珀价格则相当于粒珠直径为5~10mm珠串类琥珀价格的200%。

总之,未雕刻类琥珀饰品的价值特征是:琥珀原料的价值对品质评估的贡献率最大。

2)雕刻类饰品的价值特征

(1)原材料的价值(包括琥珀原材料和辅助配件材料)。

(2)雕刻设计理念、艺术风格及文化内涵。

(3)雕刻工艺的价值。通常情况下,雕刻类琥珀饰品中原料的价值大于雕刻设计费用,但是也有一些工艺师习惯用一些相对较差的原料进行工艺创作,这时创意作品的设计制作费用要高于原料本身的价值。就一件好的琥珀艺术品而言,其相应的辅助配件也需要按设计理念进行定制。辅助配件的材质通常有贵金属、木材、石材等,可进一步提高作品的整体艺术价值。因而,雕刻类琥珀饰品的价值特征是:琥珀原料的价值和设计、制作、文化的价值对品质评估的贡献率同等重要。

3)镶嵌类饰品的价值特征

(1)原材料的价值。

(2)首饰设计理念、艺术风格及文化内涵。

(3)饰品加工工艺的价值。

(4)饰品辅助配件的价值。

镶嵌类琥珀饰品的原料块度不大且价值较低,设计和加工费用相对较高,其贵金属的托架和配石的价值由具体的材质而定,通常情况下原料的价值比其他三项的价值总和低。

在镶嵌类琥珀饰品的价值特征中,设计、制作、文化的价值贡献率最大。

2. 计算琥珀饰品价值

1)选择评估方法

琥珀饰品的评估方法有两种,第一种为成本法,第二种为市场法。

目前一般采用成本法对市场流通的琥珀饰品进行评估,先根据饰品类型进行分析,再对其相对应的价值特征逐条进行评估。

有些琥珀饰品由于制作年代久远或被历代帝王和名人收藏而具有极高的历史价值。我们不宜采用成本法对琥珀进行评估,而应采用市场法(参考以往的拍卖纪录)进行评估。

图8-55～图8-57为历年苏富比拍卖的琥珀饰品。

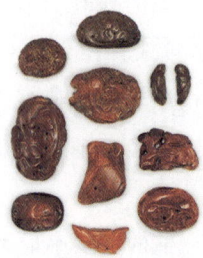
图8-55 辽-金琥珀配饰(11件)
(成交价:44 100港元)

图8-56 清代金珀圆珠手串
(成交价:40 320港元)

图8-57 清代琥珀鼻烟壶
(成交价:40 000港元)

2)选择合适的信息市场

合适的信息市场有琥珀的拍卖市场、批发市场、零售市场。

3)综合分析并确定价值

在上述几个步骤完成以后,我们可对已得到的资料进行综合考量,得出最终评估结论。

思考题

1. 请简述宝石饰品中宝石颜色品质分级四个品质因子的作用。
2. 请简述宝石饰品净度品质分级标准。
3. 请简述宝石饰品价值特征的分析思路。
4. 请简述宝石饰品的价值评估内容。
5. 请简述国家标准《红宝石分级》(GB/T 32863—2016)中,红宝石颜色的描述方法。

6. 请简述国家标准《琥珀 鉴定与分类》(GB/T 37460—2019)中关于琥珀品种的内容。
7. 请简述琥珀相似品种的种类。
8. 请简述琥珀未雕刻类饰品的加工品质评价要素。
9. 请简述镶嵌类琥珀饰品的价值特征。
10. 请简述一串清代金珀圆珠手串的评估方法。

第九章 玉器评估

玉石的原石在人类尚未进化以前已经形成,具有长达几亿年的历史。原石多埋藏在地壳之下,偶尔出现在河边沙滩上。

玉器是人类雕琢的玉石成品。人们通过对从古墓、遗址挖掘出来的玉器中研究了解到,人类使用玉器已有7000多年历史。玉器有古玉与今玉之分,本章主要讨论今玉的评估。

第一节 概述

一、玉石的概念

根据中国国家标准《珠宝玉石 名称》(GB/T 16552—2017)可知,天然玉石是指由自然界产出,具有美观、耐久、稀少性和工艺价值的矿物集合体,少数为非晶质体。

1. 命名要点

(1)可直接使用天然玉石基本名称或其矿物(岩石)名称,在天然矿物或岩石名称后可附加"玉"字,无需加"天然"二字,"天然玻璃"除外,如石英岩玉、钠长石玉等。

(2)不能以雕琢形状定名天然玉石,如玉观音、玉佛等不可用。

(3)不能单独使用"玉"或"玉石"直接代替具体的天然玉石名称。

(4)国家标准附表中列出的带有地名的天然玉石基本名称,不具有产地含义。如和田玉(图9-1)、岫玉、独山玉、蓝田玉、青田石等仅是玉石的专有概念,与产地并无关联。

图9-1 和田玉籽料(一)

(图片由王鹏提供)

《珠宝玉石 名称》(GB/T 16552—2017)中列出的35种玉石名称如表9-1所示。

表 9-1 天然玉石名称

序号	天然玉石名称	序号	天然玉石名称
1	翡翠	19	白云石
2	软玉（和田玉、白玉、青白玉、青玉、碧玉、墨玉、糖玉、黄玉）	20	萤石
3	欧泊（白欧泊、黑欧泊、火欧泊）	21	水钙铝榴石
4	石英质玉（石英岩玉、玉髓（玛瑙/碧石）、硅化玉（木变石/硅化木/硅化珊瑚））	22	滑石
5	蛇纹石（岫玉）	23	硅硼钙石
6	独山玉	24	羟硅硼钙石
7	查罗石	25	方钠石
8	钠长石玉	26	赤铁矿
9	蔷薇辉石	27	天然玻璃（黑曜岩、玻璃陨石）
10	阳起石	28	鸡血石
11	绿松石	29	黏土矿物质玉（寿山石、青田石、巴林石、昌化石）
12	青金石	30	水镁石
13	孔雀石	31	苏纪石
14	硅孔雀石	32	异极矿
15	葡萄石	33	云母质玉（白云母、锂云母）
16	大理石（汉白玉、蓝田玉）	34	针钠钙石
17	菱锌矿	35	绿泥石
18	菱锰矿		

2. 补充说明

（1）在现实珠宝市场中，部分商家常常将白玉和翡翠称为玉，并认为其他的玉石都不能称作玉。这种说法以偏概全。

（2）法国矿物学家多玛（Damour）于1863年研究了从中国采集的玉，发现中国玉分别由两种不同矿物集合体组成：一种为闪石类矿物，具有双链状硅酸盐结构的透闪石，称为软玉；另一种为辉石类矿物，具有单链状硅酸盐结构的钠铝辉石，称为硬玉。多玛认为：玉是由硬玉或软玉组成的多晶集合体，具有紧密的结构和坚韧的物理性质。

（3）从市场供求、历史传承、文化典故以及价格定位诸方面看，白玉和翡翠都是玉石中的佼佼者，因而受到商家的推崇。

由国家标准《珠宝玉石 名称》(GB/T 16552—2017)可知,表9-1列出的玉石都可命名为"玉",其中白玉和翡翠是众多玉中最受市场欢迎的品种。

二、玉器的概念

玉器是指用玉石琢磨而成的各种器物,包括各种人身饰物、手中玩物、室内陈设品。玉器名称由来已久,被称作"玉雕"。"玉不琢,不成器",玉石没有文化作为依托,就是一块普通的石头,只有给玉石赋予文化内涵,进行玉石设计、琢磨、制作,才能成为有灵性的玉器。在玉器艺术的发展过程中,玉的五德学说①赋予了玉器艺术较深刻的文化内涵。在朝代更迭的历史洪流中,玉器艺术的发展虽历经兴衰却从未间断,始终保持着连贯性、承继性。

第二节 现代白玉玉器评估

现代白玉玉器是指1949年中华人民共和国成立以来制作的玉器,又称玉雕制品或玉雕件。

现代白玉玉器的评估在古玉玉器评估基础上,经历了70多年的磨练,我国玉器评估专家对此已经有相当成熟的经验。改革开放以后,中国珠宝玉石首饰行业协会推出的"天工奖"、上海宝玉石行业协会推出的"玉龙奖"(图9-2)都为玉器评估知识体系的完善打下了坚实的基础。

识玉专家钱振峰对白玉艺术作品提出评价三原则:玉石材料的完善利用、雕刻技能的精湛演绎、艺术神韵的巧妙传递。

上海玉石雕刻大师、雕玉青年艺术家游高轩认为一件成功的玉雕作品主要看两个方面:一是形式,作品的外在表现要做到布局合理、细节到位;二是内涵,即作品表述的文化内容和引申的精神含义。一件好的玉雕作品一定是形式上能够令人赏心悦目,内容上能够打动人心。

纵观玉雕大师的经验及识玉、赏玉专家的见解,笔者将现代白玉玉器完整评估归纳为以下三

图9-2 和田玉摆件《灵猴献寿》
(第四届上海"玉龙奖"获奖作品)

---

① 详见《说文解字》。

个方面的研究方向:①玉器材质评估;②玉器工艺制作水平评估;③玉器设计理念、艺术风格及文化内涵评估。

一、玉器材质评估

1. 白玉玉器材质评估

白玉系软玉矿物中的一员。软玉是由透闪石-阳起石类质同象系列的矿物组成的矿物集合体。白玉主要由透闪石矿物组成,其含量可达97%以上。其折射率为1.606~1.632(+0.009,−0.006),用点测法测得的折射率为1.60~1.61。其相对密度为2.90~3.10。图9-3为软玉红外光谱反射法图谱。图谱确定性地表征软玉的透闪石矿物相。

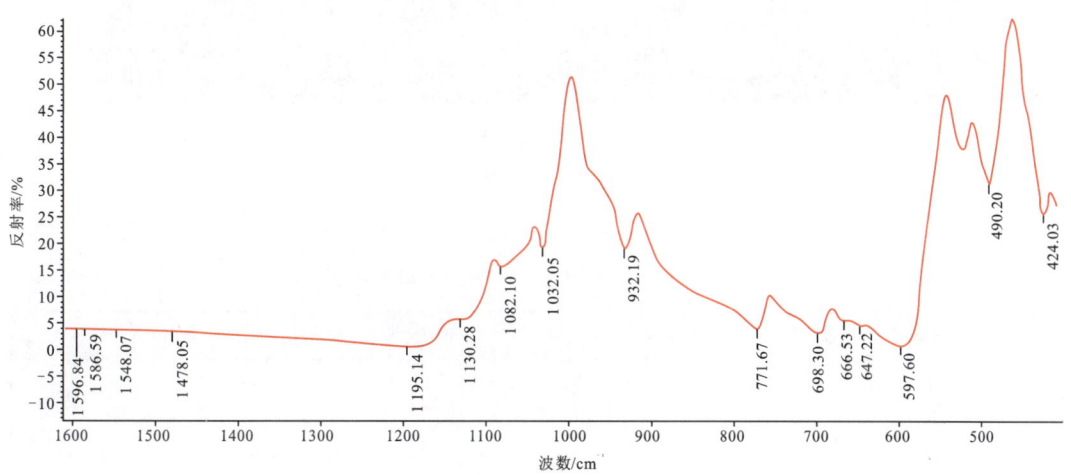

图9-3 软玉红外光谱反射法图谱

白玉玉器材质评估,通常从颜色、质地、透明度、光泽、净度及块度六个方面进行。

1) 颜色

软玉按颜色可划分为不同品种,有白玉、青白玉、青玉、黄玉、糖玉、碧玉及墨玉等(图9-4)。白玉是软玉矿物中的一员。

近代地质学家章鸿钊在《石雅》一书中谈到"古人辨石所重在色,不在质"。玉色是最直观的审美标志,是决定玉石价值的重要因素之一。玉色纯正、饱满、自然的白玉最受人们的喜爱。

白玉以色白者为优,白色在色级上有不同的区分范围。行业内常借物形容白的程度,如"梨花白""象牙白""鱼肚白""鸡骨白""羊脂白"等。羊脂白玉是白玉中的上品,价值不菲。白玉颜色等级及其对价值的影响见表9-2。

图 9-4 各种颜色的软玉

(图片由王鹏提供)

表 9-2 白玉颜色等级及其对价值的影响

等级	颜色特征	对价值的影响占比/%
特级	羊脂白色	90～100
一级	洁白色	80～90
二级	白色	60～80
三级	较白或白中闪青绿	50～60

白玉玉料中经常混有其他物质而形成杂色,杂色通常会降低玉料材质的价值,但有时在玉器制作设计中对杂色玉料处理得法,成为俏色,反而会提升玉器的价值。由于白玉的颜色等级影响到价值的高低,因此如何正确划分颜色等级一直是业内人士所关心的课题,有不少研究单位也正在探索白玉颜色定量化的可能性。目前,商贸活动中还是依靠经验来辨别颜色的白度,以此来判断玉料颜色品质的高低。

2) 质地

质地是评价白玉品质的重要因素之一。质地反映的是白玉的结构特征,是白玉微观特征的宏观表征。通常用细腻的程度来描述质地。组成白玉的透闪石矿物颗粒大小以及颗粒均匀程度决定了质地的细腻程度。质地细腻意味着白玉的矿物颗粒细小而且均匀。研究资料显示,新疆和田白玉颗粒细小、均匀,粒径一般都在 0.001mm 左右,矿物形态为微晶及微晶纤维状,在宏观上表现为质地细腻的特征。

质地细腻的白玉,矿物晶粒之间结合力强,表现为白玉韧性好,不易破碎且耐磨。目前世界上韧性最高的是黑金刚石,其次是白玉,再次是翡翠。1994年美国洛杉矶发生过一次里氏8.0级大地震,人们发现白玉制品从书架上跌到地毯上未受破损,而其他制品都被损坏。

组成白玉的矿物颗粒太细小,肉眼不易观察。业内人士常采用点光源侧向照明法来辨别白玉的质地。当点光源射入玉器时,若人眼感觉光线均匀一致,没有异物存在,则说明白玉质地细腻;若人眼感觉到射入光线不均匀,有强弱差异,则表明细腻程度较差。

3)透明度

透明度也是评价白玉品质的重要因素之一。透明度是指结晶矿物在磨制成标准厚度时允许光线透过的程度。透明度与矿物晶粒大小、均匀程度、结合方法以及显微裂隙有关。根据白玉透光程度,可将白玉分为不透明、微透明、半透明三种。不透明白玉,质地干涩,不滋润;半透明白玉,光泽不够柔和;微透明白玉,光泽柔和滋润。

4)光泽

光泽是指宝玉石表面反射光的强弱能力,不同宝玉石由于密度不同以及表面抛光程度的差异,能形成不同的光泽。白玉质地细腻,一般具有不同程度的油脂光泽,油脂光泽越强,白玉品质越好。钱振峰(2007)认为,一束光线射到白玉上时,会出现表面漫反射、表面镜像反射以及内散射的现象。

油脂光泽的形成是内散射所致。发生内散射需要两个条件:一是光线射入玉石内部时能达到一定的深度(有一定的透明度);二是进入玉石内部的光线被充分散射。

5)净度

净度是指白玉中绺裂的程度和含杂质情况。

(1)绺裂。绺裂是玉石行业用语,实际指裂纹。白玉裂纹有三种形成情况:①因成玉过程中的构造运动形成;②成玉过程后由表生风化作用形成;③在开采或加工过程中形成。裂纹的存在,降低了白玉材质的品质。

(2)杂质。杂质是指玉石中所含的少量的其他矿物,如磁铁矿、黄铁矿、磷灰石、绿帘石、白云石、石英等。它们常呈散点状存于玉石之中,称为"石花""石针"。"石花""石针"的存在会降低白玉材质的品质。

6)块度

块度是指白玉的大小或质量。在同等状态条件下,块度越大,价值越高。白玉原石常以克、千克为单位实现交易,白玉玉器通常以件为单位进行销售。

2. 白玉的产状

白玉的产状是指白玉原石的产出状况,简称"产状"。依据自然分布特征,白玉的产状可分为四种:山料、山流水料、籽料及戈壁料。

1)山料

山料,即产在高山上的原生矿石。如新疆山料,产在海拔4000～5000m的高山峻岭之中。

(1)外形。呈不规则棱角块状,块度大小不一。

(2)质地。多数较粗,同一块原石上质地粗细有差异。

2)山流水料

山流水料是指原生矿风化崩落并由水流搬运至河流上游的玉石。其产出地点通常离原生矿不远。

(1)外形。块度较大,棱角稍有磨圆,表面较光滑,常有水波纹面。

(2)质地。比较细腻、紧密。

3)籽料

籽料是指在河水中天然形成的卵石形玉料,外有籽皮。形成过程为:原生矿石风化崩解成碎块,被流水、冰川、泥石流等载体搬运到河流中,进而向下被搬运到河流的中下游,分布于河流两侧的阶地或出现在河床之中。原生矿石由于在长时间和长距离的搬运中发生互相撞击和滚磨,其棱角被磨去,疏松部分被淘汰,形成了质地紧密的砾石(图9-5)。

(1)外形。呈鹅卵状,无棱角,表面光滑。

(2)质地。细腻紧密,光泽滋润、柔和。

(3)块度。呈小块状,"如盘、如斗、如拳、如栗",质量为几千克甚至更小,偶见上百千克的籽料。

图9-5 和田玉籽料(二)

(图片由王鹏提供)

(4)外皮。常有色皮和石皮。

a. 色皮:在籽料外表带有黄褐色或其他色泽的一层经氧化所形成的皮(厚约1mm),皮有白、黑、秋梨、糖红等色。

b. 石皮:指白玉的石质围岩外层,去除围岩后才能得到玉。

4)戈壁料

戈壁料是指产出在戈壁滩上的玉,其来源有两个途径:一是先形成的山料,因地壳变动、雪崩或其他大自然营力现象被搬运到戈壁滩上;二是先形成的籽料,因受自然外力运动等被搬运到戈壁滩中。玉石来到戈壁滩后,长期经受风沙的磨蚀、石流的冲击。

(1)外形。戈壁料的棱角被磨圆后,其表面光滑,常带有砂石冲击后留下的波纹面、大小不等的沙孔(图9-6、图9-7)。其块度大小不等,多为片状。

(2)质地。较为紧密、细腻、坚硬。不同产状的白玉具有不同的商业价值。籽料由于质地致密,品质上乘,商业价值最高;山料由于质地较粗,品质不高,商业价值最低;山流水料、戈壁料的商业价值介于前面两者之间。

白玉的原石,由于保留了自然产状特征,因而可以依该自然特征而区分产状。白玉经过加工制作成玉器后,不易见到其产状特征,因而分辨白玉玉器的产状并非易事。商家常常用玉器质地特征即籽料的外皮特征来分辨产状。

图 9-6　戈壁料(一)

(图片由王鹏提供)

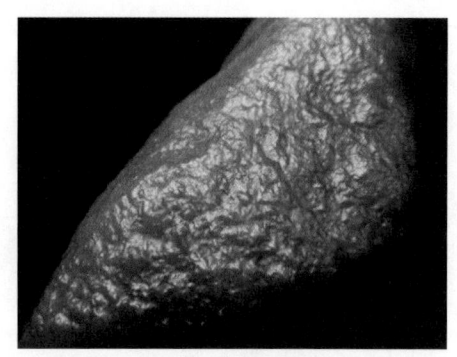

图 9-7　戈壁料(二)

(图片由王鹏提供)

3. 白玉的产地

白玉的产地是指白玉的产出地点。根据产地划分目前我国珠宝市场上的白玉主要有新疆和田白玉、俄罗斯白玉、青海白玉、韩国白玉及贵州罗甸白玉等。

新疆和田白玉进入市场已有几千年历史,色白、温润、质地细腻,具极强油脂光泽,深受爱玉人群的喜爱。

俄罗斯白玉是 20 世纪 90 年代初期被开发利用的一种玉石,产于昆仑山脉延伸至俄罗斯境内的余脉之中。其色白、质地细腻,具油脂光泽。与新疆和田白玉比较,俄罗斯白玉的颜色粗涩,油润感稍差,粒状感稍强。在进行精细加工时,俄罗斯白玉易崩口,经日晒雨淋易起膈、开裂和变色。

青海白玉是产于青海的一种玉石,颜色为白底或浅灰底加绿色斑纹,玉质较细腻,半透明,油性差,料中多见"水线""水露"纹,并有"石筋""石钉"等。青海白玉目前仅见山料,未见籽料。

韩国白玉、贵州罗甸白玉进入市场时间较短,多呈带极浅的灰、黄、绿色调的白色,质地疏松,光泽油感差,成品无滋润感。

识玉专家钱振峰(2007)总结了三大产地白玉特征,见表 9-3。

表 9-3　三大产地白玉特征对比

特征		新疆白玉	俄罗斯白玉	青海白玉
外观	细腻程度	细腻	比较细腻	尚细腻
	透明度	微透明	微透明—不透明	近半透明
	油脂光泽	强	稍强	不强,有的呈蜡状光泽

续表 9-3

特征		新疆白玉	俄罗斯白玉	青海白玉
显微结构	晶形	以隐晶质为主,呈显微片状、显微纤维状	以显微纤维状为主,呈隐晶质、显微片状	叶片状、长纤维状
	晶粒	很小	小	稍大
	排列方式	隐晶质结构、毛毡状结构,见消光块或大片消光区	放射状纤维团	放射状、定向排列或杂乱分布
点光源侧向照明	状况	云絮状基底、带乳质感的半透明状基底	较粗糙的微透明基底,不透明白色物,粒状镶嵌结构	粒状结构,均匀清澈,半透明状

由于品质差异,珠宝市场中形成了品质产地"阶地",品质等级自上而下依次为:新疆和田白玉──→俄罗斯白玉──→青海白玉──→韩国白玉、贵州罗甸白玉。相应的价格趋势,见表9-4。

表9-4 白玉品质与商业价位趋势

品种	白玉品质	商业价位
新疆白玉	高	高
俄罗斯白玉		
青海白玉	↓	↓
韩国白玉、贵州罗甸白玉	低	低

然而,从宝石学视角正确鉴别白玉的产地,至少在目前还是一件很困难的工作。在传统地质学研究中,有关矿物、岩石标本的产地,以天然露头(天然基岩出露部位)上采集的标本为准,并在地质图上标明相应的出露位置。从废石堆、滚石堆上采集的标本都不能用来严格界定产地。随着科学技术的发展,分析测试技术的提高,地质工作者常从岩石、矿物的包裹体、元素化学组成上寻找产地特征,通常取有代表性的样品进行制样,借助大型测试仪器进行包裹体成分、成岩成矿溶液、常量元素和微量元素组成等测试,分析样品的各类地球化学参数特征,寻找具产地意义的指标。

在宝石学研究中,只允许对样品进行无损鉴定,目前可使用的方式是样品的物理性质测试以及外观特征观察。由于鉴别范围仅停留在样品的表面,因而鉴别正确性受到了很大的制约。据目前资料分析可知,新疆、青海、俄罗斯三个产地的白玉成分都是以透闪石-阳起石矿物为主,其折射率、相对密度数值十分接近,无法通过这些数值进行区分。

当前,我们主要根据颜色、质地、透明度、光泽等方面的细微差异来判断产地。定名和产地判断全依赖于个人的经验,尚缺乏确定性指标。因而,市场上常出现同一块玉被不同经历的人判断为不同产地的情形。

有些研究者提出不用产地而用颜色、质地、透明度、光泽及块度等物理特征来界定白玉的品质高低,进而确定其商业价值。由于这些物理特征等级划分不够清晰,再者白玉是透闪石-阳起石矿物集合体,每块白玉的成分、结构都有变化,因而难以获得确定性指标。至今在商业市场中仍以经验为主进行白玉的产地命名。

中国国家标准《珠宝玉石 名称》(GB/T 16554—2017)将和田玉与白玉名称等同使用。在中国各检测机构出具的宝石鉴定证书中,白玉都被定名为和田玉。这里的和田玉仅仅是一个名称,不具有产地意义。

二、玉器制作工艺水平评估

玉器制作工艺水平是指工艺制作中各种雕刻技艺的运作水准。

1. 玉器雕刻技艺名称

常用的玉器雕刻技艺有六种,即线雕、圆雕、半圆雕、浮雕、透雕及镂雕。

1)线雕

线雕是指以阴线或阳线作为造型手段的纹样雕刻,它用点与线条表现字或画的美感和魅力。

(1)阴线。阴线是沟槽似的线,其线的高度低于平面。

(2)阳线。阳线是凸起的棱线,其最高点仍与平面相同。

2)圆雕

圆雕是指不附着在任何背景上,适用于多角度欣赏的、完全立体的雕刻(图9-8),如头像、半身像、群像以及动植物等造型,多采用圆雕技艺。

3)半圆雕

半圆雕是指使用圆雕技法,将玉石刻成由主要部分和次要部分组成的造型,形成一半是圆雕的艺术形象,另一半仍是原石块或原器物的造型。

图9-8 和田玉摆件(一)

4）浮雕

浮雕是指在平面上表现立体层次的一种雕刻技艺。依据表面凸出厚度的不同,可将浮雕分为高浮雕和浅浮雕两类。作为立体视觉审美部分,浮雕的层次决定了投影、光线等诸要素,是一种秩序美的表现形式。因此,在将实物立体性形象压缩成浮雕时,要处理好浮雕底层到浮雕面的复杂起伏关系,并将此关系归纳成若干不同深度的水平层次关系。

5）透雕

透雕是将底板镂空的一种浮雕技法,可分为单面雕(业内称拉花)和双面雕(两面内容通常不同)。透雕品一般都有边框。对于透雕品,人们可欣赏正反两面;对于浮雕品,人们只能欣赏单面。

6）镂雕

镂雕是汇合线雕、圆雕、浮雕、绘画技术而形成的一种独特的雕刻技艺,分为立体镂雕(圆雕式)和平面镂雕(浮雕式)两种。

(1) 立体镂雕是指在圆雕的基础上,采用多维空间表现手法镂空刻画的技艺。

(2) 平面镂雕是指在浮雕的基础上,采用层叠、交错穿插手法镂空刻画的技艺。

2. 现代玉器的分类

玉器按工艺或用途可分为两大类:玉饰品和玉雕工艺品。

根据形制、制作工艺及用途,玉雕工艺品可分为四种类型:①玉雕摆件;②玉雕器皿;③玉雕镶嵌工艺品;④玉雕盆景花卉。本章重点讨论玉雕摆件及玉雕器皿的评估。

3. 玉雕工艺品工艺水平评估

1）玉雕摆件

玉雕摆件的造型有人物、花鸟、走兽及山子(图9-9)。

(1) 玉雕人物。玉雕人物一般采用玉雕工艺制作,评估时必须注意人物身体的比例关系、面相、眼神、身段和衣褶线条的刻画。

　　a. 面相、眼神:要逼真、有感染力。

　　b. 人物身体比例:遵循"站7、坐5、盘3"的原则。即人物站立高度为7个头的长度,人物坐姿高度为5个头的长度,人物盘腿坐的高度为3个头的长度。

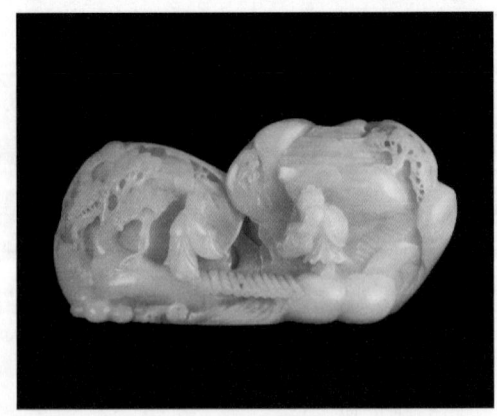

图9-9　和田玉摆件(二)

　　c. 身段。不同人物形象,其身段描述的重点不同,具体分为以下几种:①文官,要夸张胸部,以示精通韬略;②武官,要缩肩凸肚,显示威猛;③美女,要溜肩细腰,显示其婀娜妩媚;④老人,要弓背弯腰,显示老态龙钟。

　　d. 衣褶线条。衣褶线条常表现人物个性特征,于细处看神态。如弥勒佛性格乐观风趣,衣纹要柔软圆滑,像行云流水;观音菩萨气度浑厚,衣纹要线条简约,表现静中寓动之感。玉雕人物形象一般分仕女、老人、佛像和童子四种类型,其雕刻技法和表现风格各不相同,评价中各有侧重。

(2)玉雕花鸟,分为玉雕花卉和玉雕鸟类,其具体要求如下。

A. 玉雕花卉

玉雕花卉一般采用写实手法表现,讲究章法布局,对花瓣的安排要错落有致,对花蕾、花朵要刻画其动态,整体造型要丰满而有生机。花卉材质要求:颜色漂亮,层次丰富,对绺裂的处理恰当。

B. 玉雕鸟类

玉雕鸟类中描绘的鸟种有自然界存在的飞禽,如孔雀、天鹤、鸡、鸭、喜鹊等;也有自然界不存在而是由人类想象出来的吉祥鸟,如凤凰。

评价作品时要注重鸟类的灵巧和动感,即注重鸟类形象逼真性、动态姿态合理性,以比例准确、特征明显及状态传神为佳。

(3)玉雕走兽。玉雕走兽中描绘的兽种有自然界存在的兽类,如虎、狮、马、鹿、羊等;也有神话传说中的兽类,如龙、麒麟、辟邪等。作品表现手法有写实和写意两种,评价要求:体形比例准确,生动传神,肌肉发达,自然有力。

玉雕山子,业内称为山子雕(图9-10)。雕刻工艺采用浮雕、圆雕、镂空雕等传统技法,构图设计上运用国画的写意、线描的写实以及建筑透视的技巧。山子雕的评价要求如下:①层次清晰,远近透视正确;②布局合理,细部刻画细致;③雕琢手法细腻,景物形象准确;④挖脏避绺,俏色运用合理。

2)玉雕炉瓶器皿

我国玉雕炉瓶器皿在制作时主要借鉴夏、商、周三个朝代的青铜器造型。评价内容是制作工艺。雕刻工艺有圆雕、浮雕和镂空雕。浮雕工艺中,运用了阳刻、阴刻、浅刻等手法。玉雕炉瓶器皿的品质评估内容主要为三个方面:器身、器盖和器表的装饰(图9-11)。

图9-10 和田玉山子

图9-11 和田玉雕件《三足香炉》

(1) 评价器皿造型各部位比例是否恰当,同时考量器皿整体的对称性、协调性以及色彩均匀性,品味器皿的端庄、典雅。

(2) 评价器皿的器身和器盖是否出自同一块玉料,在色调、肌理上是否保持一致;器身与器盖是否严丝合缝;制口(母子口)边缘是否出现由绺裂、缺口造成的"冲口"。

(3) 评价器皿的肩耳和器底、炉腿的装饰工艺是否协调。肩耳位于器皿肩侧称"吞头",带有两个活环;位于器皿颈部两侧称"颈耳",不带活环。

(4) 评价掏膛厚薄是否均匀得当,膛内有无死角。

(5) 若器皿有链、环和提梁,要确定是在同一块玉料上雕刻还是拼接;每节链、每个环的大小、形状是否均匀一致,比例是否适当,有无绺裂;提梁是否对称,规矩,活动自如。

(6) 评价器皿表面细刻、精细加工部分的工艺是否细腻、平整、对称,纹饰线条是否流畅。

三、玉器设计理念、艺术风格及文化内涵的评估

玉器艺术的评估内容有以下三个方面:玉器设计理念、艺术风格及文化内涵。

玉器艺术展示了雕玉人发自内心深处的呐喊、历史文化素养、文明素养以及独特的哲学思想。

1. 概念

1) 玉器设计理念

理念是一种观念,一种精神。玉器设计理念,是雕玉人在玉雕作品构思过程中所确立的主导思想,赋予玉雕作品文化内涵和艺术风格特点。玉器设计理念是玉器设计的精髓所在,是玉器设计的总纲,是玉雕作品个性化、专业化、时尚化特征的具体体现。

2) 玉器艺术风格

艺术风格泛指艺术家或艺术团体在艺术实践中形成的相对稳定的艺术风貌、特色、作风、格调和气派。它是艺术家鲜明独特的创作个性的体现,统一于艺术作品的内容与形式、思想与艺术之中。艺术风格是衡量艺术作品的重要标准。艺术风格可分为艺术家风格和艺术作品风格两种。

由于艺术家在世界观、生活经历、性格气质、文化教养、艺术才能、审美情趣等方面表现出差异性,因而他们有着各不相同的艺术特色和创作个性,并形成了不同的艺术风格。艺术作品风格是作品内容与形式的和谐统一中展现出的总的思想倾向和艺术特色,集中体现在主题的提炼、题材的选择、形象的塑造、体裁的驾驭、艺术语言和艺术手法的运用等方面。

玉器艺术风格是指雕玉人在雕玉实践中形成的相对稳定的艺术风貌、特色、作风、格调和气派。雕玉人由于在世界观、生活经历、性格气质、文化教养、艺术才能和审美情趣等方面各不相同,因而形成各有特色的艺术风格。玉雕艺术作品风格集中表现在玉雕作品主题的提炼、题材的选择、形象的塑造、玉雕文化语言和玉雕艺术手法的运用等方面。

识玉专家钱振峰(2007)指出,现代玉雕专业已经形成了四大流派的艺术风格。

(1)北派——北京、天津、辽宁一带的玉雕流派。

a. 艺术风格:要求庄重大方、古朴典雅。

b. 玉器作品:人物群像、原始工艺品、立体圆雕花卉、圆雕神佛、圆雕仕女等。

(2)扬派——扬州地区的玉雕流派。

a. 艺术风格:要求讲究章法、工艺精湛、造型典雅秀丽。

b. 玉器作品:如山子雕等。

(3)海派——以上海为中心,江浙地区的玉雕流派。

a. 艺术风格:要求雕琢细腻、造型严谨、庄重典雅。

b. 玉器作品:如器皿炉瓶,人物、动物造型等。

(4)南派——广东、福建一带的玉雕流派。

a. 艺术风格:要求造型丰满、呼应传神,工艺玲珑有致。

b. 玉器作品:如镂空雕件、多层玉球、首饰配件等。

3)玉器文化内涵

文化是一种社会历史现象,是人们通过长期创造形成的产物,是社会历史的积淀物。文化内涵涵盖一个国家或民族历史、地理、风土人情、传统风格、宗教信仰、生活方式、文学艺术、行为规范、思维方式、价值观念等内容。

玉器的文化内涵是指通过文化载体反映出的人类精神和思想。玉器的文化内涵在一定意义上可理解为玉器作品所达到的某种意境,涵盖民族历史、传统民俗、宗教信仰、道德伦理、文学艺术、思维方式及价值观念等。

2. 白玉玉器题材

玉器作品题材十分丰富,通常都与传统文化相联系,有民间传统、历史掌故、宗教人物(图 9-12)、山水花木、飞禽走兽等。每个题材都有寓意,表达人们的愿望、追求、寄托和向往。

雕玉人常运用比拟、谐音、借喻、象征等艺术手法,以展示不同题材的雕刻作品(表 9-5~表 9-8)。

图 9-12 和田玉雕件

表 9-5 祝福题材

名称	图像	寓意
福在眼前	一只蝙蝠、有孔眼的古币	福到眼前
福寿延年	一只蝙蝠、一只寿桃	福寿双全
多福多寿	多只蝙蝠、多个寿桃	多福多寿
五福捧寿	五只蝙蝠,中央为寿桃	福全长寿
五福和合	五只蝙蝠、一朵荷花、一个圆盒	五福享尽
福至心灵	蝙蝠、寿桃、灵芝	福寿双全
流云百福	蝙蝠、云纹	幸福如意
福从天降	蝙蝠在娃娃头上	福从天降
福寿三多	蝙蝠、寿桃、石榴或莲藕	福多、寿多、子多

表 9-6 吉祥题材

名称	图像	寓意
吉祥如意	一名童子手持如意,骑在大象背上戏耍	吉祥
平安吉庆	一个花瓶中插三只利戟,戟上悬一磬	平安
万事如意	万年青、柿子、如意	如意
年年如意	两条鲶鱼和如意	如意
事事如意	两个柿子和如意	如意
如意连云	如意或灵芝伴祥云	如意

表 9-7 动物题材

编号	图像	寓意
1	凤凰(百鸟之首)	美的人生
2	雄狮(兽中之王)	官位极高,辟邪归正
3	麒麟(灵兽之一)	逢凶化吉,吉祥平安
4	鹿(谐"禄"音)	吉祥长寿

续表 9-7

编号	图像	寓意
5	蝙蝠(谐"福"音)	福从天降
6	龟(延寿动物)	健康长寿
7	鹤	健康长寿
8	鸳鸯	夫妻恩爱,一生相随
9	喜鹊(吉祥鸟)	喜事到来
10	燕子(吉祥鸟)	报平安
11	金鱼(谐"余"音)	年年有余
12	鲤鱼(鲤鱼跃龙门)	高升
13	猫(家之宠物)	招财
14	象(谐"祥"音)	吉祥
15	鸭	状元及第
16	鹰(谐"英"音)	英雄斗志
17	鹦鹉(谐"英武"音)	威武
18	蜘蛛(喜子、喜母)	喜从天降
19	蝴蝶(谐"耋"音)	健康长寿
20	貔貅(传说中的猛兽)	辟邪
21	绶带鸟(谐"寿"音)	长寿
22	蝉	高瞻远瞩
23	蟾蜍(吉祥动物)	助长寿,主富贵

表 9-8 植物题材

编号	图像	寓意
1	桃(长寿果)	长寿
2	梅花(五瓣,意为福禄寿)	五福享尽
3	竹(竹有节)	竹报平安,节节高升

续表 9-8

编号	图像	寓意
4	佛手(谐"福"音)	财运亨通
5	荷叶莲花	生活富裕
6	葫芦	福多、寿多、财多
7	兰豆(荷兰豆)	财源广进
8	松树	健康长寿
9	牡丹(百花之王)	高贵、官运亨通
10	石榴	早生贵子
11	菊花	正直不屈
12	葡萄(硕果累累)	事业有成
13	花生(长生果)	长生不老
14	辣椒	招财进宝
15	树叶	勃勃生机
16	玉米	金玉满堂
17	白菜(谐"财"音)	财源滚滚
18	瓜果	子孙兴旺
19	灵芝	如意

现代玉雕作品创作遵循着"传承兼容、创新多变"原则,既有反映传统历史文化题材的作品,又有表现现代审美理念的作品。当前,市场上的许多玉雕作品都是仿历史题材的作品或只是在历史题材作品上略作修改制成的作品。只有少数玉雕大师以其深厚的功力创作出独具特色的作品。

进入21世纪,由于人们的观念发生了变化,审美理念转变,加之琢磨工具得以改进及雕琢工艺得以创新,琢玉人的文化素养渐渐提升,社会上爱玉、藏玉的人渐渐增多,玉雕事业进入了一个新的发展阶段。新题材玉雕作品不断问世,玉雕大师善于运用原石的天然形状、俏色,因料施艺,求新求异。上海玉雕大师吴德昇的《浴女》、易少勇的《玉牌》,突显了玉质美、工艺美、造型美、意境美的四大特点。下面重点介绍中国玉牌特征。

1)陆子冈玉牌

陆子冈玉牌,简称子冈牌,是明代琢玉名匠陆子冈将中国书画艺术、文人情趣和白玉玉质完美结合而制成的矩形薄片状配饰牌。

子冈牌,呈长方形,常用尺寸为 6cm×5cm×0.4cm、6cm×4cm×0.9cm、5cm×3cm×0.7cm。上部是额头,透雕龙饰图形;在下部的其中一面上琢磨山水、花鸟、人物、瑞兽,另一面上雕刻诗文、书法、印章。在雕刻子冈牌时,玉雕大师善用浮雕、镂雕、圆雕,以高超的琢玉技艺将书画图文表现得淋漓尽致。子冈牌既有人文气息又具吉祥寓意。

2)现代玉牌

现代玉牌与古代玉牌相比,其理念、用途发生了变化。古、今玉牌使用环境对比如表9-9表示。

表 9-9 古、今玉牌使用环境对比表

项目	使用环境	
	古时使用环境	现时使用环境
服饰	宽袍大袖	紧身短装
行动	施施而行	步履匆匆
佩戴	玉牌悬腰	玉牌袋藏
用途	明志励人	把玩欣赏
品赏	道德为上	审美为先
消费群体	由少部分懂诗文知识且富有的人赏玩	由大部分富有但不一定懂诗文知识的人拥有

现代玉牌的特点如下。

(1)规格。没有一定形制,可放大、缩小、接长、拉宽,有多种造型。

(2)形状。形状变化多样,包括圆形、椭圆形、锥形、叠形、水滴形等。

(3)额头。额头类型众多,包括无额头、上下额头、无额框等。

(4)工艺。工艺方法有多种,包括透雕、圆雕、深、中、浅浮雕、线雕等阳刻、阴刻工艺。

(5)题材。多种多样,尤其是蕴含国外各种当代艺术观念、传统艺术内涵的文化题材,十分符合当代审美观,营造出了创新意境。

3. 玉器的艺术评估

玉器的艺术评估不同于玉器的材质评估及工艺水平评估。材质评估将材质品质标准作为依据。工艺水平评估以工艺制作标准为依托。而艺术评估是经验性的、抽象的,因评估人的文化底蕴、识玉水平不同而不同。因而,评估一件玉器作品时必须由多名评估人(专家)共同讨论来最后定论。在玉器的艺术评估过程中要注意以下几个方面。

(1) 玉石材质是否充分利用。
(2) 设计理念是否合情合理。
(3) 整体造型布局是否匀称得体。
(4) 作品寓意表达是否引人入胜。

玉器的艺术评估分级见表9-10。

表9-10 玉器的艺术评估分级表

评估三要素	优	良	中	差
设计理念	理念创新,设计合理	有创新元素,设计较合理	无创新元素,有一定思路	思路紊乱
艺术风格	艺术风格显著,有特色	呈现较具特色的艺术风格	艺术风格不显著,缺乏特色	无艺术特色,纯粹模仿
文化内涵	有丰富的文化底蕴	有较丰富的文化底蕴	有一定的文化底蕴	无文化底蕴

四、玉器的整体评估

玉器的整体评估是指统观玉质、工艺和艺术三方面评估,得出综合评估意见。玉质是自然形成的,要求质优耐用;工艺是熟能生巧的,要求炉火纯青;艺术是睿智的,要求传递神韵。上海宝玉石行业协会在"玉龙奖"评比活动中对玉器整体评估提出了"玉质美、工艺美、艺术美"的评奖原则。高级工艺美术师唐克美认为,评估一件玉石作品的第一守则是"神韵",它是艺术家个人修养、学识、理念以及人格的体现。神韵是玉质美、工艺美、艺术美的综合体现,将艺术家对作品的解读传递给欣赏者。

对玉器的整体评估,一般不以确定性指标来定量化结果,而是运用对比的理性评价方式做出评估。评估的基本原则是由多人评议并以大多数人的结论作为最终评估意见。

下面列出了2012年第四届"玉龙奖"金奖作品及组委会对玉器整体评估的评语。

1.《官上加官》(图 9 - 13)

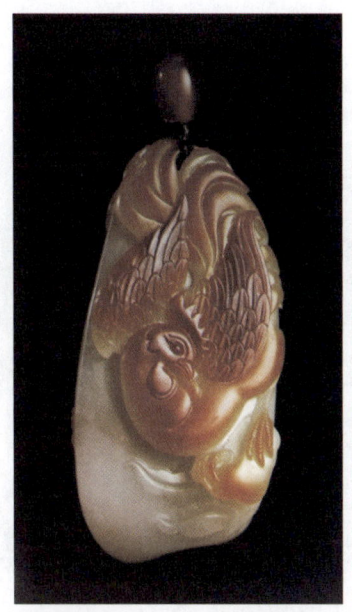

图 9 - 13 《官上加官》

(材质:白玉;设计者、制作者、申报者:姚菊萍)

评语:红皮籽料温润细腻,出类拔萃。作品富有灵气,俏色巧雕,刻画生动。高冠公鸡光彩醒目,有"官居一品"之誉的富贵牡丹相衬,彰显了"官上加官"主题。

2. 山子《春月夜归图》(图 9 - 14)

图 9 - 14 山子《春月夜归图》

(材质:白玉;设计者:刘月川;制作者:刘汇;申报者:扬州市品珍堂(雅园玉坊))

评语：以白玉籽料艺术地再现仕女结伴游春、夜晚乘月而归的情景，人物、苍松翠柏、鲜花亭阁和小桥流水布排井然有序，立体感强，刻画得生动传神。巧用玉料色泽反映静谧的夜幕，更衬托出隽永意境。

3.《竹摇清影》(图 9-15)

图 9-15 《竹摇清影》

（材质：白玉；设计者、制作者：易少勇；申报者：上海工艺美术品服务部有限公司）

评语：玉牌白洁油润，回纹小额头，牌形方中带圆，根有张力。牌面透过，对阴刻线深浅的把握和粗细变化，出神入化地体现了毛笔中锋、侧锋运行中的起承转合，展现了山石修竹形象，再现了清代郑板桥竹石画"有节有骨"的独特魅力。作者的书法表现也布列严谨，字体架构精细入微地展露中国书法中逸气纵横、形势自成的风姿。工、书、诗、画俱佳。

4.《印象观音》(图 9-16)

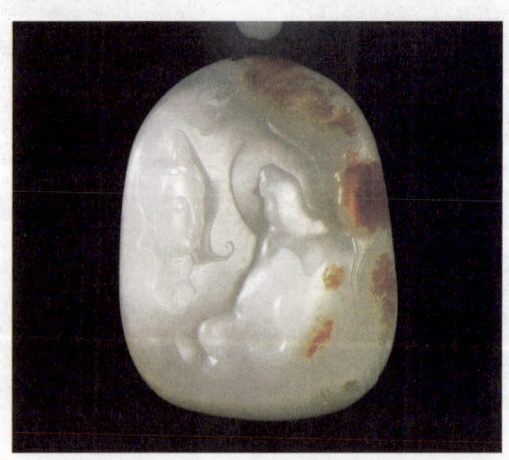

图 9-16 《印象观音》

（材质：白玉；设计者、制作者：于泾；申报者：天禧玉缘艺术品会所）

评语：作品中的两尊观音，乃于泾印象中的艺术形象。寺庙里，观音头顶光环，跏趺而坐。在设计者的眼中，她是佛国的菩萨、天上的神，人只能望其项背，因而以虚幻方式表现。观音慈悲为怀，让人感动不已，因而取写实方法，反映她的面容神态，透出现代女性的气息，实则乃真善美的流露。一虚一实都生动，料好、工优、立意新，很耐人寻味。

5.《风采》(图 9 - 17)

图 9 - 17 《风采》

(材质：白玉；设计者、制作者：张焕庆；申报者：上海德艺玉雕厂)

评语：白玉，滋润无暇。高浮雕梅、兰、竹、菊艺术形象，突现了"四君子"的勃勃生机，很有感染力。配诗、铃印，充满灵气，展现文人画的美学意蕴。

6.《春和景明》(图 9-18)

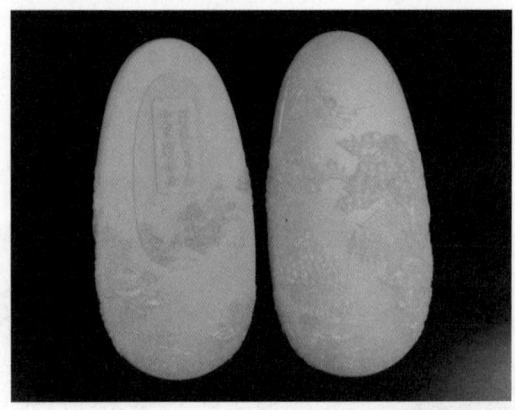

图 9-18 《春和景明》
(材质:白玉;制作者、设计者:姚圣国、陈国良;申报者:忠荣典当)

评语:根据唐代李白《谢公亭》的描述,作者以刀代笔,将正、背面的浮雕连成完整画面,再现"客散青天月,山空碧水流"的悠远、飘逸的美景,真实、生动。

7.《象耳草叶白玉瓶》(图 9-19)

图 9-19 《象耳草叶白玉瓶》
(材质:白玉;设计者、制作者:张春风;申报者:春风白玉工作室)

评语：白玉细腻，作品洁净无瑕。各部位之间比例体现了整体造型的端庄典雅。设置的象耳环，趣味中显示大气。在瓶盖、瓶腹中遍饰的草叶纹，就像瓶身上披着的华美外装，展露着玉瓶的绰约风姿。

8.《痕都斯坦链条瓶》(图 9－20)

图 9－20 《痕都斯坦链条瓶》

（材质：白玉；设计者：耿勇；制作者：缪月田；申报者：大永玉器）

评语：玉材硕大完整，玉质莹润纯净。链条瓶仿痕都斯坦玉器制作，继承了痕都斯坦玉器的优点。所雕西番莲、绿叶枝蔓等纹饰，采用平面隐起的浅浮雕刻画，构图、琢磨极为细致。

9.《聚友图》(图 9-21)

图 9-21 《聚友图》
(材质:白玉;设计者、制作者:张宇;申报者:兴源珠宝)

评语:以山子雕形式生动再现宋代苏轼、苏辙、黄庭坚、米芾、李公麟、王诜、秦观及日本圆通大师等 16 位社会名流在西园做客聚会时的情景。松桧梧竹,小桥流水,极园林之胜;宾主风雅,或写诗、或作画、或题石、或拨弦、或看书、或说经,极宴游之乐。作品层次丰富、立体空间感强,人物描绘形神毕肖,刻画精彩纷呈,观之仿佛身历其境。

10.《三足圆炉》(图 9-22)

图 9-22 《三足圆炉》
（材质：白玉；设计者、制作者：孔凡平；申报者：玉申堂玉雕工作室）

评语：作品承袭中国炉瓶器皿端庄、严谨的传统。玉质温润细腻，通体洁白。炉盖立雕盘龙，与肩耳、器足上刻画的龙形象遥相呼应，连贯、统一。在炉身上遍饰的西番莲、绿叶枝蔓等纹饰，繁缛而生动，体现了痕都斯坦玉器花纹流畅、胎体均匀的异域风采。

第三节 翡翠玉器评估

翡翠与白玉都是玉石中的珍贵品种，白玉的开发、利用已有 7000 多年的历史，而翡翠从传入到应用只有 300 多年的历史。

清朝中期，翡翠从缅甸通过马邦运输进入云南，翡翠特有的翠绿色、晶莹通透等特性（图 9-23）深得清朝宫廷贵人喜爱，因而翡翠玉器行业在中国得以迅速发展。翡翠玉器文化继承了中国玉文化，丰富了中国玉文化。

一、翡翠的概念

对于翡翠的矿物名称和命名方法，学术界多有争论。

注:本图引自天成国际珠宝及翡翠拍卖会展品图。

图 9-23　翡翠配钻石挂坠(估价:167 万~230 万美元)

1. 国家标准定义

2009 年 6 月中华人民共和国国家质量监督检验检疫总局与中国国家标准化管理委员会联合发布了国家标准《翡翠分级》(GB/T 23885—2009),将翡翠定义为:"主要是由硬玉或由硬玉及其他钠质、钠钙质辉石(钠铬辉石、绿辉石)组成的、具工艺价值的矿物集合体,可含少量角闪石、长石、铬铁矿等矿物。其摩氏硬度为 6.5~7,密度为 $3.34(+0.06,-0.09)g/cm^3$,折射率为 1.666~1.680(±0.08),点测 1.65~1.67。"

2. 中国香港学者欧阳秋眉的观点

现阶段翡翠是以硬玉或钠铬辉石或绿辉石为主,并含有其他辉石类矿物以及闪石类矿物或长石类矿物的多晶矿物集合体。依据这个观点,翡翠可进一步分为以下三个品种。

(1)硬玉质翡翠:以硬玉为主要成分的翡翠。

(2)钠铬辉石质翡翠:以钠铬辉石为主要成分的翡翠。

(3)绿辉石质翡翠:以绿辉石为主要成分的翡翠。

二、翡翠玉器的评估原则

翡翠玉器进入珠宝市场以来,一直由商家进行评估,不少翡翠专家也在摸索翡翠玉器品质分级原则,国家和地方质监局也颁布了翡翠品质分级标准(图 9-24)。

(1)中国国家标准《翡翠分级》(GB/T 23885—2009)于 2009 年 6 月 1 日发布,2010 年 3 月 1 日实施。现在仍在执行。

注:本图引自天成国际珠宝及翡翠拍卖会展品图。

图 9-24　翡翠手镯(估价:320 万~450 万美元)

(2)2009 年 11 月 16 日云南省发布地方标准《翡翠饰品质量等级评价》(DB53/T 302—2009),2010 年 3 月 1 日实施。该标准在 2018 年予以更新,现更名为《翡翠饰品质量等级评价》(DB53/T 302—2018)。

(3)中国国家标准《透明翡翠(无色)分级》(GB/T 29155—2012)于 2012 年 12 月 31 日发布,2013 年 10 月 1 日实施。现在仍在执行。

(4)香港珠宝学院欧阳秋眉提出了翡翠评级系统 4C2T1V[①]。

三、翡翠玉器评估方法

关于翡翠玉器的评估,可从材质及工艺两个方面展开:①材质,有颜色、透明度、质地和净度四个品种因子,对每一个品种因子都有一定的品质分级标准;②工艺,有制作及艺术性两个范畴,制作工艺有制作标准规范,艺术性常遵循理性标准,在比较哲学思维指导下进行评定。

本节重点介绍中国国家标准《翡翠分级》(GB/T 23885—2009)中提出的评估方法,在工艺评价方面补充云南地方标准《翡翠饰品质量等级评价》(DB53/T 302—2018)关于工艺分级及评价的内容。

1. 中国国家标准《翡翠分级》评估原则

中国国家标准《翡翠分级》共从五个方面对翡翠进行评估。针对翡翠颜色分为无色、绿色、紫色、红—黄色,分别有不同的评价方法。下面以绿色为主线进行介绍。

---

① 详见《秋眉翡翠》。

1) 翡翠(绿色)颜色分级

根据翡翠颜色,从色调(Hue)、彩度(Chroma)及明度(Value)的差异进行级别划分。

(1)色调。色调表示翡翠红、黄、绿、蓝、紫等颜色特征。色调这个属性,在本教程其他章节中用色泽表示。本书将色调划分为三个类别,见表9-11。

表 9-11 翡翠(绿色)色调类别

色调类别		肉眼观测特征
绿	G	样品主体颜色为纯正的绿色,或绿色中带有极轻微的、稍可觉察的黄、蓝色调
绿(微黄)	yG	样品主体颜色为绿色,带有较易觉察的黄色色调
绿(微蓝)	bG	样品主体颜色为绿色,带有较易觉察的蓝色色调

(2)彩度。彩度表示翡翠颜色浓淡程度。彩度这个属性,在本书其他章节中用饱和度表示。彩度可划分为五个级别,见表9-12。

表 9-12 翡翠(绿色)彩度级别

彩度级别		肉眼观测特征
极浓	Ch_1	反射光下呈深绿—墨绿色,颜色浓郁;透射光下呈浓绿色
浓	Ch_2	反射光下呈浓绿色,颜色浓艳饱满;透射光下呈鲜艳的绿色
较浓	Ch_3	反射光下呈中等浓度绿色,颜色浓淡适中;透射光下呈明快的绿色
较淡	Ch_4	反射光及透射光下呈淡绿色,颜色清淡
淡	Ch_5	颜色很清爽,肉眼感觉近无色

(3)明度。明度表示翡翠颜色的明暗程度。明度可划分为四个级别,见表9-13。

表 9-13 翡翠(绿色)明度级别

明度级别		肉眼观测特征
明亮	V_1	样品颜色鲜艳明亮,基本觉察不到灰度
较明亮	V_2	样品颜色较鲜艳明亮,能觉察到轻微的灰度
较暗	V_3	样品颜色较暗,能觉察到一定的灰度
暗	V_4	样品颜色暗淡,能觉察到明显的灰度

2) 翡翠(绿色)透明度分级

透明度是指对可见光的透过程度。翡翠(绿色)的透明度可划分为四个级别,见表9-14。

表 9-14 翡翠(绿色)透明度级别

透明度级别		肉眼观测特征	商贸俗称(参考)
透明	T_1	反射观察:内部汇聚光较强; 透射观察:大多数光线可透过样品,样品内部特征可见	玻璃地
亚透明	T_2	反射观察:内部汇聚光弱; 透射观察:部分光线可透过样品,样品内部特征尚可见	冰地
半透明	T_3	反射观察:内部无汇聚光,仅可见少量光线投入; 透射观察:少量光线可透过样品,样品内部特征模糊不可辨	糯化地
微透明—不透明	T_4	反射观察:内部无汇聚光,难见光线投入; 透射观察:微量—无光线可透过样品,样品内部特征不可见	冬瓜地~瓷地

3)翡翠(绿色)质地分级

质地是指组成翡翠的矿物颗粒大小、形状、均匀程度及颗粒间相互关系因素的综合特征。翡翠(绿色)质地可划分为五个级别,见表 9-15。

表 9-15 翡翠(绿色)质地级别

质地级别		肉眼观测特征	颗粒粒径 d/mm
极细	Te_1	质地非常细腻,10×放大镜下难见矿物颗粒	$d<0.1$
细	Te_2	质地细腻致密,10×放大镜下可见但肉眼难见矿物颗粒,粒径大小均匀	$0.1\leqslant d<0.5$
较细	Te_3	质地致密,肉眼可见矿物颗粒,粒径大小较均匀	$0.5\leqslant d<1.0$
较粗	Te_4	质地较致密,肉眼易见矿物颗粒,粒径大小不均匀	$1.0\leqslant d<2.0$
粗	Te_5	质地略松散,肉眼明显可见矿物颗粒,粒径大小悬殊	$d\geqslant 2.0$

4)翡翠(绿色)净度分级

净度为翡翠的内、外部特征对其美观和(或)耐久性的影响程度。翡翠的内部特征是指包含在或延伸至翡翠内部的天然内含物和缺陷。翡翠的外部特征是指存在于翡翠外部的天然内含物和缺陷。翡翠(绿色)的净度可划分为五个级别,见表 9-16。

表 9-16 翡翠(绿色)净度级别

净度级别		肉眼观测特征	典型内、外部特征类型
极纯净	C_1	肉眼未见翡翠内、外部特征,或仅在不显眼处有点状物、絮状物,对整体美观几乎无影响	点状物、絮状物
纯净	C_2	具细微的内、外部特征,肉眼较难见,对整体美观有轻微影响	点状物、絮状物
较纯净	C_3	具较明显的内、外部特征,肉眼可见,对整体美观有一定影响	点状物、絮状物、块状物
尚纯净	C_4	具明显的内、外部特征,肉眼易见,对整体美观和(或)耐久性有较明显影响	块状物、解理、纹理、裂纹
不纯净	C_5	具极明显的内、外部特征,肉眼明显可见,对整体美观和(或)耐久性有明显影响	块状物、解理、纹理、裂纹

若待分级翡翠的颜色、透明度、质地中的一个或多个因素不均匀,且不均匀程度不可忽视时,应对不均匀因素存在显著差异的部分分别进行评价。

5)翡翠工艺评价

翡翠工艺评价包括材料应用设计评价和加工工艺评价两个方面。材料应用设计评价包括材料应用评价和设计评价,加工工艺评价包括磨制(雕琢)工艺评价和抛光工艺评价。

(1)材料应用设计总体要求。

a. 材料应用的总体要求:即材质、颜色取舍恰当,翡翠的内、外部特征处理得当,量料取材,因材施艺。

b. 设计的总体要求:主题鲜明,造型美观,构图完整,比例协调,结构合理,寓意美好(图 9-25)。

(2)加工工艺总体要求。包括磨制工艺和抛光工艺两个方面的要求。

a. 磨制工艺的总体要求:轮廓清晰,层次分明,线条流畅,点面精准,细部特征处理得当。

b. 抛光工艺的总体要求:抛光到位,平顺、光亮。

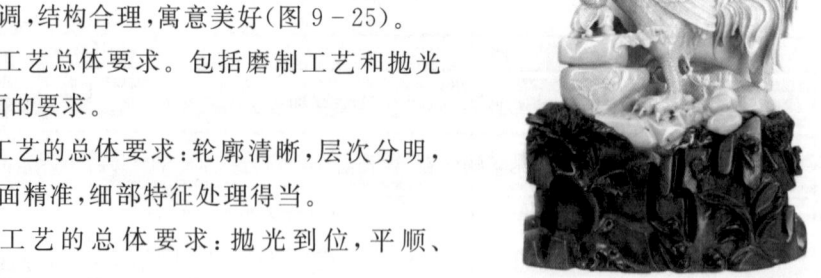

图 9-25 翡翠摆件《金鸡报晓》

2. 云南省地方标准

云南省地方标准《翡翠饰品质量等级评价》(DB53/T 302—2018)对翡翠饰品质量评价做了进一步分级规定。

1)工艺评价

(1)工艺级别划分。翡翠饰品工艺级别可划分为很好(Q_1)、好(Q_2)、中等(Q_3)、一般(Q_4)、差(Q_5)五个等级。

(2)工艺级别评价。按工艺的复杂程度将翡翠饰品分为素身翡翠饰品和雕花翡翠饰品两类。翡翠饰品工艺分级评价见表9-17。

表9-17 翡翠饰品工艺分级评价

级别		划分标准	
		素身翡翠饰品	雕花翡翠饰品
Q_1	很好	满足素身翡翠饰品工艺级别评价指标中规定的五项评价指标	满足雕花翡翠饰品工艺级别评价指标中规定的四项评价指标
Q_2	好	仅能满足素身翡翠饰品工艺级别评价指标中规定的五项评价指标中的任意四项	仅能满足雕花翡翠饰品工艺级别评价指标中规定的四项评价指标中的任意三项
Q_3	中等	仅能满足素身翡翠饰品工艺级别评价指标中规定的五项评价指标中的任意三项	仅能满足雕花翡翠饰品工艺级别评价指标中规定的四项评价指标中的任意两项
Q_4	一般	仅能满足素身翡翠饰品工艺级别评价指标中规定的五项评价指标中的任意一项至两项	仅能满足雕花翡翠饰品工艺级别评价指标中规定的四项评价指标中的任意一项
Q_5	差	不能满足素身翡翠饰品工艺级别评价指标中规定的五项评价指标中的任意一项	不能满足雕花翡翠饰品工艺级别评价指标中规定的四项评价指标中的任意一项

素身翡翠饰品工艺级别的评价指标为:①轮廓优美;②对称性好;③比例适当;④大小合适;⑤抛光精美,光泽强。

雕花翡翠饰品工艺级别的评价指标为:①掩盖瑕疵;②突出美的色彩和质地;③造型设计巧妙,层次清晰,和谐美观(图9-26);④线条、弧面、平面要流畅,不呆滞;⑤抛光要精细,能突出饰品温润透亮的光泽。

2)综合印象评价

(1)综合印象级别划分。笔者根据翡翠饰品各项质量要素的总体情况,并结合历史文化内涵、制作者、来源、体积、稀有性、创新性等对综合印象进行评价。翡翠饰品的综合印象级别可划分为非常好(H_1)、很好(H_2)、好(H_3)、一般(H_4)四个等级。

图9-26 翡翠雕件

(2)综合印象级别评价。翡翠饰品综合印象分级及评价见表9-18。

翡翠饰品综合印象评价指标如下：

a. 历史文化内涵深厚；

b. 工艺精美或由著名的工艺美术大师雕刻；

c. 体积在同类别的饰品中占优势；

d. 同类型的翡翠饰品数量稀少；

e. 题材造型具创新性。

表9-18 翡翠饰品综合印象分级及评价

级别		划分标准
H_1	非常好	满足翡翠饰品综合印象评价指标中规定的五项评价指标中的任意四项至五项
H_2	很好	满足翡翠饰品综合印象评价指标中规定的五项评价指标中的任意两项至三项
H_3	好	满足翡翠饰品综合印象评价指标中规定的五项评价指标中的任意一项
H_4	一般	不能满足翡翠饰品综合印象评价指标中规定的五项评价指标中的任意一项

3)整体品质等级评价

(1)整体品质等级划分。笔者根据翡翠饰品各项评价因子的总品质分级划分整体品质等级。品质等级可划分为上品、珍品、精品、佳品、合格品五个档次。其中上品(划分为 TG_1、TG_2、TG_3)、珍品(划分为 T_1、T_2、T_3)、精品(划分为 VG_1、VG_2、VG_3)、佳品(划分为 G_1、G_2、G_3)又分别可划分为三个等级,合格品不分级。

(2)品质等级评价。翡翠饰品品质等级评价见表9-19。

表9-19 翡翠饰品品质等级评价

品质等级(Quality Grade)		等级代号
上品(Top grade)	一级	TG_1
	二级	TG_2
	三级	TG_3
珍品(Treasure)	一级	T_1
	二级	T_2
	三级	T_3

续表 9-19

品质等级（Quality Grade）		等级代号
精品（Very good）	一级	VG$_1$
	二级	VG$_2$
	三级	VG$_3$
佳品（good）	一级	G$_1$
	二级	G$_2$
	三级	G$_3$
合格品（Qualified feicui）	不分级	—

3. 翡翠玉器的价值评估

笔者在翡翠玉器品质级别评定基础上，进行价值评估。相应的品质级别对应相应的价值水平。

现阶段翡翠玉器的价值水平见表 9-20。

表 9-20　现阶段翡翠玉器的价值水平

品质级别	价值水平	品质级别	价值水平
特优	几千万元～几亿元	优	几百万元～几千万元
良	几十万元～几百万元	中	几万元～几十万元
一般	几千元～几万元		

常用的翡翠玉器价值评估方法是市场法。从市场中获取与待评估件品质相近的玉器价值资料是至关重要的。由于市场是开放的，其价格会一直处于变动状态，因而评估人只有深入翡翠玉器市场，不断汲取市场养料，捕捉瞬息万变的行情，才能做出正确的价值评估。

1. 请简述白玉玉器整体评估的原则。
2. 请简述白玉山子雕的雕琢工艺及品质评价要求。
3. 请简述现代玉器四大流派。
4. 试述翡翠的概念。
5. 请简要说明中国国家标准《翡翠分级》(GB/T 23885—2009)中"颜色（绿色）分级"的原则。

下编

首饰评估应用

第十章 首饰拍卖

第一节 拍卖与首饰拍卖

一、概念

拍卖也称竞买,指以公开竞价的方式,将特定的物品或财产权利转让给最高应价者的买卖方式。

关于首饰拍卖这个概念并没有单独的定义。作为艺术品拍卖中的一个项目,首饰拍卖的概念可根据拍卖概念进行延伸,即以首饰作为竞价标的,以公开竞价的方式,转让给最高应价者的买卖方式。

从首饰拍卖概念上,可以解读到如下信息:

(1)拍卖是一种买卖方式;
(2)价格形成方式是公开竞价;
(3)标的物是首饰(图10-1);
(4)买受人是最高应价者。

图 10-1　白色 18K 金红宝石镶钻石项链

二、拍卖方式

拍卖方式有英格兰式拍卖(English Auction)、荷兰式拍卖(Dutch Auction)、英格兰式与荷兰式相结合的拍卖方式。此外,还有美式拍卖、密封递价最高价拍卖、密封递价次高价拍卖、开放出价双重拍卖、密封出价双重拍卖等拍卖方式。

英格兰式拍卖,也称"增价拍卖"或"低估价拍卖",是指在拍卖过程中,拍卖人宣布拍卖标的的起叫价及最低增幅,竞买人以起叫价为起点,由低至高竞相应价,最后在最高竞价者三次报价无人应价后,响槌成交(成交价不得低于保留价)。这是目前艺术品拍卖中最为常用的方式。

此外,随着互联网经济的发展,网络拍卖已被越来越多的人们接受。网络拍卖是指通过互联网技术平台进行在线交易的一种模式,与传统拍卖的区别在于渠道和方式不同,但其竞价者通过竞价促成交易的本质内容是不变的。

三、现代拍卖业的经营范围

拍卖标的应当是委托人所有或者依法可以处置的物品、财产权利(法律、法规禁止买卖的物品或者财产权利,不得作为拍卖标的)。文物拍卖企业应获得《文物拍卖许可证》,文物拍卖前应将所拍标的报省(自治区、直辖市)文物行政部门审核备案。公物拍卖由市商业管理委员会和资产主管部门共同指定的拍卖行实施,其他部门不得自行设立公物拍卖机构或从事公物拍卖活动。公物拍卖的范围如下。

(1)国家行政机关、国有企事业单位在职权范围内需要拍卖的国有有形资产、无形资产。

(2)行政执法部门依法罚没的物品,充抵罚款的物品,以物抵税、以物抵债和无法返还的物品。

(3)检察院、法院依法没收的物品,追回的赃物,充抵罚金、罚款的物品。

(4)铁路、民航、邮政、海关、交通及公安、财政等部门获得的无主物品。

(5)国家机关、社会团体、国有企事业单位在公务活动中个人收受的需要拍卖的贵重礼品及内部查处的不构成刑事犯罪的贪污、受贿等过程中收受的无法返还的赃物。

(6)各司法、执法部门需要处理的及需要变卖的物品。

四、拍卖的基本原则和基本特点

1. 拍卖的基本原则

首饰拍卖应遵守相关法律、行政法规,遵循公开、公平、公正、诚实守信的原则。

2. 拍卖的基本特点

(1)价值的发现。在商品流通过程中,有许多商品按照传统的计价方式很难确定其真正价值,而拍卖这种交易方式能在特定时间召集特定买家,通过竞价的方式,为需要转让的标的找到一个确定的价格。尤其是对于无形资产及稀缺、新颖的财产或者财产权利来说,拍卖方式较之普通方式更具优势。从某种意义上说,拍卖交易方式是发现商品价格的一种重要途径,有利于市场形成均衡的价格。

(2)优化资源配置。有的标的物是供不应求的,在拍卖交易过程中,通过"价高者得"的方式成交的买受人通常是具备最佳条件或最需要拍卖标的者,这就使拍卖标的得到最好的开发和利用,从而使资源配置得到优化。

(3)拓展销售。拍卖标的涉及面广,对于特殊商品来说,拍卖的功能也显得尤为突出。如文物艺术品、土地使用权、冠名权、各种经营权等特殊商品可以通过拍卖的方式找到销售渠道。拍卖促进了这些特殊商品的流通,从而扩大了市场流通领域。

(4)降低交易成本,提高交易效率,减少交易风险。在拍卖过程中,人们发布拍卖公告、公开招商等做法使得拍卖信息能够完全公开地传给竞买人,在同一时间、同一地点众多竞买人参与标的物的竞争。信息发布不仅使信息的传播速度变快,而且减少了信息流通的成本。通过拍卖会,拍品能够直接面对客户,减少了中间流通环节,从而提高了交易效率。而且完全公开、公平、公正的竞争使竞买人进退自如,不受约束,降低了竞争风险。拍卖属于一种现货交易,款到即付,信用风险小。

五、拍卖的三个基本条件

(1)必须有两个以上的买主。拍卖时,只有一个卖主,但有多个买主。买主之间通过开展价格竞争获取标的物。

(2)必须有不断变动的价格。拍卖不是卖主对拍卖物品固定标价待售或买卖双方就拍卖物品讨价还价成交,而是由买主以卖主当场公布的起始价为基准另行报价,直至最后确定最高价为止。

(3)必须有公开竞争的行为。拍卖都是由不同的买主在公开场合针对同一拍卖物品竞相出价竞买,倘若所有买主对拍卖物品均无竞买行为,表示没有任何竞争行为发生,拍卖将失去意义。

六、拍卖与普通买卖的区别

拍卖是特殊的买卖方式,它与普通买卖方式最大的不同在于两个方面。

1. 竞争性强

这是由拍卖中包含的竞价因素所决定的。拍卖的竞争性主要表现在价格的竞争上。拍卖活动通常是一个竞价激烈的过程,许多买主相继出价,次数不限,互相展开竞争,致使拍卖标的的价格交替变化,始终处于动态之中。然而,普通买卖方式却并非如此。

在普通买卖方式中,商业机构或卖方明码标价,或者平卖或者贱卖,允许顾客对商品价格做出接受性选择才成交,而不存在买主本身享有使价格变动的权利,即使允许讨价还价,价格变动空间也十分有限。它主要是以达成买主意愿的方式来完成商品的销售过程。尽管在商品质量较好、花色品种齐全、符合时尚要求等条件下,普通商业机构能够不同程度地吸引顾客购买商品,甚至掀起抢购风潮,但这样的卖方只能在商品多、买主多的条件下,利用价格杠杆使买主在购买时间上和购买数量上体现出所谓的竞争,最终使自己在销售中求利。相比之下,拍卖机构则是在商品少、买主多的条件下,令众多买主围绕欲购的同一标的,在供不应求的情况下于价格上进行较量。它主要是通过促成买主竞争的方式来完成商品的销售过程。因此,拍卖机构并不十分看重同类拍卖品购买的时间和购买的数量,而是十分关注拍品的最终成交价。

2. 透明度高

这是由拍卖中包含的公开因素所决定的。公开性是拍卖的基本原则之一,它要求自始至终都必须公开进行拍卖。这种公开性使拍卖成为一种透明度最高的买卖方式。

首先,拍卖公开是指拍卖前发布公告,然后由拍卖机构按照公告中确定的时间、地点和条件,公开组织拍卖活动,对任何人都不得保密。相比之下,有些买卖属于私下交易,买卖双方私下甚至秘密谈判成交,买卖过程排斥任何第三方参与或知情,故没有任何透明度。

其次,拍卖与普通买卖中的常规交易(如商品的零售或批发等)不同。尽管后者一般在特定的市场公开进行,具有一定的透明度,而且卖方可以通过广告宣传促销扩大影响力,但其具体交易过程却不会像拍卖那样具有广泛的高透明度,因为买卖双方并没有处在拍卖场上那种特定的交易环境当中。

由此可见,透明度高是拍卖具有的最显著特点之一,而其他买卖方式往往缺乏透明度。除了竞争性强和透明度高之外,拍卖还有一些其他特点,如拍卖标的类型多、数量多,成交速度快、成交价格高等。

七、拍卖专业常用术语

(1) 拍卖人。从事拍卖活动的企业法人。

(2) 委托人。委托拍卖人拍卖特定物品、财产权利的公民、法人或者其他组织。

(3) 竞买人。参与竞价的公民、法人或者其他组织。

(4) 买受人。以最高价竞得拍卖标的的竞买人。

(5) 拍卖师。拍卖会的主持人(拍卖师应持有注册的执业资格证书)。

(6) 拍卖标的。委托拍卖的特定物品或者财产权利。

(7) 委托拍卖合同。拍卖人与委托人签订的确立委托拍卖关系的协议。

(8) 委托佣金。拍卖人在拍卖成交后向委托人收取的酬金。

(9) 买受佣金。拍卖人在拍卖成交后向买受人收取的酬金。

(10) 拍卖预告。拍卖人在拍卖公告之前发布的拍卖标的信息。

(11) 拍卖公告。拍卖人在新闻媒介上发布的拍卖会信息(新闻媒介通常包括报纸、电视、广播、刊物、网络平台等)。

(12) 拍卖标的目录。拍卖人制作的介绍拍卖标的的图文资料,形式分为纸质目录和电子目录等。

(13) 拍卖规则。拍卖当事人在拍卖活动中应当遵守的各项规定(拍卖当事人包括委托人、拍卖人、竞买人和买受人)。

(14) 竞买注意事项。拍卖人告知竞买人在拍卖过程中须知的事宜。

(15)标的瑕疵。拍卖标的在品质或权利方面的缺陷。

(16)瑕疵不担保声明。拍卖人、委托人在拍卖前做出的不保证拍卖标的是否存在瑕疵的声明。

(17)拍卖标的展示。拍卖人在拍卖前对拍卖标的的公示。

(18)竞买登记。拍卖人受理竞买申请的程序。

(19)竞买协议。拍卖人与竞买人签订的拍卖会中各自权利、义务的协议。

(20)竞买保证金。拍卖人要求竞买人于拍卖前交纳的信用担保款项。

(21)委托竞买。拍卖人应竞买人的要求,为其提供的代为传递竞买信息的服务(代为传递竞买信息的服务通常包括现场举牌竞价、电话委托竞价、网络竞价等)。

(22)保留价。委托人确定的拍卖标的可以成交的最低价格,通常也称底价。

(23)估价。拍卖人估算的拍卖标的交易价格。

(24)增价拍卖。价格由低向高的竞价方式。

(25)减价拍卖。价格由高向低的竞价方式。

(26)投标式拍卖。竞买人将出价写在出价单上密封后,通过公开开封确定最高应价的拍卖方式。

(27)起拍价。拍卖人确定的拍卖标的的竞价起始价格。

(28)竞价幅度。拍卖师在拍卖中设定的价格增减数额,通常也称竞价阶梯。

(29)应价。拍卖会中响应报价的价格。

(30)成交价。拍卖师确认的竞买人的最高应价。

(31)买受结算价。买受人应支付的成交价、拍卖佣金和其他费用的总和。

(32)委托结算价。委托人按照委托拍卖合同应得到的交易款额。

(33)拍卖中止。拍卖人因故暂停已经开始的拍卖程序。

(34)拍卖恢复。拍卖中止事由消除后拍卖继续进行的程序。

(35)拍卖终止。拍卖人完成或因故终结的拍卖程序。

(36)成交确认书。买受人和拍卖人签署的确认拍卖成交事实的书面凭证。

(37)拍卖笔录。拍卖人记录拍卖会过程有关事项的书面凭证。

第二节 拍卖流程及实施细则

一、拍卖标的征集

拍卖标的征集应遵守国家有关拍卖标的范围的规定,并与本企业的拍卖资质相符。拍卖人在征集前可通过适当的媒介对其征集活动进行宣传,主要宣传内容包括:征集时间、征集地点、征集范围以及联络方式。拍卖人征集拍卖标的时,应安排相应专业人员参加现场征集活动，携带加盖公章的拍卖人营业执照复印件或者相关证明。拍卖人在境外征集拍卖标的时，应遵守国家关于拍卖标的出入境管理的相关规定。

1. 拍卖委托

拍卖人在接受委托人的拍卖委托时，应与委托人签订书面委托拍卖合同，并要求委托人提供如下身份证明。

(1)委托人为自然人的，应提供有效身份证、护照或者中华人民共和国政府认可的其他有效身份证件。

(2)委托人为法人或者其他组织的，应提供有效注册登记文件、法定代表人身份证明或者合法的授权委托证明文件。

(3)代理人委托拍卖标的的，应提供授权委托书和委托人、代理人的有效身份证件。授权委托书应载明代理人的姓名或者代理单位名称、代理事项、代理权限和有效期。

拍卖人在与委托人签订委托拍卖合同时，有权要求委托人提供拍卖标的的所有权证明或者可以依法处分该拍卖标的的证明及其他资料，并有权要求委托人说明该拍卖标的的来源和瑕疵。

拍卖人与委托人应准确、清晰、完整填写委托拍卖合同的各项内容，对拍卖物品进行价值评估并最终确定底价。对于有附件的委托拍卖合同，应在附件中注明主合同编号。委托拍卖合同至少一式三份，由拍卖人财务部门、业务部门和委托人分别留存。如确需修改委托拍卖合同，可直接在原合同上进行修改，或者签订补充协议。若直接在原合同上进行修改，则合同修改处应由合同双方签字或者签章确认。

2. 委托拍卖合同的管理

拍卖人应建立委托拍卖合同管理制度，对委托拍卖合同的执行情况进行跟踪，采取必要的保密措施，予以妥善保存。

3. 拍卖标的的交付时限

委托人应按照约定最晚于拍卖预展两个工作日前将委托拍卖标的交付拍卖人。

4. 拍卖标的保险

委托人将拍卖标的交付拍卖人后，要求为拍卖标的安排保险的，拍卖人应代为安排保险，相关费用由委托人承担。无法投保的，双方另行约定拍卖标的的保管责任。

5. 拍卖标的的鉴定与审核

1)鉴定与审核程序

委托拍卖合同签订前，拍卖人应对征集的拍卖标的进行初步鉴定，根据鉴定结果决定是否接受委托。委托拍卖合同签订后，拍卖人认为需要对拍卖标的作进一步鉴定的，可依法进行鉴定。拍卖标的鉴定结论与委托拍卖合同载明的拍卖标的状况不相符的，拍卖人有权要求变更或者解除合同。

拍卖人应依法将拟上拍的文物拍卖标的报所在地的省（自治区、直辖市）人民政府文物行政部门审核，并依据审核意见确定是否上拍。对未通过审核的拍卖标的，拍卖人应告知委托人，并与委托人解除该标的的委托拍卖合同。

2）鉴定记录

拍卖人在对拍卖标的进行鉴定时，应制作鉴定记录。鉴定记录内容包括鉴定时间、地点、鉴定人或者鉴定机构、鉴定意见和结论。

6. 拍卖标的的保管

1）库房基本设施

拍卖者应在拍卖标的库房安装合适的影像采集、报警和消防系统，满足各类拍卖标的基本的保管条件。对有特殊要求的拍卖标的，应视情况配备相应的防水、防尘、防虫、防火、防盗等保管设施。

2）拍卖标的存放

拍卖者在库房存放拍卖标的时，应依照拍卖标的的材质、包装形态、质量以及安全要求，设定合理的存放方式，避免拍卖标的受损。

3）库房盘点管理

拍卖人应建立库房定期盘点制度，对库存拍卖标的进行定期盘点。盘点数量与账面数量若有差异，应立即会同相关部门查明原因，并及时处理。库房管理员岗位变更时，应按规定完成拍卖标的的移交工作。

7. 拍卖图录的制作

拍卖活动举办前，拍卖人应制作拍卖图录，以便相关各方了解拍卖活动以及拍卖标的的基本情况。拍卖图录的内容应符合政府行政主管部门的审核意见。对于禁止出境的拍卖标的、无保留价的拍卖标的，拍卖人应在拍卖图录上特别标注。拍卖图录一般包括以下内容：拍卖活动名称、预展以及拍卖的时间和地点、拍卖规则等相关各方应知悉的内容、委托竞投授权书文本、拍卖人联络方式、拍卖标的基本情况以及特别说明。基本情况一般包括拍卖标的名称、作者及其生辰、年代、形式、质地、尺寸、参考价等内容。全部拍卖标的应刊印于拍卖图录上，并可根据需要配附图片，图片应尽可能准确反映拍卖标的的实际状况和品质。

二、拍卖会的实施

1. 申报与备案

拍卖会举办之前，拍卖人应根据有关法律、行政法规的要求完成向有关行政主管部门申报、备案的工作。

2. 拍卖公告

拍卖人应于拍卖日的前七日发布拍卖公告，拍卖公告应包括以下内容：拍卖的时间和地点、拍卖标的或者拍卖场次、拍卖标的的预展时间和地点、参与竞买应当办理的手续、拍卖人联系方式、需要公告的其他事项。

3. 日程安排与岗位设置

拍卖日程通常包括新闻发布、拍卖公告、拍卖标的预展、现场拍卖、财务结算、拍卖标的交付等各阶段的实施日期和期限。拍卖会应设置现场指挥、客户接待、安全保卫、新闻报道、联络协调、后勤保障等主要岗位。

4. 拍卖标的预展要求

拍卖人应在拍卖前展示拍卖标的,并提供查看拍卖标的的条件以及有关资料。拍卖标的的展示时间不得少于两日。预展场地应符合国家有关首饰展示场地的要求,展板、展架、灯具等应符合国家安全标准。拍卖人可选择专业机构负责展区设计、展场布置工作(图10-2)。

图10-2 某拍卖预展现场

5. 竞买人登记

竞买人为自然人的,应提供本人有效身份证件。竞买人为法人或者其他组织的,应提供有效的注册登记文件、法定代表人身份证明或者合法的授权委托证明文件。竞买人委托他人代为办理竞买登记手续的,代理人应出具授权委托书和竞买人、代理人的有效身份证件。授权委托书应载明代理人的姓名或者名称、身份证件类型以及号码、代理事项、代理权限和有效期。拍卖人应核对代理人的有效身份证件并复制留存。

拍卖人和竞买人应签署竞买协议。竞买协议文本的内容包括:竞买人和拍卖人的基本情况、竞买牌号、双方在拍卖活动中的主要权利和义务、拍卖规则。拍卖人发放的竞买号牌为竞买人参与现场竞价的唯一凭证。

6. 代为竞买和委托竞投

竞买人可自行参加竞买,也可委托其代理人参加竞买,竞买结果以及相关法律责任由竞买人承担。

竞买人委托拍卖人代为竞投的,竞买人应以签订委托竞投授权书的形式向拍卖人提出委托竞投的请求。拍卖人接受竞买人委托竞投请求的,应在拍卖现场设置委托竞投席,为竞买人提供代为传递竞买信息的服务(图10-3)。

图10-3 某拍卖现场电话竞拍

三、拍卖现场

1. 会场要求

拍卖人应根据拍卖标的状况和竞买号牌的发放数量合理布置拍卖会场。拍卖人可在拍卖会场设置投影系统和影像采集系统,并根据需要设立委托竞投席。拍卖人应落实拍卖会场的安全消防措施。

2. 拍卖主持

拍卖师应于拍卖前宣布拍卖规则和注意事项。拍卖师原则上应按照拍卖图录中的拍卖标的顺序依次拍卖,如有调整应在拍卖前予以说明。拍卖标的无保留价的,拍卖师应在拍卖前予以说明;拍卖标的有保留价的,在竞买人的最高应价未达到保留价时,该应价不发生效力,拍卖师应停止拍卖标的的拍卖。

3. 拍卖成交

竞买人的最高应价经拍卖师落槌或者以其他公开表示买定的方式确认后,拍卖成交。拍卖成交后,买受人和拍卖人应签署成交确认书。

4. 拍卖笔录

拍卖人进行拍卖时,应制作拍卖笔录。拍卖笔录应由拍卖师、记录人签名,拍卖成交的还应由买受人签名。

5. 买受人结算

拍卖成交后,买受人凭成交确认书、竞买保证金收据与拍卖人办理结算事宜。买受人委托他人代为付款的,代理人应出具买受人的授权委托书。授权委托书应载明代理人的姓名或者名称、身份证件类型以及号码、代理事项、代理权限和有效期。拍卖人应核对代理人的有效身份证件并复印留存。

6. 买受人提取拍卖标的

买受人持拍卖标的提取凭证办理提取手续。买受人提取拍卖标的后,拍卖人应当场收回拍卖标的提取凭证。

买受人在委托他人提取拍卖标的时,代理人应出具买受人的授权委托书以及拍卖标的提取凭证。授权委托书应载明代理人的姓名或者名称、身份证件类型以及号码、代理事项、代理权限和有效期。拍卖人应核对代理人的有效身份证件并复印留存。

7. 委托人结算

拍卖人收到买受人支付的价款后,应按照约定与委托人结算。委托人委托他人办理结算事宜时,代理人应出具委托人的授权委托书。授权委托书应当载明代理人的姓名或者名称、身份证件类型以及号码、代理事项、代理权限和有效期。拍卖人应核对代理人的有效身份证件并复印留存。拍卖人应根据国家有关税务规定履行代扣代缴义务。

8. 拍卖标的退还

当拍卖标的未上拍或者未成交时,拍卖人应及时通知委托人凭有效身份证件以及相关凭证办理退还手续,领取拍卖标的。

委托人在委托他人办理领取事宜时,代理人应当出具委托人的授权委托书。授权委托书应载明代理人的姓名或者名称、身份证件类型以及号码、代理事项、代理权限和有效期。拍卖人应核对代理人的有效身份证件并复制留存。

四、拍卖档案的管理

1. 档案资料的内容

(1)委托拍卖合同、委托人提供的对拍卖标的享有所有权或者处分权的证明以及其他资料、证照复印件等,拍卖标的的保管、保险、交付等事项的有关资料。

(2)拍卖公告,包括报纸以及广播、电视的公告刊登证明。

(3)拍卖标的资料,包括拍卖图录、与拍卖标的相关的各类图片、文字资料、鉴定记录以及有关部门的批复文件。

(4)预展以及拍卖现场的影像、文字资料。

(5)竞买登记文件,包括竞买协议、竞买人的身份证明复印件、委托代理竞买授权书以及代理人的身份证件复印件。

(6)拍卖规则、注意事项、重要声明等。

(7)成交确认书、拍卖笔录、委托竞投授权书。

(8)有关拍卖业务经营活动的完整账簿和其他有关资料。

2. 档案资料的管理

拍卖人可自行选择档案管理方式。管理方式包括:①以拍卖会为单元整理存档;②以资料的内容为单元分类存档。拍卖资料应当真实、准确、完整,方便查阅。每个拍卖档案均应建立档案目录和编号。

3. 档案保管期限

拍卖人应妥善保管档案资料,保管期限自委托拍卖合同终止之日起计算,不得少于五年。

五、争议的解决途径

当参与拍卖活动的拍卖当事人产生争议时,可采取以下解决途径。

(1)各方进一步协商和解。

(2)申请第三方调解。

(3)协商和解、调解不成可向行政管理部门申诉解决。

(4)各方达成协议,向国家仲裁机构提出仲裁申请。

(5)向人民法院提起诉讼。

第三节 相关法律文件

拍卖也称竞买,是指以公开竞价的方式,将特定的物品或财产权利转让给最高应价者的买卖方式。拍卖这种特殊的买卖方式具有购买对象集中、购买过程简捷、价格合适、公开性强、法律约束力显著等特点。

为规范拍卖行为,维护拍卖秩序,我们应根据公开、公平、公正和诚实守信的原则,保护拍卖活动相关当事人的合法权益。现代中国艺术品的拍卖概念和拍卖方式以下列法律法规为指导。

(1)《中华人民共和国拍卖法》(2015 年 4 月 24 日第十二届全国人民代表大会常务委员会第十四次会议修正)。

(2)《中华人民共和国文物保护法》(2017 年 11 月 4 日第十二届全国人民代表大会常务委员会第三十次会议修正)。

(3)《拍卖管理办法》(2019 年 11 月 30 日中华人民共和国商务部第二次修订)。

(4)《文物拍卖管理办法》(2016 年 10 月 20 日国家文物局颁布)。

第四节　首饰拍卖的对象

一、首饰拍卖的主要品种

亚洲首饰拍卖的主要品种分为两大类：珠宝和玉器。由于金银器物多作为艺术品和古董进行拍卖,在此不再赘述。

1. 珠宝类

(1)钻石(图 10-4)。钻石是公认的宝石之王,为自然界中最坚硬的宝石。钻石(包括彩钻在内)拍卖在珠宝拍卖中占最重要地位。

注：引自上海联合 2019 秋季艺术品拍卖会展品图片。

图 10-4　18K 金黄钻戒指

(主石：1.01ct、fancy yellow；配钻：0.327ct；总重：4.1g；裸石尺寸：5.33mm×5.01mm×3.94mm；估价：2.95 万～4 万元人民币)

(2)红宝石(图 10-5)。红宝石质地坚硬,硬度仅在金刚石之下,俗称"鸽血红"的红宝石最受人们的珍爱。它象征着爱情的美好、永恒和忠贞。红宝石拍卖在珠宝拍卖中占有一定比例。

注:引自上海联合2019秋季艺术品拍卖会展品图片。

图 10-5 无烧红宝石心形钻石戒指

(主石:1.353ct(无烧);配钻:0.83 ct;裸石尺寸:6.4mm×6.9mm×3.6mm;Pt900铂金镶嵌配钻;估价:1.8万～2.8万元人民币)

蓝宝石因其晶莹剔透的外观及所带有的神秘色彩,被人们视为吉祥物(图10-6)。蓝宝石拍卖在珠宝拍卖中占有一定比例。

图 10-6 蓝宝石(11.55ct)镶钻石挂件

(拍卖价格:165万元人民币)

(3)祖母绿(图10-7)。祖母绿被称为绿宝石之王,自古就是珍贵宝石之一。虽在亚洲拍卖市场中占的比重不大,但在欧美国家的拍卖市场之中却占有不少的比重。

注:引自上海联合2019秋季艺术品拍卖会展品图片。

图10-7 18K金祖母绿钻石戒指

(主石:0.53ct(极微油)、Green;配钻:0.23ct;裸石尺寸:8.26mm×5.47mm×3.25mm;白色18K金镶嵌配钻;估价:1.55万~2.5万元人民币)

碧玺(图10-8)、猫眼石(金绿宝石)、海蓝宝石、坦桑石、珍珠等一般作为配石进行拍卖。当然这些宝石的精品有时也会作为主石出现在拍卖会中。而珊瑚、水晶、青金石、欧泊等多作为主石或者拍卖的主体出现在拍卖会中。

2. 玉器类

(1)翡翠。翡翠产自缅甸,其颜色丰富,深受亚洲人喜爱。其拍卖种类丰富,主要包括手镯、挂件、戒面、珠串和摆件。清朝以来中国人对翡翠的钟爱从未消减,因此翡翠成为国内玉器拍卖市场上的主角,其成交价屡创拍卖市场的成交记录新高。

资深人士黄景路女士在《2010—2019拍卖行珠宝首饰报告》一文中指出:"翡翠是中国香港珠宝拍卖市场的亮点。它也是过去十年中国香港市场变化的动力。"她对2010—2019年来中国香港拍卖行里出现的众多翡翠进行梳理,将各式翡翠拍卖成交价中最高价列表总结(表10-1),将翡翠首饰按大、中、小规格分成串珠项链、手镯、吊坠三类,颜色分为绿、紫、无色、红/黄色和黑色五种(基本囊括了当前拍卖市场上所有的颜色品种)。

从表10-1中可知,绿色翡翠拍卖品,颜色分类细腻,数量众多,品质有保障,其成交价站在拍卖成交价的最高点。

图 10-8 白色 18K 金红碧玺镶钻石项链

表 10-1 2010—2019 年中国香港拍卖行翡翠最高成交价一览表

颜色	珠串项链/港元	手镯/港元	吊坠/港元
绿色	214 040 000	59 590 000	46 492 000
紫色	21 240 000	10 620 000	10 620 000
无色	4 720 000	2 360 000	3 776 000
红/黄色	325 000(红色)	500 000 826 000(黄色)	
黑色		247 800	684 400

注：引自《2010—2019 拍卖行珠宝首饰报告》，编排稍有修改。

（2）白玉。自古以来，白玉作为中国特色玉石在文化上有其独特的内涵，因此在国内拍卖市场上也占据一席之地。主要品种有玉牌、手把件、手镯和摆件等。

二、首饰拍卖的选送原则

(1) 稀缺性。但凡拍卖的珠宝玉器无一不是万里挑一的精品。因具有稀缺性，它们才能在拍卖中被拍出高的价格。所以在挑选拍卖首饰时必须从其稀缺性出发，取优去杂。

(2) 艺术性。珠宝饰品除了有其本身价值之外，还附有艺术价值。一枚镶嵌精美、工艺优良的镶嵌制品往往要比裸石的价格高出不少。而对玉石的评估更是有"三分料七分工"的说法，只有设计巧妙、雕刻精良的翡翠和白玉才能得到买家的青睐。

(3) 历史性。从拍卖的角度来看，有一定历史价值的物件一般都能拍出很好的价格，因为其年代价值成为拍品的附加价值。这一特点在金银首饰拍品上体现得尤为明显，其历史性与成交价格挂钩。

(4) 出自名人名师。名人名师指两个方面：其一是指珠宝玉器饰品制作出自名家之手，因此其工艺和品质得到保证；其二是指由名人佩戴或是拥有过。这两点都是名人效应的体现。

(5) 地域性。地域性是指社会大环境对珠宝玉器的认同和喜好。举一个简单的例子，在欧美国家的拍卖会上多见祖母绿、金绿宝石等宝石，翡翠、白玉等比较罕见；而在中国的拍卖会上，翡翠经常"唱主角"，祖母绿等却鲜有所闻。

三、首饰拍卖的估价依据

首饰拍卖的估价依据有两种：指导性估价和策略性估价。

(1) 指导性估价。指导性估价是指根据同类饰品以往成交价格的平均数而设定的估价模式，通常在拍卖品图录上展示。如某件翡翠手镯，图示上的标价为1200万～1600万元，其中1200万元为低估价，1600万元为高估价。这个估价区间是根据以往成交记录而设定的。拍卖实践提供的资料表明，约有一半的拍品在高低估价区间内成交。一般而言，流通性差的饰品适用于指导性估价。

(2) 策略性估价。策略性估价是指在指导性估价的基础上衍生的最经典的估价模式，即"低估高卖"方式。拍卖行采用低估价方式，以吸引尽可能多的竞标人，再通过竞价机制促成高价成交。参与人越多，竞价气氛越热烈，形成高价成交的可能性越大。一般流通性强、传承出处好的饰品适用于策略性估价。

四、首饰拍卖过程中的注意要点

(1) 首饰拍卖标的物的选择。拍品越精致，越容易拍出高的价格，也越容易吸引买家参与，从而提高拍卖会的水平和规格。对于普通拍品，则应注意真假和对其描述的正确性。

(2) 在拍卖图录的制作上，要尽可能地做到还原拍品真实面貌，如实描述拍品（特别是有关数据和出处）。

(3)作为首饰拍卖师,除了要从品质、价位等多方面了解拍品之外,更要熟悉拍品市场,在拍卖时做到有的放矢,尽可能地拍出合理的价格。对于精品,则更应注重拍卖技巧,从而拍出一个体现其真正价值的成交价。

在法国巴黎的一家拍卖行的拍卖会上,有一件拍品是拿破仑的订婚戒(图10-9)。戒指是由钻石和蓝宝石镶嵌而成,估价在1万～1.5万欧元之间,在拍卖中经过几十轮的竞价最终以71万欧元落槌。

图10-9 戒指《我和你》

这是一个成功的珠宝拍卖典型案例。其本身钻石和蓝宝石的价格远低于成交价。由于这件拍品是拿破仑送给其爱妻约瑟芬的定情戒,所以它除了有宝石价值和艺术价值之外,还有历史价值,并体现出了稀缺性及名人效应。拍卖方还为它取了一个恰当的名字——《我和你》,更体现了它的完整性。

在香港某拍卖公司的一次珠宝首饰拍卖会上,有一件罕见的天然翡翠项链。这串项链上的翡翠产自缅甸十大名坑之一的会卡地区,属于老坑种。这条项链由23颗直径为17.35～20.71mm的翡翠珠粒组成,珠粒鲜绿透明、质地细腻、形状饱满(图10-10)。

在这次的拍卖会上,该项链终以100 000 600元港币成交,创下翡翠单件拍卖成交价新纪录。能创下这个新纪录,与拍卖公司的精挑细选是分不开的。另外,在宣传上,该公司展开了规模浩大的各地巡展,并在各大媒体上大力宣传,同时积极联系潜在卖家,从而创下了这样一个拍卖纪录。

图 10-10 翡翠项链

思考题

1. 请简述拍卖人、委托人、竞买人、买受人和拍卖师的名词解释。
2. 首饰拍卖的估价依据是什么?
3. 请解释首饰拍卖概念的内涵。
4. 请介绍亚洲地区首饰拍卖的主要品种。
5. 请简述首饰拍卖的选送原则。

第十一章 首饰典当

提起典当，人们往往将它同欺诈、高利盘剥联系起来。典当曾经一度成了生活中的贬义词。其实，我国现代典当与旧时典当完全不同，它已演化为寻常百姓的融资手段、小企业借贷资金的融资渠道。

首饰典当是现代典当业经营范围中的一部分，可归入民品典当范畴。随着人们对首饰使用价值的认识逐渐深化，首饰使用范围的不断拓宽，人们意识到首饰不仅仅用于佩戴欣赏，而且可用于收藏、投资和理财。在人们急需资金时，可将首饰仓促变现或质押融资。因此，首饰典当业逐渐繁荣起来。

第一节 典当概述

一、典当概念

不同历史时期，人们对典当概念的定义不同。2005年4月1日由中华人民共和国商务部和公安部联合颁布的《典当管理办法》（见附录4）第三条对现代典当概念进行了界定。2005版《典当管理办法》至今仍在执行。

1. 现代典当概念

典当是指当户将其动产、财产权利作为当物质押或者将其房地产作为当物抵押给典当行，交付一定比例费用，取得当金，并在约定期限内支付当金利息、偿还当金、赎回当物的行为。

从典当定义上，可以解读到如下信息。

(1) 典当物品，包括动产、财产权利及房地产。
(2) 典当方式，指质押或抵押。
(3) 典当费用，包括当期综合费及当金利息。
(4) 典当时间，典当有一定期限，最长不得超过六个月。
(5) 典当行为，即以物作押，是有一定期限的有偿借贷的融资活动。

2. 典当概念的演变

在旧时,"典"和"当"有不同的含义。典当业出现过典、当、质(或按)及押不同等级的划分。

(1)典铺。资本较多,赎当期长,利息较低,可接受不动产、动产抵押。

(2)当铺。资本较典铺次之,只接受动产抵押,押款有限额。

(3)质铺(山西、安徽)、按铺(广东、福建)。资本更少,只接受动产抵押,利息较高。

(4)押铺。资本最少,赎当期短,利息最高。

现时典当概念中,"典"和"当"没有明显的划分,常常将两字联用。

3. 现代典当业的经营范围

现代典当业经营范围与旧时典当业不同。2005年4月颁布的《典当管理办法》(见附录4)明确规定,典当行经批准可经营下列六个方面的经营业务:①动产质押典当业务;②财产权利质押典当业务;③房地产抵押典当业务;④限额内绝当物品的变卖;⑤鉴定评估及咨询服务;⑥商务部依法批准的其他典当业务。其中,动产类有民品(包括金银饰品、珠宝钻石、电子产品、钟表、照相机等)、车辆、物资等。

二、典当的基本特点和社会功能

1. 典当的基本特点

典当的基本特点是指典当作为一种特殊的融资方式,在经营活动中所体现出的本质特征。具体包括以下几点。

(1)小额性。典当行向当户发放当金数额以小额为主。当金数额越小,笔数越多,其风险越分散,这是由典当资本实力和风险规避的需要等因素决定的。

(2)短期性。当物在押时间越短,资金周转越快,资金使用效率越高,盈利能力越强,风险相对越小。典当期限以五日起算,通常有十五日、三十日,最长不超过六个月。

(3)便携性。典当行融资服务快速、便捷、灵活。具体表现在当物多样性、期限长短可选性、利率费率可调性、手续简便性以及放款的快速性等方面,能充分满足当户所需。

(4)安全性。典当行为了妥善保管当物,设有专职保管员、专门仓库;典当行对当户的典当信息严格保密,恪守职业道德。

2. 典当的社会功能

典当的社会功能不仅体现在典当行的主管经营活动中,也反映在典当行对社会的客观作用中。

(1)资金融通功能。典当行为中、小企业和个人提供质押、抵押放款服务。通过融通资金,扶危帮困,为企业、个人解燃眉之急,这是最直接的社会服务功能。

(2)鉴定评估功能。典当行对当户提供的当物都要进行鉴定评估,这是收当程序中最重要的步骤。典当行根据鉴定评估的结论,决定当物的当金。通过这一步骤,当户对自己所持当品的真伪、品质、性能以及价值形成明确的认知。在长期的实践中,这项服务功能能满足一部分客户鉴定物品的需要。

(3)当物保管功能。典当行为当户妥善保管当物是当票或典当合同约定的基本义务。典当行的库房条件、软硬件措施及规范管理制度应能表现出较强的保管功能。典当行的安全优势吸引了较多需要短期保管、临时存放贵重物品的客户(这些客户不是当户,只是短期存户),增强了典当行的社会功能。

(4)当品销售功能。在典当过程中,若出现绝当情况,会延长典当过程。典当行为了快速结束这一典当过程,需要变卖处理绝当物品,将该绝当物品尽快变现,于是在典当行内出现了一个特殊的固定的购买渠道或场所——绝当品柜台。绝当品作为二手货销售,价格明显低于一般二手货市场。

(5)民间高利贷遏制功能。典当行有面向全社会公开的当金利率和典当费率,这个总和远远低于民间高利贷者的借贷利率。因此,典当行可直接遏制高利贷借贷的泛滥和蔓延。这是典当行间接的社会功能。

三、典当专业常用术语

(1)当户。又称交当人、出当人或出质人,通常指以一定的当物质押给典当行而换取相应当金的借款人。当户可以是居民个人,也可以是企业、事业单位或团体组织。

(2)当物。也称当品或者质物,指在当户和典当行双方借贷行为中作为债权债务关系担保的标的物。动产或者财产权利作为当物时,其所有权归当户,占有权归典当行;不动产作为当物时,占有权仍属于当户。

(3)交当。交当是指当户在典当过程中向典当行给付当物的行为。

(4)收当。收当是指典当行在典当过程中收取当户当物的行为。

(5)收当人。又称受押人、承典人、贷款人,是指以收受一定当品为条件并按相应估价放款的典当行。

(6)当金。又称典金、当价、当本,是指交当人将当物质押给典当行后,典当行依据当物的实际估价进行一定比例折算后,支付给交当人一定金额的款项。在典当合同中支付当金是典当行的义务。

(7)当票。当票是指典当行和当户因典当行为而相互签订的借贷契约,它是确定双方债权债务关系的主要依据。同时,当票又是典当行向当户支付当金的付款凭证。当票是格式合同,典当行和当户就当票以外事项进行约定的,应当补签书面合同。

(8)当期。即典当期限,是指收当人(典当行)与交当人(当户)在当票或典当合同中约定交当人付清当金,支付当息费用并赎回当物的时间。

(9)利率。利率是指收当人(典当行)支付交当人(当户)当金后,按该当金的数额向当户计收利息的利息率。一般以中国人民银行规定的同档次流动资金贷款利率为标准。

(10)典当综合费及费率。典当综合费是指典当行对当户的当物进行鉴定、保管而发生的鉴定评估费用、保管费用、工本手续费用及保险费用等费用的综合,俗称"综合费"。典当行向当户计收综合费采用的标准称为综合费率。《典当管理办法》规定:质押典当,其综合费率不得超过当金的42‰;房地产典当,其综合费率不得超过当金的27‰;财产权利典当,其综合费率不得超过当金的24‰。典当综合费用在当户取当金时预扣。

(11)赎当。赎当是指交当人(当户)在约定的档期内,归还当金和利息,结清费用并取回当物的行为。赎当是当户的权利,当户根据情况可以行使、不行使甚至放弃。赎当表示典当合同的终止。

(12)续当。续当是指当户在典当期限届满时因资金等原因不能按期偿还本息,回赎当物,经与典当行协商延长典当期限的行为。续当是指典当双方权利和义务关系的继续。

(13)绝当。又称死当,是指典当期限届满,在规定的时限内(期满五日),当户既不赎当也不续当的行为。死当标志着当物的部分权利从当户转移到了典当行,典当行对当物一般享有优先受偿权。

(14)绝当销售。又称出当、绝卖,是指典当行对当期已满既不赎回又不办理续当手续的绝当物品,通过拍卖、寄卖和自行销售等方式处理,用以变现收回典当本金、利息及相关费用的行为。出当的前提条件是"绝当",收当人已取得当物的处置权。

四、典当流程

典当流程是指一次典当活动的整个过程,它涵盖了交当、收当、赎当各个阶段。典当流程见图11-1。

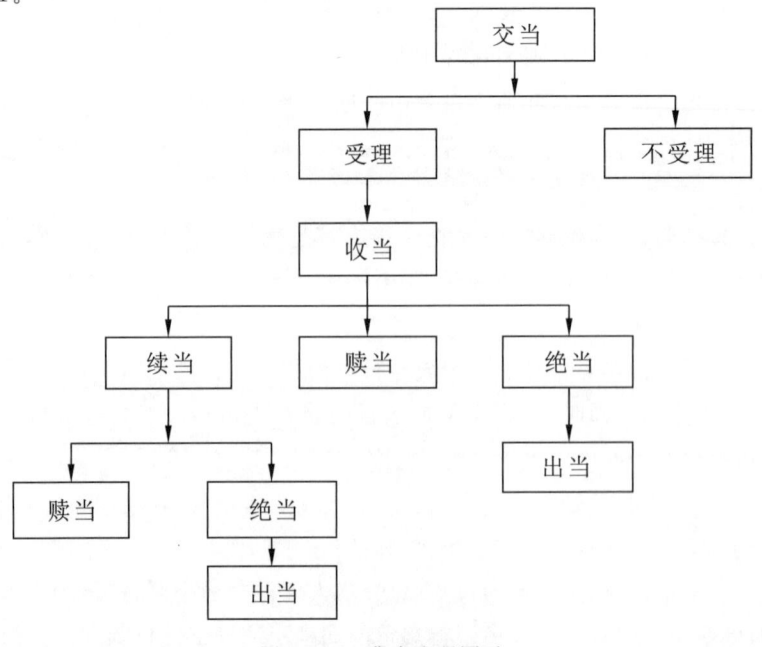

图11-1 典当流程图示

1. 交当

交当是典当过程的第一阶段。当户向典当行交付当物。当物是动产或财产权利时,所有权归当户、占有权归典当行;当物是不动产时,所有权、占有权都归当户。

提交当物时,当户必须同时出具或表明如下内容。

(1)个人当户,出示个人身份证;单位当户,出示单位证明及经办人身份证。

(2)当物来源的证明或说明。典当行不是法律单位,无权审查当物所有权,可要求当户提供证明或说明。

(3)典当期限,一般五日起限,不足五日,按五日计算,最长期限为六个月。

2. 收当

收当是典当过程的第二阶段。收当是典当行在典当过程中收取当物的行为。这一阶段有三个连贯的步骤。

步骤一,鉴定评估。典当行首先对当物进行鉴定评估,以决定对该当物是收当或是不受理。经常出现这样的情况:当物无流通价值,于是典当行不受理。

步骤二,确定当金。决定收当后,典当行与当户双方约定当物评估价格、当金数额、典当期限,并确认法定的息费标准。

步骤三,完成收当。当物由双方当面结清,签封后交典当行收当保管。同时,典当行向当户签发当票、发放当金。发放当金时,扣去典当综合费。

3. 赎当

赎当是典当过程的第三阶段。赎当是指在典当过程中,当户在约定的当期内,归还当金、利息,结清费用,取回当物的行为。赎当表示典当活动的终止,一次典当过程的结束。在赎当阶段,有时会发生以下其他情况。第一种情况,当户在约定的当期内或当期届满五日内不赎当,于是典当过程进入绝当阶段。典当行有权为了尽快将当物变现,减少损失,将当品通过拍卖、寄卖、自行销售方式收回资金。

第二种情况,当户应在约定的当期内或典当期届满五日内提出续当。典当双方继续履行相关权利和义务。提出续当的前提是当户必须将前期的利息及续当期的费用结清。

第二节 首饰典当概述

一、首饰典当概念

首饰典当是指当户将其首饰作为当物质押给典当行,交付一定比例费用,取得当金,并在约定期限内支付当金利息,偿还当金并赎回当物的行为。从首饰典当概念上,可了解如下信息。

(1) 典当物品是首饰（图 11-2）。
(2) 典当方式是质押。
(3) 典当费用是当费及当金利息。
(4) 典当时间最长不超过六个月。
(5) 典当行为是指以首饰作押，有一定期限的有偿借贷的融资活动。

图 11-2 翡翠手镯

二、首饰典当工作原则

首饰典当工作原则是指开展首饰典当活动时必须遵循的理念和工作出发点。遵循这些工作原则，能使典当行降低误当、被骗当的风险。

(1) 来源合法原则。典当首饰时，典当行必须向当户了解首饰的来源或所有权。必要时，请当户填写一份确认当物来源合法的声明。尽管典当行不是公安、司法机构，但仍需要了解首饰当物的合法性。如果误收非法品，典当行不仅会受到经济上的损失，而且企业声誉会受到影响。

(2) 专家会诊原则。对于名贵首饰、高档首饰，在收当时，必须鉴定其真伪及品质等级。由于该工作专业性强，典当行收当人不一定能胜任鉴评工作，因此需要聘请社会上有关专家进行专业会诊。通常，典当行可聘请珠宝行业专家作为顾问。对名贵、高档首饰的评估，必须请多名珠宝专家会诊，以提高鉴评的准确性。

(3) 精品上品原则。精品首饰的欣赏性、收藏性高并有升值空间。这类当品一旦绝当，易快速变现，并有较大的盈利空间。在精品首饰交当时，通常都附带国外著名鉴定机构的鉴定证书，典当行需要对证书进行核实。若经核实确实存在鉴定证书，可提升当品的评估价值。

(4)真品作假原则。在收当时,典当行有时难以确定首饰的真伪和品质等级,为避免误当,可采用"真的当作假的收,言说有据按无据"的真品作假原则。一方面典当行规避了风险;另一方面不影响当品的实体收当,只是降低了当金。

要注意,当户交当时,总会给商品附带一个动人的故事,其实这些故事不少是杜撰的。典当行不能简单地对当户的言辞信以为真,要加以分辨。

(5)行内看货原则。当户必须在典当行内交当名贵首饰。典当行忌讳外出看货,以避免当品受损、被调包等事件的发生。

(6)妥善保管原则。首饰收当后,必须妥善保管。典当行要在库房内采取防潮、防火、防盗、防碰撞措施,确保当物完好无损。

第三节　首饰典当流程

首饰典当流程符合一般典当流程(图11-3),但在细节上更为详尽。总体上,首饰典当流程分为三个阶段。

图11-3　一般典当流程

一、交当阶段

交当阶段的三个程序具体如下。

(1)受理当物。当户将首饰当物交与典当行,同时提供个人身份证、首饰购买发票、鉴定证书(若有),声明首饰的合法性和典当期限。

(2)验证当物。收当人当面检查首饰当物的外观特征、成新率,确定宝石有否破损和缺口、饰品是否变形及饰品金属表面抛光程度。同时记录宝石、玉石的颜色及分布特征,宝石的琢型,玉石的形状,首饰的款式,镶嵌宝石的数目等。记录时,不能随意按颜色对宝石定名,只能笼统记录某种颜色的样名,在鉴定后再进行定名。

(3)鉴定当物。收当人可将首饰当物交给典当行内的宝石鉴定师鉴定。鉴定师运用多种鉴定方法进行鉴定,测试确定性的物理参数,进行定名并确定当物品质级别(含成新率)。

当宝石鉴定师不能确定其名称时,可采用真品作假原则,按仿宝石定名。对于名贵首饰,可陪同当户至宝石鉴定机构开具鉴定证书,确定宝石名称。鉴定后,会出现两种情况:一是该当物无典当价值,不受理;二是该当物有典当价值,进入估价程序。

二、收当阶段

收当阶段有以下五个程序。

(1)当物估价。在完成首饰鉴定及品质分级后,典当行评估师根据首饰当物的品质及市场行情给出当物估价并提出当物的当金。

(2)当金确定。评估师给出当物估价,必须向当户陈述明确估价的根据,并根据当物估价,与当户协商按一定比例折扣确定典当金额。同时,当户选择典当期限,典当行确定息费标准。

(3)签封当物。收当人与当户共同封存当物,当户签封条,收当人将封条贴于当物封口。

(4)开具当票。根据双方确定的当金、期限、息费、当物规格及数量,由典当行出具当票,并由当户确认签字后发放当金,发放当金时应扣去当期典当综合费。

(5)当物入库。收当人将当物入库,由库管人员签字确认。

三、赎当阶段

赎当阶段有以下三种情况。

(1)赎当。在典当期限内,当户凭个人身份证及当票可随时赎当。

(2)续当。典当期限满后五日内,当户可续当。续当时当户必须交清前期息金及当期的综合费。

(3)绝当。典当期限满后五日内,若当户既不赎当,又不续当,则典当行视当户绝当,按《典当管理办法》处理绝当首饰。

第四节　首饰典当估价

一、价值类型

典当行在典当首饰当物时，乃至进行每一次典当活动中，以"典当行不亏损"为基本的工作目标。因此，在典当当物时，典当行考虑的是一旦发生绝当，如何能够快速变现，不发生资本损失。基于这个出发点，选择如下价值类型。

(1)强制清算价值。
(2)报废价值。
(3)旧货重置价值。
(4)二手货市场价值。

这些价值类型反映的价格水平是众多价值类型中最低的价格水平。

二、贵金属素金首饰当物估价

1. 贵金属素金首饰当物种类

1)按材质划分

常见当物有以下几类。

(1)黄金类。包括足金、18K 金和 14K 金(少量)。
(2)银类。包括足银、920 银。
(3)铂金类。包括铂金 950、铂金 900、铂金 850。
(4)钯金类。包括钯金 950、钯金 900。

2)按款式划分

常见当物有以下几类。

(1)颈饰。包括项链、颈链、挂件(图 11-4、图 11-5)。
(2)手饰。包括戒指、手镯、手链。
(3)胸饰。如胸针。
(4)耳饰。包括耳坠、耳钉。
(5)足饰。如足链。
(6)服饰。包括领带夹、袖扣。

2. 当物估价价值类型

贵金属素金首饰当物的价值类型取报废价值，不考虑素金首饰的制作成本。

图11-4 18K金红宝石镶钻石挂件

图11-5 蓝宝石镶钻石挂件

3. 当物估价

1)贵金属净含量(W)
$$W = 贵金属百分含量(\%) \times 贵金属首饰整体质量(g)$$
2)贵金属净含量估价(P_1)
$$P_1 = 贵金属市场收购价 \times W$$
3)典当当物总估价(P)
$$P = P_1$$

4. 当金计算

在贵金属素金首饰当物估价后,按估价的一定百分率折算当金。视当物条件不同,通常取折扣率75%～85%。

三、宝石镶嵌饰品当物估价

1. 宝石镶嵌饰品当物种类

1)贵金属材质饰品

常见的种类有黄金类、铂金类、银质类三类,少见钯金类。

2)宝石镶嵌饰品

进入典当行典当的宝石镶嵌饰品类别较多,常见的有色宝石以红宝石、蓝宝石、祖母绿、金绿宝石、碧玺等为主。

案例链接

图 11-6 所示为白色 18K 金蓝宝石镶钻石戒指。主石为蓝宝石 8.58ct（印记），盘上有心形琢型明亮钻石 4 粒，估 0.60ct；水滴形琢型明亮钻石 6 粒，估 0.50ct；圆形琢型明亮钻石 28 粒，估 1.40ct。整体质量为 15.8g。门市典当价为 15 万元人民币。多月后当户赎回。

图 11-6　18K 金蓝宝石镶钻石戒指（豪华型）

2. 当物估价价值类型

宝石镶嵌饰品当物估价主要分为以下两种情况。

第一种情况，低价位宝石镶嵌饰品。

低价位宝石不易估价，一般评估师会采用真品作假原则，不对低价位宝石估价，仅对贵金属附件（戒托、挂件座等）估价。如果宝石质量较重，应除去宝石质量，只计算贵金属附件价值。采用的价值类型为报废价值。

第二种情况，名贵宝石镶嵌饰品。

由于名贵宝石质优价高，其镶嵌工艺精湛，因而有升值空间。估价时选用旧货重置价值或二手货市场价值。

3. 当物估价

低价位宝石镶嵌饰品用素金饰品估价方法估价。名贵宝石镶嵌饰品常使用成本法或市场法估价。根据饰品特点、市场行情，我们可在拍卖市场、高级别的二手货市场中寻找比对参照物。

4. 当金计算

低价位宝石镶嵌饰品当金计算方法与素金饰品当金计算方法相同。在计算名贵宝石镶嵌饰品当金时,视当物不同,取一定比率的折扣率。

四、钻石及钻石镶嵌饰品当物估价

进入21世纪,钻石及钻石镶嵌饰品的销售量始终长盛不衰,尤其是定制婚戒,已成为刚性需求。国外首饰品牌进驻中国市场,推动了钻石及钻石镶嵌饰品的销售。相应地,在典当市场,也出现了各种各样钻石首饰的典当。

1. 当物种类

(1)钻石饰品。钻石有多种规格,常见的有质量为 0.30～1.00ct 的钻石,也有大于 1.00ct 的钻石。

(2)贵金属材质饰品。多数为铂金类(如 Pt950、Pt900、Pt850),也有白色 18K 金饰品、黄色 18K 金饰品等。

2. 当物价值

当物价值类型包括旧品重置价值和二手货市场价值。多数钻石饰品是在近代制作的,其价值类型选用重置价值。在现阶段的钻石市场中可找到多数钻石饰品的参照物,其价值类型选用二手货市场价值。

3. 当物估价

一般我们采用成本法或市场法进行当物估价。典当行评估当物价值时,依当物品质优劣、市场可流通情况、当物的品牌知名度、款式流行程度及商品成新率给出估价。

4. 当金计算

对于钻石及钻石饰品当金,视市场情况通常取估价的 30%。

近年来资讯发达,钻石市场价格趋于透明,加之我国经济发展速度加快,导致较小颗粒的钻石(0.30ct 以下)在二手交易市场价格很低,颜色较差、净度较差的钻石几乎没有二手交易的空间。因此克拉数较少(低于 0.30ct)、颜色较差(I 色及以下)、净度较差(P 级及以下)的钻石当物在典当时根据报废价值只计算附件贵金属价值。

第五节　首饰典当实例

一、黄金首饰典当实例

实例一

情景：办理一枚千足金戒指的典当借款业务。

1. 验证

(1) 成色：千足金。

(2) 款式：男式戒指。

(3) 质量：10g。

2. 估价

(1) 查实当日黄金交易所市场交易价：千足金为 300 元/g。

(2) 当物的市场交易价：300 元/g×10g＝3000 元。

(3) 千足金饰品折当率：取一定比率的折当率后，当金约为 2550 元。

3. 结论

该千足金戒指当金约为 2550 元。

实例二

情景：办理一件 18K 金项链的典当借款业务。

1. 验证

(1) 成色：18K 黄金(750 黄金)。

(2) 款式：项链。

(3) 质量：10g。

2. 估价

(1) 查实当日黄金交易所市场交易价：千足金为 300 元/g。

(2) 18K 金交易价为：300 元/g×75％＝225 元/g。

(3) 当物的市场交易价：225 元/g×10g＝2250 元。

(4) 18K 金饰品折当率：取一定比率的折当率后，当金约为 1 687.50 元。

3. 结论

18K 金项链(10g)当金约为 1 687.50 元。

二、钻石首饰典当实例

情景:一客户要求典当一件普通品牌的 Au750 钻石耳环一对,无证书。

1. 验证

(1)钻石。根据卡尺测得钻石质量分别为 0.10ct、0.11ct,颜色 F 色,净度 SI2。

(2)耳环。耳钉款式,总质量为 1.34g,有 Au750 钢印,属普通品牌。

2. 估价

(1)由于钻石较小,质量一般,故典当价值为 0 元。

(2)查实当日黄金交易市场交易价为 355 元/g。

(3)Au750 交易价:355 元/g×0.75=266.25 元/g。

(4)当物的市场交易价:266.25 元/g×1.34g=356.77 元。

(5)取一定折当率,得当物当金约 248 元。

3. 结论

Au750 钻石耳环当金为 248 元。

三、宝石首饰典当实例

情景:一客户要求典当一件普通品牌的 Au750"变色石"戒指。

1. 验证

(1)宝石。根据放大镜观察可知,宝石为人工合成刚玉,俗称"变色石",估重 3g。

(2)戒指。由于客户声明,不能从戒托上卸下宝石,故称得戒指总质量为 6.35g,见 18K 钢印,属普通品牌。

2. 估价

(1)人造宝石不予估价。

(2)查当日黄金交易市场交易价为 355 元/g。

(3)Au750 价格计算如下。

Au750 价格:355 元/g×0.75×一定比例折当率=185 元/g。

戒指当金:一定比例折当率 Au750 价格×(总质量-宝石估计质量)。即 185 元/g×(6.35-3.00)g=619.75 元。

3. 结论

18K 金合成红宝石女戒当金约为 620 元。

1. 首饰典当的概念是什么？
2. 请简述当金、当率、典当综合费及典当综合费率的名词解释。
3. 请简述首饰典当工作原则。
4. 请详细介绍首饰典当流程
5. 请简述首饰典当估价价值类型。

第十二章　首饰保险评估

目前，珠宝评估的目的呈多样化的发展趋势，以税收、司法、保险为目的的珠宝评估业务逐渐增多，增长最为明显的是以财产保险为目的的珠宝首饰的评估。

第一节　首饰保险评估概况

在国外尤其是美国，首饰保险评估是常见的首饰评估类型，评估的目的是获取保险。根据美国评估师协会（American Society of Appraisers，简称 ASA）的统计可知，美国的珠宝保险评估业务量约占到了珠宝评估业务总量的七成。保险公司根据专业珠宝评估师签署的评估意见书对投保人的珠宝资产进行投保。而目前在我国，关于珠宝保险评估的研究几乎是一片空白。只有在举行大型珠宝展览会时，才有投保人主动对珠宝首饰艺术品进行投保。当然这与当前我国保险行业的政策、惯例及消费者的消费观念都有一定关系。

保险行业长期以来对珠宝首饰艺术品的投保一直未加重视，大多都以普通财产险按定额缴纳保费的方式对珠宝首饰艺术品进行投保，然而这也存在较大的业务风险。

保险业发展的基本理念是分担风险。美国人投保时一般对自己的财产进行整体投保，既包括房屋、土地等不动产，也包括家具、艺术品、珠宝首饰甚至名贵动物等动产，整体投保的好处与单项投保相比，投保人支付的金额较少。所以，现在越来越多的美国人在投保前对自己的动产与不动产进行整体评估，珠宝首饰的保险评估附属于整体资产的范围中，属于动产评估的范畴。

投保者应该找有信誉的评估师对投保物品进行保险评估。评估师认定所投保的首饰价值之后，保险公司依据评估师出具的评估结果，为客户的珠宝进行投保。以保险为目的的珠宝评估一般是以重置法进行的，所以投保人的珠宝一旦出现丢失或损坏的情况，保险公司不会赔付现金而是依据珠宝评估师的评估结果，参考物价变动的情况，为投保人重新制作一件类似的珠宝或是以修复该珠宝的方式进行赔付，如果重新制作或是修复后的珠宝依然不能达到原有价值，保险公司会补齐差价。

为了在保证品质的情况下以较低的成本进行赔付，很多保险公司有自己的珠宝店或珠宝加工厂，平时也会销售珠宝或承接珠宝的加工业务，一旦出险，即可由自己的珠宝店提供珠宝或由自己的加工厂修理、重新制作珠宝。

在美国,保险人投保的珠宝价格在 500 美元以下的,珠宝保险公司一般不要求进行评估。价格在 500 美元以上的珠宝必须由专业的珠宝评估师进行评估。保险公司也提供支付现金的珠宝保险项目,一般是针对价值较高或难以重置的珠宝,但是保险人需要支付的保费也较高,购买此类保险的以珠宝收藏家居多。

在我国,目前保险公司对珠宝评估的需求主要集中在出险理赔上,如因机动车交通事故导致交通意外险保险人佩戴的珠宝首饰损毁,而提出的珠宝财产损失理赔;珠宝首饰佩戴者因写字楼或商场地面湿滑摔倒,导致珠宝首饰被摔坏,写字楼或商场投保公共责任险,向保险公司提出出险理赔;运输珠宝玉石雕件时发生毁损,投保人提出保险理赔等。

第二节　首饰保险评估的重要性

2010 年 8 月炎热酷暑的一天傍晚,张女士骑自行车回家途中,突然被一辆违章闯入非机动车道的小汽车剐蹭撞倒,所幸人没大碍,但是张女士左臂上佩戴的一只翡翠手镯却因交通事故被摔成两段。像这样的案例,如何进行保险评估及理赔呢?

案例二

一块市场价值为 50 万元人民币的翡翠原料,投保人王先生却标称 500 万元人民币进行投保。某保险公司只做了实物赋存状况勘查和材质真伪鉴定,却在没有对价值的真实性、合理性进行核实的情况下,就在王先生申报的 500 万元人民币金额基础上按相应比例收取保费,签署了财产保险合同。而当投保珠宝资产出现灭失时,保险公司只能按照保险合同中事先约定的赔偿额度进行理赔。如此一来,该保险公司将承担很大的经济损失。

从以上两个案例可知,保险公司和投保人在投保前都必须到专业的珠宝资产评估机构进行专业的保险评估,否则双方都将承担不可避免的损失,而且还会促使一部分不法分子故意骗保,导致套取保险赔偿金的案件发生。由于出险后珠宝资产多发生损坏或灭失,而保险理赔仅凭损毁残片或灭失物照片来复原假设未损毁时珠宝资产的价值,这给实际工作带来了巨大的不确定性。众多不确定因素会使得评估结论与真实价值产生较大的偏差。

如果保险双方在投保前就做了相关的评估工作,即便珠宝资产损毁或灭失,也能通过评估师已出具的评估报告书或工作底稿档案对投保物品给予客观的评估,从而让索赔、理赔工作顺利完成。因此,对于保险公司和投保人而言,投保前进行珠宝首饰的保险评估是十分必要的。

第三节 首饰保险评估的概念和类型

一、首饰保险评估概念

首饰保险评估就是指当涉及珠宝玉石资产保险投保、出险理赔时,对珠宝首饰艺术品(图 12-1～图 12-3)资产进行的鉴定、评估。

图 12-1 翡翠摆件《花开富贵》

图 12-2 和田玉山子《春夜曲》

保险评估是确定保险金的基础,明确保险公司在丢失首饰后的责任极限,也是解决索赔问题的依据。

二、首饰保险评估的类型

首饰是一种有形资产,有形资产的保险评估类型有三种,分别是标准重置保险(Standard Replacement Insurance)、保证重置保险(Guaranteed Replacement Insurance)和价值保险(Value Insurance)。

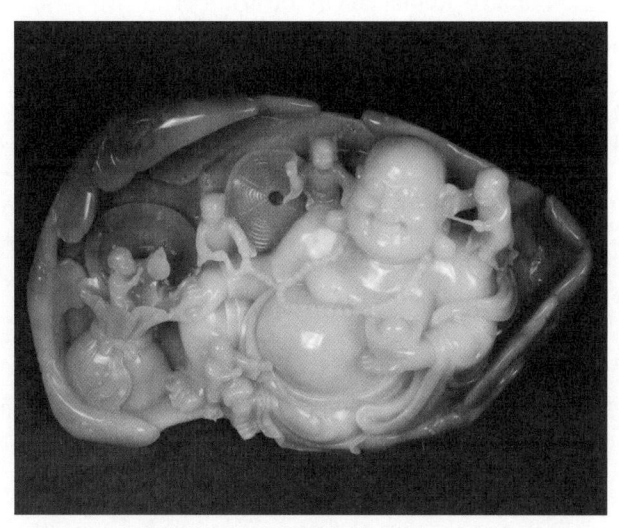

图 12-3 和田玉摆件《五子闹佛》

第四节 首饰保险评估术语

1. 保险(Insurance)

保险是指在"最大诚信"的基础上签订合同,投保者支付费用给保险公司(称为保险费),保险公司在协议的期限内承担总体或特定的风险,特别是与实际财产相关的各种风险。如果在协议期限内投保者遭受到协议包括的损失和切实的财产损失,保险公司将赔偿投保者,使投保人的财产状况与遭受损失前相当。

2. 保险评估(Insurance Appraisal)

保险评估是保险合同建立的基础,是鉴定投保物品、确定保险金的依据。明确在损失事件中保险公司的责任极限,也是解决理赔的依据。

3. 为保险假设的评估(Hypothetical Appraisal for Insurance)

为保险假设的评估是指评估师在无法见到真实物品的情况下对该物品的重置价值做出的评估。这种评估往往在已投保物品遗失(如被盗)后作为解决保险理赔的依据。

4. 保证重置保险(Guaranteed Replacement Insurance)

保证重置保险是指针对实际财产的保险,保险公司将不计代价地修理或替换遭损坏或丢失的财产,使投保人的财产状况与损失发生之前相同或相当。

5. 标准重置保险(Standard Replacement Insurance)

标准重置保险是一种针对实际财产的保险,保险公司将修理或替换遭到损坏或遗失的财产,使投保人的财产状况能与损失发生前相同或相当;或赔偿投保财产在损失发生前后的差价,这取决于承保范围,而承保范围是根据作为保险费计算基础的价值确定的。

6. 价值保险(Value Insurance)

价值保险是实际财产保险,保险公司向投保人支付一笔经过协议的费用作为财产损失的赔偿。通常认为这种保险适用于不可替代财产的保险。

7. 保险调停员(Insurance Adjuster)

保险调停员是指保险公司职员,其工作是使遭受损失(在合同规定范围内)的投保者得到满意的合理赔偿。

8. 保险经纪人(Insurance Broker)

保险经纪人是基于投保人利益,为投保人与保险人订立保险合同、提供中介服务,并依法收取佣金的机构。

9. 保险商(Insurance Underwriter)

保险商是指同意或拒绝在保险合同上签字的人,其主要工作是筛选新政策以保护保险公司不遭受意外损失。

10. 保险费(Value for Insurance)

保险费是指被保险人定期支付给保险机构的费用。对于被保险物——珠宝首饰而言,这笔费用金额应该是相同或相似款式的首饰在市场上的零售价。

11. 索赔价(Declared Value)

索赔价是指保险索赔客户提出的可以弥补所有损失的合理补偿金额。

12. 财产清单(Inventory)

财产清单是指逐条列出的单个物品、成对物品或成套特定物品的清单。

13. 出处(Provenance)

出处是指起源和历史,包括起源地和与著名或声名狼藉的个人、公司或团体的关系(包括设计、制造、销售、所有权、亲邻等)。

第五节 首饰保险评估流程

投保者应该找有信誉的评估师对投保物品进行保险评估。

(1)接货。在接货时要了解顾客的要求,明确评估目的、处境,以便确定评估类型和价值水平,选定评估基准日并初步拟定评估方案。在接货时还要检查货品的状况。

(2)首饰的描述、鉴定。评估师提交的评估报告应对投保物品进行充分的描述,以便在物品丢失时,保险公司可以提供一个在品质和价值方面都与原物品相似的、合适的重置替换物,或在物品丢失并找回时,可以辨别出找回的物品是否为原物。

首饰的描述、鉴定工作十分重要,它是珠宝首饰评估的基础,若鉴定不正确或描述不确切会得出完全偏离的评估结论。首饰描述、鉴定的内容包括首饰类型、首饰镶嵌及切磨款式、宝石种类及真伪、贵金属种类及成色、首饰组成、首饰数量、首饰状况等。

(3)开展市场调查。在保险评估时,要根据所评估首饰的品质和状况来选择合适的市场。对于新的或较新的首饰、只能复制不能替代的首饰,以及主要因其材料而拥有价值的首饰而言,评估时应选用新首饰的零售市场。当保险的条款、协定或合同要求以新首饰作为重置物时,新首饰零售市场是满足这些要求的合适市场。新货的"零售重置价值"表示的是最普通的价格模式,是消费者在销售这类商品的新货零售商店为购买新的类似物品所付的价钱。

对于古董和历史上某个特定时期的首饰或收藏品,在市场上找不到同类新产品的物品,在选择保险重置品时,应选择首饰市场的旧货。

(4)应用评估方法。保险评估中经常使用的方法是成本法和市场法,收入法基本不适用于对首饰进行估价。就大多数可以用新货作为赔偿品的一般首饰而言,用成本法进行评估时,先应估计中间商的批发价,然后结合市场采样,确定适当的零售重置价值。

(5)确定评估价值。运用正确的评估方法提出合适的评估价值。

(6)编写评估报告。编写评估报告是最后总结阶段的工作,应按照程序化格式编写报告。

第六节 对首饰保险评估师的要求

随着首饰保险业务的拓展,对首饰评估师提出的要求也更高。首饰评估师要熟悉各种宝石的产地、批发与零售价格,不同时期贵金属的国际市场行情,拍卖与收藏市场上贵重珠宝或是与珠宝有关的艺术品的收藏谱系与价格走势等。在评估师评估报告的基础上,投保人可以决定购买保险的方式,一旦出险,保险公司也可以根据首饰的评估报告决定以何种方式进行赔付。当投保人与保险公司在赔付问题上出现纠纷时,首饰评估师要进行仲裁,因此首饰评估师还要熟练掌握保险方面的法律法规。

经验对于评估师而言也非常重要,例如一件经过投保的首饰不慎损坏之后,在进行赔付之前,保险公司有可能会向评估师进行咨询,评估师需要回答以下问题。

(1)此件首饰损坏之前的价值是多少?

(2)此件首饰损坏之后的价值是多少?

(3)钻石或宝石发生破损之后,破损的钻石或是宝石经过重新切割之后的价值是多少?

(4)如果重新加工,加工需要的费用是多少?如果修复,修复需要的费用是多少?

根据上面的结果,保险公司可以决定是以重新购买还是以修复的方式为客户进行理赔,也可以明确如果损坏的首饰不能修复或修复之后与原件的价值产生差距时,需要补齐的差额。专业的珠宝评估师可以帮助保险公司以最经济的途径、方式进行赔偿,保证投保人与保险公司双方的利益。

也正是由于上面的原因,有经验的首饰评估师出具的评估报告要尽可能细致地描述所评估首饰的特征状况,例如钻石的净度、颜色、切割方法、首饰上的瑕疵等,切忌简单描述。以前曾经出现过评估报告过于简单,客户与保险公司对于首饰所镶嵌钻石的品质意见不一致,导致保险公司与投保人之间对理赔金额以及理赔方式产生争议的情况。

需要注意的是,面临理赔时,如无详细的描述作为佐证,有时也需要评估师根据评估的实践经验进行推测与猜想,但一定要在评估报告中将推测与假设的情况写清楚。

现在越来越多的情况是:在投保人与保险公司由于理赔金额出现法律纠纷时,需要首饰评估师在法庭上作证。首饰评估师需要特别明确的是,自己所出具的评估报告与评估咨询具有相应的法律责任,因而,在评估时应严格依据行业准则、遵照评估目的进行客观而公正的评估。执业准则要求首饰评估师在进行以保险为目的评估时不能给投保人建议投保的险种,而且绝对不能出于个人的目的进行天价评估,首饰评估师的个人利益决不能与所出具的评估报告相挂钩。

第七节 首饰保险评估案例

评估内容:对在某百货大楼火灾中遭受损失的某珠宝公司进行保险评估。这是一次将珠宝首饰市场研究和珠宝首饰评估理论付诸实践的评估。

由《国际评估准则》和美国制定的《专业评估执业统一准则》可知,保险评估中常用的评估方法是成本法和市场法。本次保险评估是依照保险公司的要求,对某珠宝公司货品遭火灾后残存部分的残余价值进行评估。因此,本次评估所采用的方法为重置成本法。

本次评估工作主要包括以下内容。

1. 明确评估目的

评估目的是受保险公司委托,为理赔这一经济行为的价值提出参考依据。

2. 确定评估范围及对象

纳入本次评估范围的评估对象是某珠宝公司在某百货大楼的销售货品遭火灾后的残余货品。

3. 确定评估基准日

本项目资产评估基准日为某百货大楼遭受火灾当日。

4. 确立评估原则

本项目必须遵循独立性、客观性、科学性、专业性的工作原则,严格按照国家法律和法规进行评估操作,确保资产评估工作不受外界的干扰和评估业务当事人的影响,科学合理地进行资产评定和估算。同时,考虑珠宝这种特殊类别的资产的实际情况,遵循贡献原则、替代原则、预期原则等经济原则,客观公正地进行评估。

5. 参照的评估依据(取价依据)

(1)评估人员针对实物勘察,记录并指导珠宝评估资料的填写。

(2)评估中所采用的黄金价格是以评估基准日中国人民银行公布的黄金价格标准为依据确定的,黄金提纯费用及损耗是以北京有色金属研究总院等有关单位提供的平均价格为依据确定的。

(3)相关首饰的评估,主要根据残余珠宝首饰的损坏程度,并结合首饰的总质量(g),首饰用金属的种类、珠宝的尺寸及质量(g)、珠宝的颜色、净度及产地,首饰的款式及类别,配石的种类及其数量等具体情况来进行评定。

6. 选取的评估方法

本次评估所选择并使用的评估方法主要是重置成本法,以评估出其相应的残余价值和报废价值。

7. 评估流程

评估工作为期一周,流程如下。

(1)接受委托。接受项目委托后,需要明确评估目的,确定评估对象及范围,选定评估基准日和拟定评估方案。

(2)资产清查。指导资产占有方清查资产,并收集准备资料,检查核实资产与验证的有关资料。

(3)评定估算。现场检测并鉴定珠宝首饰的品种、品级及损坏程度,依据相关标准和加工工艺特点估算残余价值。其计算公式为:

$$残余价值 = 所折算的24K黄金总重 \times 基准日的24K黄金价格 - 提纯费$$

8. 说明

本次评估与常规的保险评估有所不同,即没有说明货品在毁损前的状况,这是因为委托方仅要求评估出货品的残余价值,并以此作为保险公司核算理赔的参考依据。常规的保险评估多指某一件或某几件物品遭损坏的索赔评估,而此次评估的是某公司的所有货品遭损坏后的残余货品价值。保险公司理赔的金额应为保额与残余价值的差值,残余货品仍归该珠宝公司所有。

1. 请简述首饰保险评估概念。
2. 请详细介绍首饰保险评估类型。
3. 请简述保险评估、保险经纪人、保险费及出处的名词解释。
4. 请简述首饰保险评估流程。
5. 请简述保险的基本理念。

主要参考文献

陈至立,2022.辞海[M].7版.上海:上海辞书出版社.

陈钟惠,颜慰萱,欧阳秋眉,等,2007.珠宝首饰英汉汉英词典(下册)[M].3版.武汉:中国地质大学出版社.

何盛明,刘西乾,沈云,1990.财经大辞典(下卷)[M].北京:中国财经经济.

黄景路,2020.2010—2019年拍卖行珠宝首饰报告[J].中国宝石(4):7.

劳动和社会保障部中国就业培训技术指导中心,2004.贵金属首饰手工制作工 初级技能 中级技能 高级技能[M].北京:中国劳动社会保障出版社.

李耿,2019.有机宝石[M].北京:化学工业出版社.

李立平,1999.北美珠宝首饰评估的类型和估价方法[J].宝石和宝石学杂志,1(4):6.

刘萍,俞明轩,2004.注册资产评估师责任与风险防范[M].北京:中国财政经济出版社.

欧阳秋眉,1995.红蓝宝石鉴赏[M].香港:天地图书有限公司.

欧阳秋眉,2000.翡翠全集[M].香港:天地图书有限公司.

彭淑仪,丘志力,李榴芬,等,2013.国际拍卖市场彩色钻石价格(值)影响因素统计分析及其启示[J].宝石和宝石学杂志(1):10.

钱振峰,2007.白玉品鉴与投资[M].上海:上海文化出版社.

钱振峰,2007.收藏指南:玉器[M].上海:学林出版社.

轻工业标准化编辑出版委员会,2006.QB/T 1689—2006 贵金属饰品术语[S].北京:中国轻工业出版社.

轻工业标准化编辑出版委员会,2010.QB/T 4113—2010 彩色钻石颜色分级[S].北京:中国轻工业出版社.

丘志力,2001.珠宝市场估价[M].广东:广东人民出版社.

丘志力,李立平,陈炳辉,等,2003.珠宝首饰系统评估导论[M].武汉:中国地质大学出版社.

史恩赐,2001.国际钻石分级概论[M].北京:地质出版社.

史树青,2005.中国艺术品收藏鉴赏百科全书3:玉器卷[M].北京:北京出版社.

唐元骏,2007.珠宝首饰评估师[M].上海:百家出版社.

王昶,申柯娅,2008.珠宝首饰营销[M].2版.武汉:中国地质大学出版社.

王雅玫,2019.琥珀宝石学[M].武汉:中国地质大学出版社.

张蓓莉,陈华,孙凤民,2018.珠宝首饰评估[M].2版.北京:地质出版社.

张蓓莉,刘萍,2007.珠宝首饰评估词典[M].北京:中国大地出版社.

张燕敏,2001.我国资产评估理论及准则体系[M].北京:经济管理出版社.

张燕敏,王诚军,1998.专业评估执业统一准则[M].北京:经济科学出版社.

赵永魁,张加勉,2002.中国玉石雕刻工艺技术[M].北京:北京工艺美术出版社.

中国大百科全书总编委会.中国大百科全书(1－32)[M].2版.北京:中国大百科全书出版社,2012.

中华人民共和国国家质量监督检验检疫总局,国家珠宝玉石质量监督检验中心,2008. GB/T 18303—2008 钻石色级比色目视评价方法[S].北京:中国标准出版社.

中华人民共和国国家质量监督检验检疫总局,国家珠宝玉石质量监督检验中心,2008. GB/T 18781—2008 珍珠分级[S].北京:中国标准出版社.

中华人民共和国国家质量监督检验检疫总局,国家珠宝玉石质量监督检验中心,2009. GB/T 23885—2009 翡翠分级[S].北京:中国标准出版社.

中华人民共和国国家质量监督检验检疫总局,国家珠宝玉石质量监督检验中心,2015. GB/T 11887—2012 首饰　贵金属纯度的规定及命名方法(第1号修改单)[S].北京:中国标准出版社.

中华人民共和国国家质量监督检验检疫总局,国家珠宝玉石质量监督检验中心,2016. GB/T 32862—2016 蓝宝石分级[S].北京:中国标准出版社.

中华人民共和国国家质量监督检验检疫总局,国家珠宝玉石质量监督检验中心,2016. GB/T 32863—2016 红宝石分级[S].北京:中国标准出版社.

中华人民共和国国家质量监督检验检疫总局,国家珠宝玉石质量监督检验中心,2017. GB/T 16552—2017 珠宝玉石　名称[S].北京:中国标准出版社.

中华人民共和国国家质量监督检验检疫总局,国家珠宝玉石质量监督检验中心,2017. GB/T 16553—2017 珠宝玉石　鉴定[S].北京:中国标准出版社.

中华人民共和国国家质量监督检验检疫总局,国家珠宝玉石质量监督检验中心,2017. GB/T 16554—2017 钻石分级[S].北京:中国标准出版社.

中华人民共和国国家质量监督检验检疫总局,国家珠宝玉石质量监督检验中心,2017. GB/T 34098—2017 石英质玉　分类与定名[S].北京:中国标准出版社.

中华人民共和国国家质量监督检验检疫总局,国家珠宝玉石质量监督检验中心,2017. GB/T 34543—2017 黄色钻石分级[S].北京:中国标准出版社.

中华人民共和国国家质量监督检验检疫总局,国家珠宝玉石质量监督检验中心,2017. GB/T 34545—2017 祖母绿分级[S].北京:中国标准出版社.

中华人民共和国国家质量监督检验检疫总局,国家珠宝玉石质量监督检验中心,2018. GB/T 36168—2018 绿松石　鉴定[S].北京:中国标准出版社.

中华人民共和国国家质量监督检验检疫总局,国家珠宝玉石质量监督检验中心,2019.GB/T 37460—2019 琥珀 鉴定与分类[S].北京:中国标准出版社.

周祖翼,曾春光,廖宗廷,等,2001.钻石与钻石鉴赏[M].上海:东方出版中心.

LARRY D P,2006.美国珠宝评估业与珠宝保险评估[J].中国宝石,15(1):3.

RICHARD H C,1996.Professional Jewellery Appraising[M].Canada:Fischer Press.

附录一

《资产评估执业准则——珠宝首饰》

(中评协〔2017〕40号)

第一章 总则

第一条 为规范珠宝首饰评估行为,保护资产评估当事人合法权益和公共利益,根据《资产评估基本准则》制定本准则。

第二条 本准则所称珠宝首饰,是指珠宝玉石和用于饰品制作的贵金属的原料、半成品及其制成品。

第三条 本准则所称珠宝首饰评估,是指资产评估机构、资产评估师(珠宝)及其他珠宝评估专业人员遵守法律、行政法规和资产评估准则,按照有关珠宝首饰的国家标准,在对珠宝首饰进行鉴定分级分析的基础上,根据委托对评估基准日特定目的下的珠宝首饰价值进行评定和估算,并出具资产评估报告的专业服务行为。

涉及珠宝首饰的著作权等无形资产价值评估,需要按照相关准则要求执行。

第四条 执行珠宝首饰评估业务,应当遵守本准则。

第二章 基本遵循

第五条 珠宝首饰资产评估报告应当由至少两名承办该项业务的资产评估师(珠宝)或者其他珠宝评估专业人员签名并加盖资产评估机构印章。法定评估业务的资产评估报告应当由至少两名承办该项业务的资产评估师(珠宝)签名并加盖资产评估机构印章。

第六条 执行珠宝首饰评估业务,应当具备珠宝首饰评估的专业知识和实践经验,能够胜任所执行的珠宝首饰评估业务。当缺乏执行某项特定业务所需的相关专业知识和经验时,应当采取弥补措施,包括利用专家工作及相关报告等。

第七条 执行珠宝首饰评估业务,应当坚持独立、客观、公正的原则,勤勉尽责,保持应有的职业谨慎,独立进行分析和估算并形成专业意见。

第三章 操作要求

第八条 执行珠宝首饰评估业务,应当明确评估对象、评估范围、评估目的、评估基准日、价值类型和资产评估报告使用人。

第九条　执行珠宝首饰评估业务,应当依据《资产评估执业准则——资产评估程序》,履行资产评估基本程序,结合珠宝首饰评估业务的具体情况,制定并实施适当的具体评估步骤。

第十条　执行珠宝首饰评估业务,应当对珠宝首饰进行实物确认,明确珠宝首饰的存在状态。

第十一条　执行珠宝首饰评估业务,应当关注评估对象的权属,要求委托人或者其他相关当事人对珠宝首饰的权属做出承诺,并应当对珠宝首饰的权属相关资料进行必要查验。

第十二条　执行珠宝首饰评估业务,应当对珠宝首饰进行鉴定和品质分级。在对评估对象进行鉴定分级时,应当采用相应的国家标准及行业标准。如果没有相应的国家及行业分级标准,可以采用国内外珠宝业通用的分级体系,并在资产评估报告中明确说明。执行珠宝首饰评估业务,可以采用具有资质的珠宝质检机构出具的鉴定分级结论,并按照资产评估准则要求执行。

第十三条　执行珠宝首饰评估业务,应当知晓同一珠宝首饰在不同市场的价值可能存在差异,并根据评估对象的具体情况确定适当的市场级别。

第十四条　执行珠宝首饰评估业务,应当获得真实、可靠的珠宝首饰的市场信息及其他相关信息。

第十五条　执行珠宝首饰评估业务,应当根据评估对象的具体情况,合理选择收集信息的内容。通常关注以下方面:

(一)评估对象的历史、现状及相关证明资料;

(二)评估对象以往的评估及交易情况;

(三)相同或者类似珠宝首饰的市场价格信息及交易情况;

(四)评估对象的市场供求关系、稀缺程度及市场前景等;

(五)可能影响珠宝首饰价值的宏观经济状况;

(六)其他相关信息资料。

第十六条　执行珠宝首饰评估业务,应当考虑珠宝首饰的品质因素及其他因素对评估对象价值的影响,如来源(出处)、历史、名人拥有、名师设计制作、品牌、稀缺程度等。

第十七条　执行珠宝首饰评估业务,可以根据评估目的和珠宝首饰具体情况合理确定评估假设,并在资产评估报告中予以披露。

第四章　评估方法

第十八条　执行珠宝首饰评估业务,应当根据评估目的、评估对象、价值类型、资料收集等情况,分析市场法、成本法和收益法三种资产评估基本方法的适用性,选择评估方法。

第十九条　执行珠宝首饰评估业务采用市场法时,应当:

(一)明确是否存在公开、活跃的交易市场,是否能够获取足够数量的可比参照物或者案

例,并关注数据的可靠性;

(二)收集评估对象以往的交易信息、相同或者类似珠宝首饰交易的市场信息;

(三)确定若干相同或者类似的珠宝首饰作为参照物,充分考虑其价值因素的可比性;

(四)根据评估对象的具体情况,确定可以作为评估依据的合适的交易市场;

(五)根据评估对象与参照物之间的区别,以及市场级别、市场交易条件等因素的差异,对相同或者类似珠宝首饰交易信息及相关资料进行分析调整。

第二十条 执行珠宝首饰评估业务采用成本法时,应当:

(一)分析评估对象是否可以复制、可以再生产等因素,考虑成本法的适用性;

(二)合理确定重置成本的构成要素,明确珠宝首饰的重置成本包括材料成本、制作成本、相关税费、合理利润及其他费用;

(三)恰当选择重置成本的类型,即复原重置成本和更新重置成本;

(四)合理确定实体性贬值、经济性贬值和功能性贬值。

第二十一条 执行珠宝首饰评估业务采用收益法时,应当:

(一)明确珠宝首饰较少采用收益法进行评估。收益法通常只适用于租赁、展览等持续经营活动中,具有独立获利能力或者获利能力可以量化的珠宝首饰的资产评估业务。

(二)合理确定收益期限,合理预测未来收益。

(三)合理确定折现率。

(四)分析租约等法律文件内容对评估对象价值可能具有的影响。

第二十二条 对同一珠宝首饰采用多种评估方法时,应当对所获得的各种测算结果进行分析,合理形成评估结论。

第五章 披露要求

第二十三条 无论单独出具珠宝首饰资产评估报告,还是将珠宝首饰评估作为资产评估报告的组成部分,都应当在资产评估报告中披露必要信息,使资产评估报告使用人能够正确理解评估结论。

第二十四条 编制珠宝首饰资产评估报告应当反映珠宝首饰评估的特点。通常包括以下内容:

(一)对评估对象的恰当描述,包括珠宝首饰的客观辨别特征和价值贡献特征。应当根据评估对象的特点和评估业务的具体情况,确定需要描述的内容,并突出描述影响价值结论的关键性特征。

(二)珠宝首饰评估的价值类型及其定义。

(三)评估程序实施过程描述,应当反映对珠宝首饰的实物调查、市场调查、鉴定分级、评定估算等过程。

(四)珠宝首饰质押及其他限制情况。

第二十五条 编制珠宝首饰资产评估报告时,可以根据评估业务的性质合理确定资产评估报告的详略程度。

第六章 附则

第二十六条 本准则自 2017 年 10 月 1 日起施行。中国资产评估协会于 2009 年 12 月 18 日发布的《关于印发〈投资性房地产评估指导意见(试行)〉和〈资产评估准则——珠宝首饰〉的通知》(中评协〔2009〕211 号)中的《资产评估准则——珠宝首饰》同时废止。

附录二

《珠宝首饰评估程序指导意见》

(中评协〔2019〕36号)

第一章 总则

第一条 为规范珠宝首饰评估行为,明确和完善珠宝首饰评估程序,保护资产评估当事人合法权益和公共利益,根据《资产评估执业准则——资产评估程序》和《资产评估执业准则——珠宝首饰》,制定本指导意见。

第二条 本指导意见所称珠宝首饰评估程序,是指资产评估机构及其珠宝评估专业人员遵守法律、行政法规和资产评估准则,执行珠宝首饰评估业务时所履行的专业技术性工作步骤,是对《资产评估执业准则——珠宝首饰》相关操作程序的细化。

第三条 执行珠宝首饰评估业务,应当遵守本指导意见。

第二章 基本遵循

第四条 执行珠宝首饰评估业务的资产评估机构及其珠宝评估专业人员,应当坚持独立、客观、公正的原则,诚实守信,勤勉尽责,谨慎从业,遵守职业道德规范,独立进行分析和估算并形成专业意见。

第五条 珠宝评估专业人员,除具备资产评估相关知识外,应当具备珠宝首饰专业知识和珠宝首饰评估实践经验,能够胜任所执行的珠宝首饰评估业务。

第六条 珠宝评估专业人员应当掌握珠宝玉石和贵金属的主要鉴定特征和鉴定方法,掌握珠宝玉石的品质评价要素和评价方法,掌握珠宝首饰鉴定、分类和分级的国家标准等相关法规和标准。

第七条 执行珠宝首饰评估业务,应当考虑评估目的、市场条件、评估对象特点等因素,恰当选择价值类型和评估方法,合理使用评估假设。

第三章 评估对象

第八条 评估对象应当为合法拥有,或者合法处置,或者依法裁定的珠宝首饰实物资产。

第九条 根据项目具体情况和委托人的要求,评估对象可以是单体珠宝首饰或者批量珠宝首饰。批量珠宝首饰是泛指各种类别、各种数量的珠宝首饰组合。

第四章 操作要求

第十条 执行珠宝首饰评估业务，应当遵守《资产评估执业准则——资产评估程序》，并结合珠宝首饰评估业务的具体情况，履行下列珠宝首饰评估程序：明确评估基本事项、订立业务委托合同、编制资产评估计划、现场核查鉴定分析、收集整理评估资料、评定估算形成结论、编制出具评估报告、整理归集评估档案。

第十一条 资产评估机构受理珠宝首饰评估业务前，应当明确珠宝首饰评估基本事项。重点关注以下方面：

（一）明确评估目的，了解珠宝首饰资产评估报告所服务的经济行为、委托人和其他相关当事人。

（二）明确评估对象和评估范围，关注评估对象的权属。珠宝评估专业人员应当对珠宝首饰的相关权属资料进行必要的查验。如果法律权属不清、存在瑕疵，权属关系复杂，权属资料不完备，应当要求委托人或者相关当事人对珠宝首饰的权属提供承诺函或者说明函。

（三）明确评估基准日以及资产评估报告提交期限。

（四）明确评估工作的责任，对业务风险进行综合分析和评价。如果存在超出专业胜任能力、超出可控的执业和道德风险、工作条件受到限制致使评估程序关键环节缺失等情况，资产评估机构不得受理评估业务。

第十二条 资产评估机构受理珠宝首饰评估业务应当与委托人依法订立资产评估委托合同，约定资产评估机构和委托人权利、义务、违约责任和争议解决等内容。

第十三条 执行珠宝首饰评估业务，应当编制评估计划。评估计划可以包括珠宝首饰评估业务实施的主要过程以及拟采用的评估方法、时间进度、珠宝评估专业人员安排等。评估计划应当根据具体工作的推进效果进行适当调整。

第十四条 执行单体珠宝首饰评估业务，应当履行实物核查、鉴定和鉴定复核、品质和价值特征分析、描述记录等程序。

（一）实物核查。核查评估对象实物状态，完成委托样品确认或者交接。

（二）鉴定和鉴定复核。

1. 采用现行国家标准对评估对象进行无损鉴定，例如，采用 GB/T 16552、GB/T 16553 等相关标准确定珠宝玉石种属类别，采用 GB 11887 等相关标准确定贵金属种类和含量。

2. 珠宝评估专业人员对已有鉴定机构出具鉴定、分级结论的评估对象，应当进行必要的实物鉴定、分级并对已有鉴定、分级结论进行复核。

3. 特殊情况下的样品鉴定或者有损鉴定，需征得所有权人或者委托人的书面许可。

4. 对疑难样品或者存疑样品，与委托人沟通后，由双方共同认可的第三方机构进行样品鉴定。

(三)品质和价值特征分析。采用相应的国家标准以及行业标准等,对评估对象进行品质和价值特征分析。如果没有相应的国家标准以及行业分级标准,可以参照国内外市场通用的分级体系。

(四)描述记录。根据评估对象种类,对评估对象的品质和价值特征分析等进行描述记录(参照附表)。描述方式包括文字、表格、图示、照片等。

(五)如果存在评估对象实物缺失、残损等情形,应当根据法律法规要求,依据有效历史信息资料,由珠宝评估专业人员确定是否执行假设条件下的评估工作。如果执行,应当在珠宝首饰资产评估报告中对实物缺失、残损等情形予以披露。

第十五条 批量珠宝首饰评估是在单体珠宝首饰鉴定分级等工作基础上,对价值特征同质化的珠宝首饰组合或者批次,进行合理的系统性评估。执行批量珠宝首饰评估业务,应当结合单体珠宝首饰评估程序,重点履行下列程序:

(一)批量珠宝首饰核查。根据委托人确认的珠宝首饰资产清单对实物进行核查,确认珠宝首饰的实物存在状态,尽可能收集和核实评估对象的相关信息。通常包括:

1. 观察珠宝首饰的存放状况,了解管理情况,并记录。

2. 核查珠宝首饰实物数量和品种。根据资产清单进行现场核查盘点。如果评估基准日与现场核查工作日不一致,且实物处于流通状态,可以根据委托人提供的流转数据,进行评估基准日与现场核查工作日之间的数据核对,分析并推算评估基准日资产数量,如果有偏差,判断其合理性,并记录。

3. 收集凭证资料。对委托人提供的流转数据凭证等资料,进行核查确认,记录存档。

4. 确定评估对象和评估范围。根据资产清查情况,由相关盘点和监盘人员,在资产盘点记录上签字确认。

(二)批量珠宝首饰的鉴定分类以及描述记录,通常包括:

1. 鉴定和鉴定复核。在对珠宝首饰实物进行清点核查的过程中,珠宝评估专业人员应当通过初步鉴定和专业判断,确定鉴定和鉴定复核的工作重点。

2. 分类。批量珠宝首饰可以依据种属、状态(如成品、裸石、原料等)、品质特征、工艺特征等因素进行分类。

3. 分类描述记录。根据珠宝首饰实物确定描述重点(参照附表)。描述方式可以采用文字、表格、图示、照片等。

对特殊的珠宝首饰,以及单体价值较高的珠宝首饰,可以根据品种、特殊品质特征、特定作者、特别产地等,进行独立分类和重点描述。

对鉴定中的疑难样品,以及已有鉴定分级证书却仍存疑的样品,与委托人沟通后,由双方共同认可的第三方机构进行样品鉴定。

(三)批量珠宝首饰的品质和价值特征分析。根据市场情况和分类特点,对珠宝首饰实物分类进行品质和价值特征分析。对价值较高或者材质特殊的,应当重点关注和详细记录。

第十六条 珠宝评估专业人员应当根据资产评估业务具体情况收集所需要的资料并对

收集的资料进行专业分析,包括:

(一)通过各种专业渠道收集市场信息资料,例如,市场调研记录、相关查询记录、行业资讯、专业报告、专家访谈等。

(二)对收集的评估资料进行分析、归纳和整理,形成评定估算和编制资产评估报告的依据。

(三)对于市场发育不充分、可比交易案例有限的新品种、特殊品种珠宝首饰,由珠宝评估专业人员确定其专业判断依据,并应当在报告中充分披露。

第十七条 评定估算时,应当考虑:

(一)根据评估目的,以及不同类型和不同状态的珠宝首饰特征、价值类型、资料收集等情况,选择恰当的评估方法。

(二)根据珠宝首饰的类型以及特点,结合评估目的、评估基准日市场行情、权属状况,分析确定评估参数或者评估参数范围。批量珠宝首饰的评估参数,应当根据现场工作所进行的分类,分别确定评估参数或者评估参数范围。

(三)批量珠宝首饰估算时,应当依据品种和分类,分别对评估参数以及评估结论等进行分析、判断以及审核。

第十八条 编制出具资产评估报告,应当根据法律法规、委托人要求、评估对象特点、评估工作复杂程度等,根据《资产评估执业准则——资产评估报告》和《资产评估执业准则——珠宝首饰》确定资产评估报告的形式、内容和详略程度。

(一)珠宝评估专业人员应当在评定、估算形成评估结论后,编制初步资产评估报告。

资产评估报告应当以珠宝鉴定和品质分析为基础,体现珠宝评估工作的专业性,如实表述珠宝首饰实物鉴定、品质特点、价值特征等。

资产评估报告除对评估背景、评估项目情况进行描述外,还应当对评估过程中发现的,可能影响评估结论的重大事项进行披露。

(二)对初步资产评估报告进行内部审核。

(三)资产评估机构出具资产评估报告前,在不影响对评估结论进行独立判断的前提下,可以与委托人或者委托人同意的其他相关当事人就资产评估报告有关内容进行沟通,对沟通情况进行独立分析,并决定是否对资产评估报告进行调整。

(四)出具资产评估报告应当由至少两名承办该项业务的珠宝评估专业人员签名并加盖资产评估机构印章。法定评估业务的资产评估报告应当由至少两名承办该项业务的资产评估师(珠宝)签名并加盖资产评估机构印章。

第十九条 根据《资产评估执业准则——资产评估档案》的要求,形成珠宝首饰评估档案。珠宝首饰评估档案通常包括:

(一)工作底稿。包括评估过程使用的资料,例如,往来函件、备忘录;评估过程产生的数据和图片,例如,现场工作、鉴定资料、市场调研、分析估算的依据和形成的意见或者结论等。

(二)资产评估报告以及其他相关资料。纳入珠宝首饰评估档案的资产评估报告应当包括初步珠宝首饰资产评估报告和正式珠宝首饰资产评估报告。资产评估委托合同、资产评估报告应当形成纸质文档,其他相关资料可以是纸质文档、电子文档或者其他介质形式,例如,实物样品等。

第五章 附则

第二十条 本指导意见自2020年3月1日起施行。

附录三

《资产评估职业道德准则》

(中评协〔2017〕30号)

第一章 总则

第一条 为规范资产评估机构及其资产评估专业人员职业道德行为,提高职业素质,维护职业形象,根据《资产评估基本准则》制定本准则。

第二条 本准则所称职业道德是指资产评估机构及其资产评估专业人员开展资产评估业务应当具备的道德品质和体现的道德行为。

第三条 资产评估机构及其资产评估专业人员开展资产评估业务,应当遵守本准则。

第二章 基本遵循

第四条 资产评估机构及其资产评估专业人员应当诚实守信,勤勉尽责,谨慎从业,坚持独立、客观、公正的原则,不得出具或者签署虚假资产评估报告或者有重大遗漏的资产评估报告。

第五条 资产评估机构及其资产评估专业人员开展资产评估业务,应当遵守法律、行政法规和资产评估准则,履行资产评估委托合同规定的义务。资产评估机构应当对本机构的资产评估专业人员遵守法律、行政法规和资产评估准则的情况进行监督。

第六条 资产评估机构及其资产评估专业人员应当自觉维护职业形象,不得从事损害职业形象的活动。

第三章 专业能力

第七条 资产评估专业人员应当具备相应的评估专业知识和实践经验,能够胜任所执行的资产评估业务。

第八条 资产评估专业人员应当完成规定的继续教育,保持和提高专业能力。

第九条 资产评估机构及其资产评估专业人员应当如实声明其具有的专业能力和执业经验,不得对其专业能力和执业经验进行夸张、虚假和误导性宣传。

第十条 资产评估机构执行某项特定业务缺乏特定的专业知识和经验时,应当采取弥补措施,包括利用专家工作及相关报告等。

第四章 独立性

第十一条 资产评估机构及其资产评估专业人员开展资产评估业务,应当采取恰当措施保持独立性。资产评估机构不得受理与自身有利害关系的资产评估业务。资产评估专业人员与委托人、其他相关当事人和评估对象有利害关系的,应当回避。

第十二条 资产评估机构及其资产评估专业人员开展资产评估业务,应当识别可能影响独立性的情形,合理判断其对独立性的影响。可能影响独立性的情形通常包括资产评估机构及其资产评估专业人员或者其亲属与委托人或者其他相关当事人之间存在经济利益关联、人员关联或者业务关联。

(一)亲属是指配偶、父母、子女及其配偶。

(二)经济利益关联是指资产评估机构及其资产评估专业人员或者其亲属拥有委托人或者其他相关当事人的股权、债权、有价证券、债务,或者存在担保等可能影响独立性的经济利益关系。

(三)人员关联是指资产评估专业人员或者其亲属在委托人或者其他相关当事人担任董事、监事、高级管理人员或者其他可能对评估结论施加重大影响的特定职务。

(四)业务关联是指资产评估机构从事的不同业务之间可能存在利益输送或者利益冲突关系。

第十三条 资产评估机构不得分别接受利益冲突双方的委托,对同一评估对象进行评估。

第五章 与委托人和其他相关当事人的关系

第十四条 资产评估机构及其资产评估专业人员不得以恶性压价、支付回扣、虚假宣传,或者采用欺骗、利诱、胁迫等不正当手段招揽业务。资产评估专业人员不得私自接受委托从事资产评估业务并收取费用。

第十五条 资产评估机构及其资产评估专业人员不得利用开展业务之便,为自己或者他人谋取不正当利益,不得向委托人或者其他相关当事人索要、收受或者变相索要、收受资产评估委托合同约定以外的酬金、财物等。

第十六条 资产评估机构及其资产评估专业人员执行资产评估业务,应当保持公正的态度,以客观事实为依据,实事求是地进行分析和判断,拒绝委托人或者其他相关当事人的非法干预,不得直接以预先设定的价值作为评估结论。

第十七条 资产评估机构及其资产评估专业人员执行资产评估业务,应当与委托人进行必要沟通,提醒资产评估报告使用人正确理解评估结论。

第十八条 资产评估机构及其资产评估专业人员应当遵守保密原则,对评估活动中知悉的国家秘密、商业秘密和个人隐私予以保密,不得在保密期限内向委托人以外的第三方提供保密信息,除非得到委托人的同意或者属于法律、行政法规允许的范围。

第六章　与其他资产评估机构及资产评估专业人员的关系

第十九条　资产评估机构不得允许其他资产评估机构以本机构名义开展资产评估业务,或者冒用其他资产评估机构名义开展资产评估业务。资产评估专业人员不得签署本人未承办业务的资产评估报告,也不得允许他人以本人名义从事资产评估业务,或者冒用他人名义从事资产评估业务。

第二十条　资产评估机构及其资产评估专业人员在开展资产评估业务过程中,应当与其他资产评估专业人员保持良好的工作关系。

第二十一条　资产评估机构及其资产评估专业人员不得贬损或者诋毁其他资产评估机构及资产评估专业人员。

第七章　附则

第二十二条　资产评估机构及其资产评估专业人员在执行资产评估业务过程中,应当指导专家和相关业务助理人员遵守本准则相关条款。

第二十三条　本准则自 2017 年 10 月 1 日起施行。中国资产评估协会于 2012 年 12 月 28 日发布的《关于印发〈资产评估职业道德准则——独立性〉的通知》(中评协〔2012〕248 号)同时废止。

附录四

典当管理办法

(商务部、公安部 2005 年第 8 号令)

第一章 总则

第一条 为规范典当行为,加强监督管理,促进典当业规范发展,根据有关法律规定,制定本办法。

第二条 在中华人民共和国境内设立典当行,从事典当活动,适用本办法。

第三条 本办法所称典当,是指当户将其动产、财产权利作为当物质押或者将其房地产作为当物抵押给典当行,交付一定比例费用,取得当金,并在约定期限内支付当金利息、偿还当金、赎回当物的行为。本办法所称典当行,是指依照本办法设立的专门从事典当活动的企业法人,其组织形式与组织机构适用《中华人民共和国公司法》的有关规定。

第四条 商务主管部门对典当业实施监督管理,公安机关对典当业进行治安管理。

第五条 典当行的名称应当符合企业名称登记管理的有关规定。典当行名称中的行业表述应当标明"典当"字样。其他任何经营性组织和机构的名称不得含有"典当"字样,不得经营或者变相经营典当业务。

第六条 典当行从事经营活动,应当遵守法律、法规和规章,遵循平等、自愿、诚信、互利的原则。

第二章 设立

第七条 申请设立典当行,应当具备下列条件:
(一)有符合法律、法规规定的章程;
(二)有符合本办法规定的最低限额的注册资本;
(三)有符合要求的营业场所和办理业务必需的设施;
(四)有熟悉典当业务的经营管理人员及鉴定评估人员;
(五)有两个以上法人股东,且法人股相对控股;
(六)符合本办法第九条和第十条规定的治安管理要求;
(七)符合国家对典当行统筹规划、合理布局的要求。

第八条 典当行注册资本最低限额为 300 万元;从事房地产抵押典当业务的,注册资本最低限额为 500 万元;从事财产权利质押典当业务的,注册资本最低限额为 1000 万元。

典当行的注册资本最低限额应当为股东实缴的货币资本,不包括以实物、工业产权、非专利技术、土地使用权作价出资的资本。

第九条 典当行应当建立、健全以下安全制度:

(一)收当、续当、赎当查验证件(照)制度;

(二)当物查验、保管制度;

(三)通缉协查核对制度;

(四)可疑情况报告制度;

(五)配备保安人员制度。

第十条 典当行房屋建筑和经营设施应当符合国家有关安全标准和消防管理规定,具备下列安全防范设施:

(一)经营场所内设置录像设备(录像资料至少保存2个月);

(二)营业柜台设置防护设施;

(三)设置符合安全要求的典当物品保管库房和保险箱(柜、库);

(四)设置报警装置;

(五)门窗设置防护设施;

(六)配备必要的消防设施及器材。

第十一条 设立典当行,申请人应当向拟设典当行所在地设区的市(地)级商务主管部门提交下列材料:

(一)设立申请(应当载明拟设典当行的名称、住所、注册资本、股东及出资额、经营范围等内容)及可行性研究报告;

(二)典当行章程、出资协议及出资承诺书;

(三)典当行业务规则、内部管理制度及安全防范措施;

(四)具有法定资格的验资机构出具的验资证明;

(五)档案所在单位人事部门出具的个人股东、拟任法定代表人和其他高级管理人员的简历;

(六)具有法定资格的会计师事务所出具的法人股东近期财务审计报告及出资能力证明、法人股东的董事会(股东会)决议及营业执照副本复印件;

(七)符合要求的营业场所的所有权或者使用权的有效证明文件;

(八)工商行政管理机关核发的《企业名称预先核准通知书》。

第十二条 具备下列条件的典当行可以跨省(自治区、直辖市)设立分支机构:

(一)经营典当业务三年以上,注册资本不少于人民币1500万元;

(二)最近两年连续盈利;

(三)最近两年无违法违规经营记录。

典当行的分支机构应当执行本办法第九条规定的安全制度,具备本办法第十条规定的安全防范设施。

第十三条 典当行应当对每个分支机构拨付不少于 500 万元的营运资金。

典当行各分支机构营运资金总额不得超过典当行注册资本的 50%。

第十四条 典当行申请设立分支机构,应当向拟设分支机构所在地设区的市(地)级商务主管部门提交下列材料:

(一)设立分支机构的申请报告(应当载明拟设立分支机构的名称、住所、负责人、营运资金数额等)、可行性研究报告、董事会(股东会)决议;

(二)具有法定资格的会计师事务所出具的该典当行最近两年的财务会计报告;

(三)档案所在地人事部门出具的拟任分支机构负责人的简历;

(四)符合要求的营业场所的所有权或者使用权的有效证明文件;

(五)省级商务主管部门及所在地县级人民政府公安机关出具的最近两年无违法违规经营记录的证明。

第十五条 收到设立典当行或者典当行申请设立分支机构的申请后,设区的市(地)级商务主管部门应当报省级商务主管部门审核,省级商务主管部门将审核意见和申请材料报送商务部,由商务部批准并颁发《典当经营许可证》。省级商务主管部门应当在收到商务部批准文件后 5 日(工作日,下同)内将有关情况通报同级人民政府公安机关。省级人民政府公安机关应当在 5 日内将通报情况通知设区的市(地)级人民政府公安机关。

第十六条 申请人领取《典当经营许可证》后,应当在 10 日内向所在地县级人民政府公安机关申请典当行《特种行业许可证》,并提供下列材料:

(一)申请报告;

(二)《典当经营许可证》及复印件;

(三)法定代表人、个人股东和其他高级管理人员的简历及有效身份证件复印件;

(四)法定代表人、个人股东和其他高级管理人员的户口所在地县级人民政府公安机关出具的无故意犯罪记录证明;

(五)典当行经营场所及保管库房平面图、建筑结构图;

(六)录像设备、防护设施、保险箱(柜、库)及消防设施安装、设置位置分布图;

(七)各项治安保卫、消防安全管理制度;

(八)治安保卫组织或者治安保卫人员基本情况。

第十七条 所在地县级人民政府公安机关受理后应当在 10 日内将申请材料及初步审核结果报设区的市(地)级人民政府公安机关审核批准,设区的市(地)级人民政府公安机关应当在 10 日内审核批准完毕。经批准的,颁发《特种行业许可证》。

设区的市(地)级人民政府公安机关直接受理的申请,应当在 20 日内审核批准完毕。经批准的,颁发《特种行业许可证》。

设区的市(地)级人民政府公安机关应当在发证后 5 日内将审核批准情况报省级人民政府公安机关备案;省级人民政府公安机关应当在 5 日内将有关情况通报同级商务主管部门。

申请人领取《特种行业许可证》后,应当在 10 日内到工商行政管理机关申请登记注册,领取营业执照后,方可营业。

第三章　变更、终止

第十八条　典当行变更机构名称、注册资本(变更后注册资本在 5000 万元以上的除外)、法定代表人、在本市(地、州、盟)范围内变更住所、转让股份(对外转让股份累计达 50% 以上的除外)的,应当经省级商务主管部门批准。省级商务主管部门应当在批准后 20 日内向商务部备案。商务部于每年 6 月、12 月集中换发《典当经营许可证》。典当行分立、合并、跨市(地、州、盟)迁移住所、对外转让股份累计达 50% 以上以及变更后注册资本在 5000 万元以上的,应当经省级商务主管部门同意,报商务部批准,并换发《典当经营许可证》。申请人领取《典当经营许可证》后,依照本办法第十七条的有关规定申请换发《特种行业许可证》和营业执照。

第十九条　典当行增加注册资本应当符合下列条件:
(一)与开业时间或者前一次增资相隔的时间在一年以上;
(二)一年内没有违法违规经营记录。

第二十条　典当行变更注册资本或者调整股本结构,新进入的个人股东和拟任高级管理人员应当接受资格审查;新进入的法人股东及增资的法人股东应当具备相应的投资能力与投资资格。

第二十一条　无正当理由未按照规定办理《特种行业许可证》及营业执照的,或者自核发营业执照之日起无正当理由超过 6 个月未营业,或者营业后自行停业连续达 6 个月以上的,省级商务主管部门、设区的市(地)级人民政府公安机关应当分别收回《典当经营许可证》、《特种行业许可证》,原批准文件自动撤销。收回的《典当经营许可证》应当交回商务部。

省级商务主管部门收回《典当经营许可证》,或者设区的市(地)级人民政府公安机关收回《特种行业许可证》的,应当在 10 日内通过省级人民政府公安机关相互通报情况。

许可证被收回后,典当行应当依法向工商行政管理机关申请注销登记。

第二十二条　典当行解散应当提前 3 个月向省级商务主管部门提出申请,经批准后,应当停止除赎当和处理绝当物品以外的其他业务,并依法成立清算组,进行清算。

第二十三条　典当行清算结束后,清算组应当将清算报告报省级商务主管部门确认,由省级商务主管部门收回《典当经营许可证》,并在 5 日内通报同级人民政府公安机关。

省级人民政府公安机关应当在 5 日内通知作出原批准决定的设区的市(地)级人民政府公安机关收回《特种行业许可证》。

典当行在清算结束后,应当依法向工商行政管理机关申请注销登记。

第二十四条　省级商务主管部门对终止经营的典当行应当予以公告,并报商务部备案。

第四章　经营范围

第二十五条　经批准，典当行可以经营下列业务：

(一)动产质押典当业务；

(二)财产权利质押典当业务；

(三)房地产(外省、自治区、直辖市的房地产或者未取得商品房预售许可证的在建工程除外)抵押典当业务；

(四)限额内绝当物品的变卖；

(五)鉴定评估及咨询服务；

(六)商务部依法批准的其他典当业务。

第二十六条　典当行不得经营下列业务：

(一)非绝当物品的销售以及旧物收购、寄售；

(二)动产抵押业务；

(三)集资、吸收存款或者变相吸收存款；

(四)发放信用贷款；

(五)未经商务部批准的其他业务。

第二十七条　典当行不得收当下列财物：

(一)依法被查封、扣押或者已经被采取其他保全措施的财产；

(二)赃物和来源不明的物品；

(三)易燃、易爆、剧毒、放射性物品及其容器；

(四)管制刀具、枪支、弹药、军、警用标志、制式服装和器械；

(五)国家机关公文、印章及其管理的财物；

(六)国家机关核发的除物权证书以外的证照及有效身份证件；

(七)当户没有所有权或者未能依法取得处分权的财产；

(八)法律、法规及国家有关规定禁止流通的自然资源或者其他财物。

第二十八条　典当行不得有下列行为：

(一)从商业银行以外的单位和个人借款；

(二)与其他典当行拆借或者变相拆借资金；

(三)超过规定限额从商业银行贷款；

(四)对外投资。

第二十九条　典当行收当国家统收、专营、专卖物品，须经有关部门批准。

第五章　当票

第三十条　当票是典当行与当户之间的借贷契约，是典当行向当户支付当金的付款凭证。

典当行和当户就当票以外事项进行约定的,应当补充订立书面合同,但约定的内容不得违反有关法律、法规和本办法的规定。

第三十一条 当票应当载明下列事项:

(一)典当行机构名称及住所;

(二)当户姓名(名称)、住所(址)、有效证件(照)及号码;

(三)当物名称、数量、质量、状况;

(四)估价金额、当金数额;

(五)利率、综合费率;

(六)典当日期、典当期、续当期;

(七)当户须知。

第三十二条 典当行和当户不得将当票转让、出借或者质押给第三人。

第三十三条 典当行和当户应当真实记录并妥善保管当票。

当票遗失,当户应当及时向典当行办理挂失手续。未办理挂失手续或者挂失前被他人赎当,典当行无过错的,典当行不负赔偿责任。

第六章 经营规则

第三十四条 典当行不得委托其他单位和个人代办典当业务,不得向其他组织、机构和经营场所派驻业务人员从事典当业务。

第三十五条 办理出当与赎当,当户均应当出具本人的有效身份证件。当户为单位的,经办人员应当出具单位证明和经办人的有效身份证件;委托典当中,被委托人应当出具典当委托书、本人和委托人的有效身份证件。

除前款所列证件外,出当时,当户应当如实向典当行提供当物的来源及相关证明材料。赎当时,当户应当出示当票。

典当行应当查验当户出具的本条第二款所列证明文件。

第三十六条 当物的估价金额及当金数额应当由双方协商确定。

房地产的当金数额经协商不能达成一致的,双方可以委托有资质的房地产价格评估机构进行评估,估价金额可以作为确定当金数额的参考。

典当期限由双方约定,最长不得超过6个月。

第三十七条 典当当金利率,按中国人民银行公布的银行机构6个月期法定贷款利率及典当期限折算后执行。典当当金利息不得预扣。

第三十八条 典当综合费用包括各种服务及管理费用。

动产质押典当的月综合费率不得超过当金的42‰。

房地产抵押典当的月综合费率不得超过当金的27‰。

财产权利质押典当的月综合费率不得超过当金的 24‰。

当期不足 5 日的,按 5 日收取有关费用。

第三十九条 典当期内或典当期限届满后 5 日内,经双方同意可以续当,续当一次的期限最长为 6 个月。续当期自典当期限或者前一次续当期限届满日起算。续当时,当户应当结清前期利息和当期费用。

第四十条 典当期限或者续当期限届满后,当户应当在 5 日内赎当或者续当。逾期不赎当也不续当的,为绝当。

当户于典当期限或者续当期限届满至绝当前赎当的,除须偿还当金本息、综合费用外,还应当根据中国人民银行规定的银行等金融机构逾期贷款罚息水平、典当行制定的费用标准和逾期天数,补交当金利息和有关费用。

第四十一条 典当行在当期内不得出租、质押、抵押和使用当物。

质押当物在典当期内或者续当期内发生遗失或者损毁的,典当行应当按照估价金额进行赔偿。遇有不可抗力导致质押当物损毁的,典当行不承担赔偿责任。

第四十二条 典当行经营房地产抵押典当业务,应当和当户依法到有关部门先行办理抵押登记,再办理抵押典当手续。

典当行经营机动车质押典当业务,应当到车辆管理部门办理质押登记手续。

典当行经营其他典当业务,有关法律、法规要求登记的,应当依法办理登记手续。

第四十三条 典当行应当按照下列规定处理绝当物品:

(一)当物估价金额在 3 万元以上的,可以按照《中华人民共和国担保法》的有关规定处理,也可以双方事先约定绝当后由典当行委托拍卖行公开拍卖。拍卖收入在扣除拍卖费用及当金本息后,剩余部分应当退还当户,不足部分向当户追索。

(二)绝当物估价金额不足 3 万元的,典当行可以自行变卖或者折价处理,损溢自负。

(三)对国家限制流通的绝当物,应当根据有关法律、法规,报有关管理部门批准后处理或者交售指定单位。

(四)典当行在营业场所以外设立绝当物品销售点应当报省级商务主管部门备案,并自觉接受当地商务主管部门监督检查。

(五)典当行处分绝当物品中的上市公司股份应当取得当户的同意和配合,典当行不得自行变卖、折价处理或者委托拍卖行公开拍卖绝当物品中的上市公司股份。

第四十四条 典当行的资产应当按照下列比例进行管理:

(一)典当行自初始营业起至第一次向省级商务主管部门及所在地商务主管部门报送年度财务会计报告的时期内从商业银行贷款的,贷款余额不得超过其注册资本。典当行第一次向省级商务主管部门及所在地商务主管部门报送财务会计报告之后从商业银行贷款的,贷款余额不得超过上一年度向主管部门报送的财务会计报告中的所有者权益。典当行不得从本市(地、州、盟)以外的商业银行贷款。典当行分支机构不得从商业银行贷款。

(二)典当行对同一法人或者自然人的典当余额不得超过注册资本的 25%。

(三)典当行对其股东的典当余额不得超过该股东入股金额,且典当条件不得优于普通当户。

(四)典当行净资产低于注册资本的90%时,各股东应当按比例补足或者申请减少注册资本,但减少后的注册资本不得违反本办法关于典当行注册资本最低限额的规定。

(五)典当行财产权利质押典当余额不得超过注册资本的50%。房地产抵押典当余额不得超过注册资本。注册资本不足1000万元的,房地产抵押典当单笔当金数额不得超过100万元。注册资本在1000万元以上的,房地产抵押典当单笔当金数额不得超过注册资本的10%。

第四十五条 典当行应当依照法律和国家统一的会计制度,建立、健全财务会计制度和内部审计制度。

典当行应当按照国家有关规定,真实记录并全面反映其业务活动和财务状况,编制月度报表和年度财务会计报告,并按要求向省级商务主管部门及所在地设区的市(地)级商务主管部门报送。

典当行年度财务会计报告须经会计师事务所或者其他法定机构审查验证。

第七章 监督管理

第四十六条 商务部对典当业实行归口管理,履行以下监督管理职责:

(一)制定有关规章、政策;

(二)负责典当行市场准入和退出管理;

(三)负责典当行日常业务监管;

(四)对典当行业自律组织进行业务指导。

第四十七条 商务部参照省级商务主管部门拟定的年度发展规划对全国范围内典当行的总量、布局及资本规模进行调控。

第四十八条 《典当经营许可证》由商务部统一印制。《典当经营许可证》实行统一编码管理,编码管理办法由商务部另行制定。

当票由商务部统一设计,省级商务主管部门监制。省级商务主管部门应当每半年向商务部报告当票的印制、使用情况。任何单位和个人不得伪造和变造当票。

第四十九条 省级商务主管部门应当按季度向商务部报送本地典当行经营情况。具体要求和报表格式由商务部另行规定。

第五十条 典当行的从业人员应当持有有效身份证件;外国人及其他境外人员在典当行就业的,应当按照国家有关规定,取得外国人就业许可证书。

典当行不得雇佣不能提供前款所列证件的人员。

第五十一条 典当行应当如实记录、统计质押当物和当户信息,并按照所在地县级以上人民政府公安机关的要求报送备查。

第五十二条　典当行发现公安机关通报协查的人员或者赃物以及本办法第二十七条所列其他财物的,应当立即向公安机关报告有关情况。

第五十三条　对属于赃物或者有赃物嫌疑的当物,公安机关应当依法予以扣押,并依照国家有关规定处理。

第五十四条　省级商务主管部门以及设区的市(地)级商务主管部门应当根据本地实际建立定期检查及不定期抽查制度,及时发现和处理有关问题;对于辖区内典当行发生的盗抢、火灾、集资吸储及重大涉讼案件等情况,应当在24小时之内将有关情况报告上级商务主管部门和当地人民政府,并通报同级人民政府公安机关。

第五十五条　全国性典当行业协会是典当行业的全国性自律组织,经国务院民政部门核准登记后成立,接受国务院商务、公安等部门的业务指导。

地方性典当行业协会是本地典当行业的自律性组织,经当地民政部门核准登记后成立,接受所在地商务、公安等部门的业务指导。

第五十六条　商务部授权省级商务主管部门对典当行进行年审。具体办法由商务部另行制定。

省级商务主管部门应当在年审后10日内将有关情况通报同级人民政府公安机关和工商行政管理机关。

第五十七条　国家推行典当执业水平认证制度。具体办法由商务部会同国务院人事行政部门制定。

第八章　罚则

第五十八条　非法设立典当行及分支机构或者以其他方式非法经营典当业务的,依据国务院《无照经营查处取缔办法》予以处罚。

第五十九条　典当行违反本办法第二十六条第(三)、(四)项规定,构成犯罪的,依法追究刑事责任。

第六十条　典当行违反本办法第二十八条第(一)、(二)、(三)项或者第四十四条第(一)、(二)、(五)项规定的,由省级商务主管部门责令改正,并处5000元以上3万元以下罚款;构成犯罪的,依法追究刑事责任。

第六十一条　典当行违反本办法第三十七条第一款或者第三十八条第(二)、(三)、(四)款规定的,由省级商务主管部门责令改正,并处5000元以上3万元以下罚款;构成犯罪的,依法追究刑事责任。

第六十二条　典当行违反本办法第四十五条规定,隐瞒真实经营情况,提供虚假财务会计报告及财务报表,或者采用其他方式逃避税收与监管的,由省级商务主管部门责令改正,并通报相关部门依法查处;构成犯罪的,依法追究刑事责任。

第六十三条　典当行违反本办法第二十七条规定的,由县级以上人民政府公安机关责令改正,并处5000元以上3万元以下罚款;构成犯罪的,依法追究刑事责任。

第六十四条 典当行违反本办法第二十六条第(一)、(二)、(五)项,第二十八条第(四)项或者第三十四条规定的,由所在地设区的市(地)级商务主管部门责令改正,单处或者并处 5000 元以上 3 万元以下罚款。

典当行违反本办法第二十九条或者第四十三条第(三)、(五)项的规定,收当限制流通物或者处理绝当物未获得相应批准或者同意的,由所在地设区的市(地)级商务主管部门责令改正,并处 1000 元以上 5000 元以下罚款。

典当行违反本办法第四十四条第(三)、(四)项规定,资本不实,扰乱经营秩序的,由所在地设区的市(地)级商务主管部门责令限期补足或者减少注册资本,并处以 5000 元以上 3 万元以下罚款。

第六十五条 典当行违反本办法第三十五条第三款或者第五十一条规定的,由县级以上人民政府公安机关责令改正,并处 200 元以上 1000 元以下罚款。

第六十六条 典当行违反本办法第五十二条规定的,由县级以上人民政府公安机关责令改正,并处 2000 元以上 1 万元以下罚款;造成严重后果或者屡教不改的,处 5000 元以上 3 万元以下罚款。

对明知是赃物而窝藏、销毁、转移的,依法给予治安管理处罚;构成犯罪的,依法追究刑事责任。

第六十七条 典当行采用暴力、威胁手段强迫他人典当,或者以其他不正当手段侵犯当户合法权益,构成违反治安管理行为的,由公安机关依法给予治安管理处罚;构成犯罪的,依法追究刑事责任。

第六十八条 在调查、侦查典当行违法犯罪行为过程中,商务主管部门与公安机关应当相互配合。商务主管部门和公安机关发现典当行有违反本办法行为的,应当进行调查、核实,并相互通报查处结果;涉嫌构成犯罪的,商务主管部门应当及时移送公安机关处理。

第六十九条 商务主管部门、公安机关工作人员在典当行设立、变更及终止审批中违反法律、法规和本办法规定,或者在监督管理工作中滥用职权、徇私舞弊、玩忽职守的,对直接负责的主管人员和其他直接责任人员依法给予行政处分;构成犯罪的,依法追究刑事责任。

第九章 附则

第七十条 各省、自治区、直辖市商务主管部门、公安机关可以依据本办法,制定具体实施办法或者就有关授权委托管理事项作出规定,并报商务部、公安部备案。

第七十一条 外商及港、澳、台商投资典当行的管理办法由商务部会同有关部门另行制定。

第七十二条 本办法由商务部、公安部负责解释。

第七十三条 本办法自 2005 年 4 月 1 日起施行。《典当行管理办法》(国家经贸委令第 22 号)、《典当业治安管理办法》(公安部第 26 号令)同时废止。

附录五

Gemdialogue 颜色分级系统

宝石的颜色是宝石的一个重要的价值特征，有色宝石、有色玉石及彩色钻石都涉及对颜色的认定和描写问题。

日常鉴定时使用的颜色描写术语常跨度偏大，且不够贴切，往往对同一块宝石，不同人的描述术语有很大的差异，难以进行比对。为了将宝石颜色的描写术语统一，我们在此介绍 Gemdialogue 颜色分级系统。

Gemdialogue 颜色分级系统是 Gemdialogue 公司于 1983 年推出的描述宝石颜色分级的系统，现已得到美国评估师协会（ASA）的认可。

Gemdialogue 颜色分级系统是一套由透明的带有色标的塑料片组成的图册，可以将其外延类推，用于描述几乎所有的透明或不透明宝石的颜色。

一、21 张透明色片和 3 张色罩

Gemdialogue 颜色分级系统由 21 张透明色片和 3 张色罩组成。

（一）21 张透明色片

21 张透明色片描述的色彩，基本上可以涵盖有色宝石主要色彩范围。

每张透明色片上有 10 个级别色域，10~100，代表色彩饱和度由弱至强。

在 21 张色片中，有 7 张色片代表颜色的主色泽，分别是黄色、绿色、蓝色、紫色、红色、橙色和褐色，用颜色英文名称第一个字母作为代号。有 14 张色片代表颜色的过渡色，用过渡色的两端的颜色英文名词第一个字母，中间加入阿拉伯数字"2"，作为代号。

例如：代号 P2B，表示以蓝色为主色泽、含紫色调的中等紫蓝色。

Y/YELLOW	（黄色）
G2Y/moderate greenish YELLOW	（中等绿黄色）
Y2G/moderate yellowish GREEN	（中等黄绿色）
G/GREEN	（绿色）
B2G/moderate bluish GREEN	（中等蓝绿色）
G2B/moderate greenish BLUE	（中等绿蓝色）
CYAN/equal mixture of BLUE and GREEN	（蓝绿混合色）
B/BLUE	（蓝色）
P2B/moderate purplish BLUE	（中等紫蓝色）
B2P/moderate bluish PURPLE	（中等蓝紫色）
P/PURPLE	（紫色）

R2P/moderate reddish PURPLE	（中等红紫色）
P2R/moderate purplish RED	（中等紫红色）
Mag./MAGENTA, equal mixture of BLUE and RED	（蓝红混合色）
R/RED	（红色）
O2R/moderate orangy RED	（中等橙红色）
R2O/moderate reddish ORANGE	（中等红橙色）
O/ORANGE	（橙色）
Y2O/moderate yellowish ORANGE	（中等黄橙色）
O2Y/moderate orangy YELLOW	（中等橙黄色）
BRN/BROWN	（褐色）

（二）3张色罩

色罩由2张透明色片和1张不透明色片组成。

1. 2张透明色片

Black/Grey Color Mask	黑色/灰色　透明色罩
Brown/Light Brown Color Mask	褐色/浅褐色　透明色罩

2. 1张不透明色片

Black/White Color Mask	黑色/白色　不透明色罩

每张色罩上也有10个级别色域，10～100，代表色泽强度，由弱至强。

二、Gemdialogue使用步骤

(1)将宝石清洁干净。

(2)将宝石置于宝石灯下（无紫外线照射）。

(3)根据宝石的颜色，选用相应的色片和色域，再覆上色罩进行调节，找到最接近的颜色效果。

(4)记下与所测宝石颜色最相近的色片名与色域百分数。

三、颜色表示法

(1)Gemdialogue颜色系统颜色表示法为："色片代号　色域/色罩强度　色罩代号"。

例如：澳大利亚蓝色蓝宝石，颜色表示为"P2B 70/60 Grey"，其意义为：中等紫蓝色，色域为70，覆盖灰色色罩，强度为60%。

(2)有时宝石颜色可全由主色片组成，也可由过渡色片组成，不覆上色罩。

(3)在Gemdialogue颜色系统中，色卡、色域饱和度、色罩及色罩强度已包含颜色三要素。色卡指的是色彩，色域饱和度和色罩描述颜色的明度及饱和度。

四、颜色品质确定

根据Gemdialogue颜色系统的颜色表示法，可在相应宝石颜色手册中找到相应的宝石颜色品质级别。